elefante

elefante

CONSELHO EDITORIAL
Bianca Oliveira
João Peres
Tadeu Breda

EDIÇÃO
Tadeu Breda

ASSISTÊNCIA DE EDIÇÃO
Fabiana Medina

PREPARAÇÃO
Fábio Fujita

REVISÃO
Laila Guilherme

CAPA & PROJETO GRÁFICO
Bianca Oliveira

DIAGRAMAÇÃO
Lívia Takemura

FORÇA E FRAGILIDADE DAS NORMAS

a *Filosofia do direito* de Hegel

Gilles Marmasse

Tradução de JOSÉ PINHEIRO PERTILLE
com contribuições de ATÍLIO BERGAMINI JÚNIOR,
DAIANE DANIELLE, GONZALO HUMBERTO
TINAJEROS ARCE, RAFAEL LEMBERT KASPER
e WILLIAN ANTÔNIO SILVEIRA

Para Isabelle

Prefácio à edição brasileira

MARCOS NOBRE

Publicada há duzentos anos, *Filosofia do direito*, de Hegel, permanece referência central no debate contemporâneo. Uma referência tão central quanto de difícil acesso teórico. Hegel é um autor considerado obscuro, altamente complexo em termos conceituais, inacessível, excêntrico mesmo.

Daí o privilégio de podermos contar com o guia de leitura dessa obra que nos apresenta Gilles Marmasse. Em primeiro lugar, por se tratar de um guia que torna o livro de Hegel acessível sem abrir mão em nenhum momento da complexidade e da sutileza conceitual que o caracterizam. Em segundo, por podermos contar com uma tradução que tem o rigor do especialista. José Pinheiro Pertille, que realizou boa parte de suas pesquisas na França, junto ao grupo em que se formou também Gilles Marmasse — sob a orientação de Jean-François Kervégan —, pôde contar com a colaboração de muitas outras pessoas que com ele debateram o livro de Gilles Marmasse e a própria tradução. Mas, em última instância, foram dele as decisões fundamentais que nos permitem ter acesso a essa obra em uma versão tão conceitualmente informada.

Nesses duzentos anos de *Filosofia do direito* de Hegel, temos ainda o enorme privilégio de poder contar com a extraordinária tradução feita por Marcos Lutz Müller, que se dedicou a essa tarefa por mais de três décadas. Publicada há pouco pela Editora 34, a versão de Müller conta ainda com uma apresentação e, sobretudo, com um extenso e extraordinário aparato de notas. O volume traz, além disso, uma longa introdução escrita pelo já mencionado Jean-François Kervégan, referência de sucessivas gerações na França. Tomando-se esse conjunto — a impecável tradução, os textos de análise e comentário de Müller e de Kervégan e o livro de Gilles Marmasse em excelente versão —, dispomos agora de condições privilegiadas de acesso ao texto de *Filosofia do direito* de Hegel.

Entendo que o guia de Gilles Marmasse é muito bem-sucedido na tarefa a que se propôs por duas razões, sobretudo: por ter estabelecido uma estratégia de análise e de apresentação que se mostrou acertada; e por ter explicitamente apresentado duas hipóteses estruturantes da leitura que permitem não apenas compreender a posição hegeliana mas também entender a interpretação proposta (e eventualmente discordar dela). A estratégia de análise e de apresentação foi a de seguir o texto na ordem que lhe deu Hegel, mas sem se orientar por uma exegese parágrafo por parágrafo, o que poderia fazer perder a visão do todo. Gilles Marmasse propôs uma apresentação a partir de grandes blocos argumentativos do livro de Hegel, o que permite alcançar com maior facilidade o sentido geral do empreendimento.

Ao mesmo tempo, essa organização também revela um posicionamento interpretativo. É certo que o Prefácio (com certo destaque), a Introdução e as três partes de *Filosofia do direito* (Direito abstrato, Moralidade e Eticidade) estão representados na estrutura do comentário de maneira aproximadamente proporcional à posição que ocupam no texto hegeliano. Mas a última parte, a Eticidade, de longe o desenvolvimento mais longo do livro, não tem essa característica da proporcionalidade. Gilles Marmasse tomou a decisão de tratar em um mesmo capítulo as duas primeiras seções dessa terceira e última parte, "A família" e "A sociedade civil". Ao mesmo tempo, concedeu destaque à terceira seção da Eticidade ("O Estado"), examinando-a em dois capítulos distintos.

Esse posicionamento interpretativo se mostra explicitamente nas duas hipóteses estruturantes da leitura mencionadas. Do ponto de vista, por assim dizer, "interno" à obra, nos debates no âmbito dos estudos hegelianos em torno de sua estruturação, Gilles Marmasse defende a hipótese de que, "na esfera do direito, a racionalidade se encontra ao mesmo tempo objetivada e relativizada" (p. 22). Do ponto de vista, por assim dizer, "externo" à obra, sobre o sentido caracterizado como o de seu perfil "ideológico", Marmasse defende a ideia de que "o hegelianismo, que hoje em dia nos parece um pensamento conservador, foi em seu tempo um pensamento progressista" (p. 23).

Esses pontos de partida indicam que Marmasse não se limita a explicar e a interpretar de maneira rigorosa e precisa o texto hegeliano. Não poucas vezes, posiciona-se de maneira explícita contra teses defendidas por Hegel. Por exemplo, em relação ao diagnóstico equivocado de Hegel concernente à África.

Esses posicionamentos de Gilles Marmasse se inserem em uma história e em um contexto bem mais amplos. No âmbito dos estudos hegelianos, a partir do século XX, sobretudo, formou-se um amálgama de Hegel e Marx. Essa vitória ideológica do marxismo tem sua razão de ser. E não apenas pela vitória da Revolução Russa em 1917 e de seu posterior desenvolvimento em bloco soviético, mas principalmente porque, ao traduzir a ideia hegeliana de "espírito" por "trabalho", Marx fez com que o pensamento hegeliano ganhasse uma amplitude teórica e um alcance prático antes dificilmente imagináveis para um filósofo reconhecido como obscuro e difícil, ou mesmo incompreensível.

Ainda assim, é no mínimo surpreendente que uma filosofia da estatura da de Hegel seja tomada como "propedêutica" de Marx e do marxismo, ou algo semelhante. Mas foi em grande medida dessa maneira que o pensamento hegeliano foi lido durante quase todo o século XX. Figuras destacadas que tentaram ler Hegel independentemente de Marx no pós-1945, ainda que no auge da hegemonia do amálgama dos dois pensadores — como Henrique Cláudio de Lima Vaz, Charles Taylor, Gérard Lebrun, Bernard Bourgeois, Dieter Henrich —, tiveram ainda de pagar tributo ao amálgama. Mesmo para se opor a ele, escreviam tendo-o como necessário pano de fundo.

Sob esse aspecto, um caso excepcional e sintomático é o de Wilfrid Sellars, que publicou seus principais textos na década de 1960 e se tornou o ponto de referência e de partida de muitos hegelianos influentes no mundo anglófono a partir da década de 1980, como é o caso de Terry Pinkard, Robert Pippin e Robert Brandom. Sellars é excepcional, porque não pagou qualquer tributo a Marx. Não por acaso, foram esses hegelianos do mundo anglófono que em boa medida lideraram iniciativas em uma nova etapa dos estudos hegelianos. Uma etapa "pós-amálgama", por assim dizer.

Porque, pouco a pouco, o amálgama foi sendo dissolvido, até que a independência de Hegel frente a Marx se tornou completa, por volta dos anos 1990. Não apenas no sentido de fazer com que Hegel fosse integrado (ou reintegrado) à história da filosofia e do pensamento sem vir necessariamente associado a Marx, mas, em especial, fosse (re)integrado ao idealismo alemão, colocando-o (ou recolocando-o) no campo de forças em que a principal referência é Kant. Também no sentido de que Hegel passou a ser um pensador que passou a falar diretamente (e não indiretamente, como acontecia antes no amálgama com Marx) com o presente. Momento em que *Filosofia do direito* ganha centralidade e destaque.

Nesse contexto, novas tentativas de "reconectar" Hegel a Marx (ou a posições jovem-hegelianas de esquerda, de maneira mais ampla) deixaram de partir de uma conexão óbvia, vendo-se obrigadas a *produzir* (ou *reproduzir*) a conexão. Daí também o relativo privilégio que ocupa nessas tentativas a obra *Filosofia do direito*. Passando ou não por Marx para atualizar Hegel, posições que podem ser identificadas hoje de maneira geral como hegelianas de esquerda seguem o roteiro do jovem Marx de atualizar Hegel tendo por base *Filosofia do direito*, já em um ambiente pós-amálgama, digamos assim.

Tomar *Filosofia do direito* como ponto de partida para a atualização de Hegel tem muitos sentidos. O primeiro deles relaciona-se com a enorme revolução teórica que *Filosofia do direito* de Hegel introduziu ao tratamento conferido à noção de "sociedade civil". Até a publicação do livro de Hegel, a filosofia política moderna falava em "estado de sociedade", "sociedade civil", "sociedade política", "constituição da sociedade em Estado". Ou seja, não havia de fato uma distinção categorial entre "Estado" e "sociedade civil" que resultasse em um rearranjo conceitual inteiramente novo. Essa invenção conceitual hegeliana é também aquela de consequências estruturais para a consideração do mundo contemporâneo, permanecendo até hoje como pedra fundamental da autocompreensão contemporânea.

O segundo sentido importante é o de deslocar o centro da filosofia hegeliana para um momento do sistema que é o do "espírito objetivo". Como detalha Gilles Marmasse neste livro, o sistema filosófico hegeliano da obra de maturidade de Hegel, tal como apresentado exemplarmente em *Enciclopédia das ciências filosóficas em compêndio* (primeira edição de 1817, duas outras edições em 1827 e 1830), é dividido em três partes: a Lógica (que, para Hegel, substitui tudo o que era chamado até ele de "metafísica"), Filosofia da natureza e Filosofia do espírito. Esta terceira parte, a da Filosofia do espírito, é composta de três momentos: subjetivo (cujo paradigma é a psicologia), objetivo (cujo paradigma é o direito) e absoluto (cujo paradigma é a filosofia, mas inclui também a arte e a religião).

"Absoluto" tem, em Hegel, muitos sentidos. Mas talvez o mais genérico deles seja: aquilo que não aparta nada de si mesmo e que Hegel chama de "ideia". Na teoria como na prática, o que mais encontramos na modernidade são cisões, contraposições, separações, divisões: sujeito e objeto, teoria e prática, representação e representado, ideia e ideado, e assim por diante. Hegel não pretende dizer que sejam cisões imaginárias ou ilusórias, que seriam meras aparências e só ganhariam seu verdadeiro sentido com o desvelamento da essência que as apagaria. Pelo contrário, Hegel entende que essas cisões são momentos necessários para a compreensão da modernidade e sua maneira de se apresentar e de se desdobrar. Mas, ao mesmo tempo, Hegel defende que cisões, separações e divisões só são possíveis em vista da unidade de que se separam. Um elemento da separação só adquire sentido e existência em sua relação com o que dele se separou.

Note-se que "separação" não significa necessariamente "dualidade". Pelo contrário, separação só se torna dualidade quando a pensamos fora e independentemente da unidade a que ela necessariamente pertence para ganhar seu sentido completo. Dito de outra maneira, a aparência das separações é justamente sua fixação em dualidades fixas e pretensamente perenes. A essência dessa aparência consiste em dissolver a dualidade em sua fixidez e pretensa atemporalidade. Entre outras, essa foi uma razão fundamental para o nascimento da dialética hegeliana. Hegel só conseguiu encontrar uma maneira adequada de pensar essa relação de unidade e separação na dialética.

Pensar a unidade nesses termos não significa reduzir o que está separado a um dos elementos da separação, mas em considerá-los conjuntamente, como momentos de uma unidade. A unidade assim entendida tem muitos momentos — como mencionado, o sistema hegeliano se divide em três partes, e a terceira e última se divide ela também em três momentos, por exemplo. Percorrer todos os momentos do conhecimento disponível significa percorrer todas as configurações possíveis de unidade, como unidade e como separação.

Para Hegel, conhecer verdadeiramente é pensar o conjunto de todas as contraposições, separações e divisões tais como aparecem, tais como se dão no conhecimento disponível. E pensar essas cisões leva à compreensão de que só ganham seu pleno sentido em termos da unidade de que derivam. “Ganhar sentido pleno” é o que Hegel chama de elevar essas cisões a seu conceito.

Para isso, é preciso percorrer o conjunto do conhecimento e das instituições existentes, é necessário investigar todas as configurações possíveis de unidades e de separações. Mencionei “conhecimento” e “instituições”, mencionei elementos que dizem respeito tanto à teoria como à prática. Também essa cisão fundamental tem de encontrar sua unidade, não pode continuar a ser considerada como uma cisão originária, que separa definitivamente o conhecer e o agir.

Esse percurso tem de ser feito de maneira sistemática, desde as formas mais elementares de unidade e de separação até as mais complexas, chegando ao momento do espírito que Hegel designa como absoluto. É exatamente esse conhecimento absoluto que, a partir dos jovens hegelianos, se tornou contestável, pouco plausível. É esse conhecimento que foi identificado pela posteridade como sendo o que caracteriza a posição *metafísica* de Hegel. Uma posição que se torna mais e mais implausível ao longo do século XIX — juntamente com qualquer outra posição metafísica, acrescente-se.

Podemos perceber, então, que deslocar o foco para o direito, para o espírito objetivo — procedimento tão habitual em tempos recentes quando se trata de interpretar Hegel —, tem o sentido de não dar o passo final, metafísico, da filosofia hegeliana. Eis então a questão que se coloca: é possível evitar dar esse passo no caso do sistema hegeliano? É possível interpretar Hegel sem a filosofia do absoluto? É possível, enfim, uma interpretação não metafísica de Hegel?

Marx achava que não. Achava que uma teoria não metafísica tinha de tomar a filosofia hegeliana como expressão — mística, ideológica — de uma época histórica, do capitalismo, e somente mediante essa chave de leitura seria possível se apropriar da filosofia hegeliana, "desvirá-la", colocá-la sobre seus pés, como disse Marx. Ou seja, mediante certa chave de leitura, Hegel se tornava apropriável por uma teoria não metafísica. Mas a filosofia hegeliana ela mesma seria irremediavelmente metafísica, segundo Marx.

Dissolvido o amálgama de Hegel com Marx, a questão se recolocou: é possível ler a filosofia hegeliana em chave não metafísica? As interpretações se dividem. Há quem continue a achar que Hegel é irremediavelmente metafísico. A diferença é que muita gente que acha isso considera ao mesmo tempo que tal proposição não deve impedir atualizações não metafísicas de sua filosofia. Há ainda quem pense que há momentos da filosofia hegeliana que podem ser destacados do sistema, que podem ser lidos, mesmo respeitando a lógica sistemática do sistema, em sentido não metafísico.

Algumas pessoas chamam esse já mencionado novo estado de coisas nos estudos hegelianos pelo nome pomposo (e ideologicamente marcado) de "Hegel Renaissance", "Renascimento Hegeliano". Esse rótulo foi criado para descrever o trabalho interpretativo realizado nas duas últimas décadas do século XX e nas duas primeiras do XXI, basicamente, e reunir interpretações que não precisam mais desfazer o amálgama com Marx para justificar seu interesse pelo pensamento de Hegel. Mesmo deixando de lado a expressão, resta saber se há de fato elementos comuns a interpretações tão diferentes entre si, com objetivos tão díspares. Resta saber se haveria, afinal, algum sentido em inscrever essa multiplicidade de interpretações em um quadro comum.

Como tentei esboçar, acho que há um primeiro elemento importante: deixou de ser evidente a passagem de Hegel a Marx, foi dissolvido o amálgama de Hegel com Marx. Mas há ainda outro elemento que me parece comum a todas essas tentativas: são todas interpretações de Hegel em que a dialética deixou de ser central. Em que a dialética no mais das vezes nem sequer é tema. É um quadro interpretativo que dá o que pensar se considerarmos que foi justamente pela dialética que Hegel ficou conhecido.

É nesse quadro mais amplo dos estudos hegelianos que se insere o trabalho de Gilles Marmasse. Também o quadro no qual sua interpretação encontra sua especificidade e sua originalidade. A meu ver, a posição interpretativa fundamental de Gilles Marmasse surge em contraste frontal com aquela de Bernard Bourgeois — estudioso que está na origem da linhagem intelectual a que pertence o próprio Gilles Marmasse, já que foi orientador de doutorado de Jean-François Kervégan, que, por sua vez, orientou Marmasse em seu doutorado sobre a filosofia da natureza de Hegel. Diz o texto de *Força e fragilidade das normas*: "O espírito não se relaciona com seu objeto nem consigo sob o modo 'real' da produção, mas sob o modo 'ideal' do conhecimento e da condução" (p. 73). Ao qual se segue esta nota: "É por isso que estamos em desacordo com Bernard Bourgeois, para quem o espírito segundo Hegel seria essencialmente criador".

Foi ainda no quadro do amálgama de Hegel e Marx que Bourgeois moldou sua interpretação do sistema hegeliano. Mesmo buscando sempre dar a Hegel o destaque e a primazia relativamente a Marx — que seria, nesse contexto, seja um continuador, seja um comentador de Hegel, por assim dizer —, Bourgeois o fez na maior parte do tempo em que construiu sua interpretação sob a hegemonia da leitura marxista. Não se trata aqui de saber se teria sido diferente a visão de Bourgeois caso não tivesse escrito sob a hegemonia desse amálgama. Mas é fato que a ideia de um "espírito criador" se aproxima muito da tradução em "trabalho" que lhe foi dada posteriormente por Marx.

Já Gilles Marmasse moldou sua interpretação em contexto inteiramente diverso. A interpretação oferecida neste livro é como que um atestado da independência final de Hegel em relação a Marx. Daí que *Filosofia do direito* seja, na sua leitura, o ponto culminante do idealismo alemão, e não uma preparação para a teoria de Marx. Daí também, talvez, uma perturbadora presença da noção de "experiência" em sua interpretação, encontrável em vários momentos importantes do livro, uma noção normalmente associada a um livro de juventude de Hegel, *Fenomenologia do espírito*.

Esse estado de independência de Hegel em relação a Marx não impede que a filosofia hegeliana seja atualizada, muito pelo contrário. Esse novo quadro interpretativo não impede que nos posicionemos — como Marmasse o faz — contra ou a favor de suas teses. Apenas é uma leitura que exige que compreendamos a filosofia de Hegel, e *Filosofia do direito* em particular, como se sustentando sobre seus próprios pés, independentemente de outras teorias e de outras filosofias.

Ao mesmo tempo, essa independência para fins interpretativos não significa que não possamos e não devamos novamente pensar as continuidades e descontinuidades da filosofia de Hegel relativamente a outras filosofias, a teoria de Marx aí incluída. Apenas essa tarefa mudou de caráter. E, esperamos, ganhou também em complexidade e interesse. Este livro é um auxílio precioso para quem pretenda não apenas entender *Filosofia do direito* e suas possíveis relações com outras posições filosóficas, mas igualmente para pensar o seu significado para o tempo presente.

MARCOS NOBRE é professor de filosofia política da Universidade Estadual de Campinas (Unicamp), presidente do Centro Brasileiro de Análise e Planejamento (Cebrap), *principal investigator* do Maria Sibylla Merian Centre Conviviality-Inequality In Latin America (Mecila) e pesquisador 1A do Conselho Nacional de Desenvolvimento Científico e Tecnológico (CNPq).

Prefácio

Sobre a má reputação de Hegel, não há mais o que falar: ridícula fascinação pelos conceitos mais abstratos, conservadorismo exagerado, germanismo agressivo, vontade de fazer do indivíduo um simples joguete nas mãos do Estado. Com tudo isso, vale a pena dedicar-se ao estudo de seu pensamento? De fato, muitos são aqueles que se gabam de detestar o hegelianismo. No entanto, para cada uma das críticas habitualmente feitas existe um desmentido. Hegel é apaixonado pela experiência concreta, defende as mudanças históricas, celebra a conciliação e faz da liberdade o tema central de seu pensamento. Isso não significa, é claro, que ele esteja acima de toda e qualquer crítica, nem que seja preciso aprovar ingenuamente sua maneira de filosofar. Mas dialogar com ele é certamente razoável.

Mais precisamente, por que ler *Filosofia do direito*? Em primeiro lugar, Hegel acredita na filosofia e considera que ela tem o que dizer sobre a experiência jurídico-política. Ele não toma como ponto de partida os limites da razão filosófica, mas, sim, a ambição que esta possui de apreender adequadamente a essência do direito. Tal convicção enérgica e produtiva merece ser examinada por si mesma. Em segundo, Hegel tenta pensar, ao mesmo tempo, a unidade da esfera jurídico-política e sua diversidade. Ele procura a estrutura geral e o princípio de sua gênese, mas também dedica toda atenção à complexidade e aos aspectos menos previsíveis. Se a aposta essencial de *Filosofia do direito* pode, sem dúvida, ser retomada em algumas páginas, essa obra ainda propõe um apaixonante itinerário pelas idas e vindas das instituições existentes e dos problemas clássicos da filosofia do direito. Em terceiro lugar, enfim, é a sua ambivalência que torna o discurso de *Filosofia do direito* extraordinário. Hegel insiste na grandeza do direito, enquanto inscrição da "vontade livre" no mundo, e em suas carências e seus impasses. *Filosofia do direito* é tanto uma filosofia da injustiça quanto uma filosofia do direito, pois Hegel dá conta das normas jurídicas a partir do esforço sempre entravado do espírito para institucionalizar sua liberdade.

A presente obra se propõe a evidenciar a demarcação geral de *Filosofia do direito* e a passar em revista seus temas principais, seguindo o fio condutor da questão da razão. A hipótese aqui defendida é a de que, para Hegel, na esfera do direito, a racionalidade se encontra simultaneamente objetivada e relativizada. Isso porque o espírito está disseminado em uma série de momentos mutuamente exteriores, de tal modo que nele os princípios de legitimação são contraditórios, os atos, árduos, os sucessos, precários, e a iniquidade, sempre uma ameaça. Mesmo caracterizado pelo progresso e por certa liberação, o espírito objetivo permanece na esfera de um dever-ser, o qual jamais está a salvo da transgressão.

Propomos um comentário paralelo ao texto, mas dado a acompanhar os movimentos do conteúdo, e não os parágrafos. As exegeses puramente lineares, com efeito, têm como inconvenientes sufocar as problemáticas e impedir, em relação ao texto, uma distância que é indispensável. Toda a obra hegeliana deve ser estudada com base em sua organização própria, visto que sua estrutura não é simplesmente pedagógica, mas constitui um dispositivo de autoengendramento e de autovalidação. É preciso, assim, partir da ordem do texto, pondo-a em perspectiva por meio da demarcação dos problemas que a obra identifica e procura resolver.

Além da evidenciação do projeto filosófico de Hegel acerca do direito, nosso esforço também será o de traçar seu perfil "ideológico". A hipótese, nesse sentido, é a de que o hegelianismo, que hoje em dia nos parece um pensamento conservador, foi em seu tempo um pensamento progressista. Com efeito, se o autor de *Filosofia do direito* desconfia daquilo que em nossos dias chamaríamos de "populismo", ele também faz da vontade dos indivíduos o fundamento de todo ordenamento jurídico e de toda vida política. É por isso que ele proclama o direito de cada um a ter acesso a propriedades, a escolher as máximas de suas ações e a participar, conforme sua condição e sua competência, das atividades do Estado. Se o hegelianismo denuncia o questionamento da autoridade e dos valores estabelecidos em nome de ideais "vazios", por outro lado ele teoriza a legitimidade e, finalmente, o caráter irresistível das mudanças históricas, uma vez que é isso que permite engrandecer a liberdade.

I. O texto e o contexto de *Filosofia do direito*

1. O lugar e o estatuto dos textos de *Filosofia do direito*

As "Linhas fundamentais da filosofia do direito" se apresentam como a ampliação de uma seção da terceira parte da *Enciclopédia das ciências filosóficas*, a saber, a seção do "espírito objetivo" da parte dedicada à filosofia do espírito.[1] *Filosofia do direito* se inscreve, assim, no projeto geral da *Enciclopédia*, uma obra que Hegel não cessa de reescrever e de completar na última fase de sua carreira. Essa obra, no entanto, tal como é conhecida hoje em dia, abrange textos de naturezas diversas, caracterizados por modos de escrita igualmente variados. A interpretação deve levar em conta essa diversidade, aqui apresentada em seus traços mais gerais.

ENCICLOPÉDIA DAS CIÊNCIAS FILOSÓFICAS

A *Enciclopédia* teve três edições publicadas por Hegel: em 1817, 1827 e 1830. As modificações entre a primeira e a segunda edições são bastante significativas, mas, entre a segunda e

1 A seção dedicada ao "espírito objetivo" na *Enciclopédia* abrange cerca de cinquenta parágrafos, enquanto em *Filosofia do direito* são 360 parágrafos.

a terceira, bem menos. A *Enciclopédia* se apresenta como um manual de apoio para os cursos orais lecionados por Hegel em Heidelberg e, depois, em Berlim. Assim, não está destinada, originalmente, para uma leitura contínua. Ela é composta por três grandes partes: "Ciência da lógica", "Filosofia da natureza" e "Filosofia do espírito", cada uma delas articulada em múltiplas subseções. A lógica, que constitui a primeira parte da *Enciclopédia* (também denominada de "Pequena lógica"), assim como o espírito objetivo, teve uma edição separada, surgida entre 1812 e 1816 (chamada de "Grande lógica"), como se evidencia antes mesmo da primeira apresentação da *Enciclopédia*. Outras tantas seções da *Enciclopédia* foram, por sua vez, editadas sob a forma de *Lições* (*Lições* sobre a história, sobre a estética, sobre a história da filosofia etc.). Estas, contudo, são póstumas e foram redigidas por discípulos de Hegel, que compilaram as anotações dos ouvintes e alguns fragmentos do próprio Hegel.

Ilustremos esse ponto com dois exemplos. Primeiro, os cursos sobre a filosofia da arte (sendo a arte um momento do espírito absoluto), na filosofia hegeliana da maturidade, ocupam dois lugares: de uma parte, os §§ 556-563 da *Enciclopédia* de 1827-1830 (ou, anteriormente, os §§ 457-465 da *Enciclopédia* de 1817) e, de outra, as *Lições de estética*, editadas por Gustav Heinrich Hotho, entre 1835 e 1838. Em princípio, o segundo texto se propõe apenas a ser o desenvolvimento e o aprofundamento do primeiro. Segundo, os cursos sobre a filosofia da história (sendo a história um momento do espírito objetivo) ocupam dois lugares na filosofia hegeliana: inicialmente, os §§ 548-552 da *Enciclopédia* de 1827-1830 (ou, anteriormente, os §§ 449-453 da *Enciclopédia* de 1817), depois os §§ 341-360 de *Filosofia do direito* e, finalmente, as *Lições sobre a filosofia da história*, editadas pela primeira vez por Eduard Gans em 1837 e depois por Karl Hegel, o filho do filósofo, em 1840.

De um ponto de vista quantitativo, Hegel acabou publicando apenas uma pequena parte de sua obra. A história das edições póstumas de *Lições* é complexa e faz a alegria dos filólogos, pois questões acerca do método e dos materiais dessas edições são inevitáveis. Qual é a fidedignidade primária das notas dos ouvintes de Hegel? Quando os textos deixados pelos ouvintes divergem entre si, qual deles privilegiar? Considerando que os cursos de Hegel são bastante improvisados e de um estilo frequentemente desairoso, seria legítimo melhorar sua forma? A multiplicidade de respostas possíveis a essas questões explica a abundância de edições alemãs dos cursos de Hegel, cada uma dessas edições podendo, por sua vez, dar origem a uma ou mais traduções em outras línguas. Já foi considerado de bom-tom condenar as primeiras edições póstumas, argumentando que seus redatores não possuíam as exigências críticas que atualmente nos são correntes. No entanto, existe aqui certa injustiça. Ainda que algumas edições tomem liberdades com a palavra de Hegel, e o caso mais notável nesse sentido é o da edição de Hotho, no mais das vezes o trabalho dos primeiros editores póstumos constitui uma abordagem globalmente satisfatória dos cursos, vindo as edições mais recentes antes legitimar esse trabalho do que o invalidar.

Hegel, no período de Heidelberg e de Berlim, ministrou seis vezes seu curso sobre a filosofia do direito: em 1817-1818, 1818-1819, 1819-1820, 1821-1822, 1822-1823, 1824-1825. Sua morte, em novembro de 1831, se deu no momento em que ele começava um novo ciclo de cursos sobre o mesmo tema.

Muitas anotações de ouvintes sobre aqueles ensinamentos chegaram até nós. Para as *Lições* de 1817-1818, dispomos do manuscrito de Paul Wannenmann, editado inicialmente por Karl-Heinz Ilting, depois sob a égide do Arquivo Hegel e traduzido ao francês por Jean-Phillipe Deranty. O manuscrito Wannenmann tem grande importância, pois é a primeira marca da reformulação feita por Hegel de sua concepção de direito depois dos anos em Jena. As *Lições* de 1818-1819 são conhecidas por meio de um manuscrito, relativamente curto, de Carl Gustav Homeyer, que foi igualmente editado por Ilting. As *Lições* de 1819-1820 vieram à tona por meio de um manuscrito anônimo, editado por Dieter Henrich (cujas qualidades e fidedignidade são, contudo, discutíveis), e por um manuscrito de Johann Rudolf Ringier, editado pelo Arquivo Hegel. As *Lições* de 1822-1823 nos foram transmitidas por um manuscrito de Hotho, e as de 1824-1825, por um manuscrito de Karl Gustav Julius von Griesheim, ambas editadas por Ilting. Finalmente, o começo das *Lições* de 1831-1832 é conhecido por um manuscrito de David Friedrich Strauss, igualmente editado por Ilting. E, no que tange às *Lições* de 1821-1822, um manuscrito anônimo sobre a filosofia do direito, descoberto em Kiel nos anos 1980, parece transcrevê-las, ainda que nada impeça de ver nele um testemunho das *Lições* de 1822-1823 ou de 1824-1825. Foi editado por Hansgeorg Hoppe para a editora Felix Meiner.

Nos textos publicados por Hegel estruturados em forma de manual, isto é, *Enciclopédia das ciências filosóficas* e *Filosofia do direito*, distinguem-se "parágrafos" (§) e "observações" que os acompanham. Os respectivos conteúdos dessas duas categorias de texto são distintos. De um lado, os parágrafos apresentam a coisa mesma em sua gênese (ou seja, a vida do absoluto, como veremos a seguir). Eles não exprimem o ponto de vista de Hegel, mas a autorrevelação do absoluto no elemento do discurso filosófico. De outro, as observações trazem a visão do autor. Trata-se então de discursos engajados, pelos quais Hegel tende a se situar face a seus (numerosos) adversários ou (raros) aliados. Assim como o tom dos parágrafos é independente — e, em certo sentido, dogmático —, o tom das observações é polêmico — e, em certo sentido, exposto à crítica.

Os prefácios e as introduções, numerosos nas obras de Hegel, possuem um estatuto próximo das observações. Hegel, neles, fala por sua própria conta, propondo um panorama de tal ou qual momento de sua doutrina e justificando seu método de encontro a outros métodos possíveis. De resto, ele insiste regularmente no caráter não científico dos textos preliminares.[2] Mesmo que frequentemente sejam de uma grande riqueza, seu caráter "assertórico" (porque

2 Ver, por exemplo, *Principes de la philosophie du droit* [Filosofia do direito] (FD) (ed. fr. 2003, p. 108) (ed. alemã *Werke im zwanzig Bänden* [Obras completas em vinte volumes] (W), 1970, t. 7, p. 28) [ed. br. 2010, p. 44 | 2022, p. 148]. As edições e as traduções citadas, bem como a legenda usada nas notas, estão indicadas na seção Referências.

apresentam teses sob o modo da convicção subjetiva) e não "sistemático" (pelo qual a coisa mesma se desenvolveria por etapas e em virtude de uma exigência interna) os reduz ao patamar de simples apêndices do discurso principal.

Encontramos, enfim, em certas edições da *Enciclopédia* e de *Filosofia do direito*, traços diretos vindos dos cursos de Hegel na forma de "adendos". Em se tratando, com efeito, para a *Enciclopédia*, de cursos sobre a lógica, sobre a natureza e sobre o espírito subjetivo, e, para *Filosofia do direito*, de cursos sobre o espírito objetivo, os discípulos de Hegel optaram por não fazer edições separadas das *Lições* daqueles temas, em troca de acréscimos acompanhando cada parágrafo dos textos. Os adendos misturam, entretanto, aquilo que no texto publicado por Hegel é separado, a saber, o sistemático e o polêmico.[3] Foi Eduard Gans (1798-1839), um dos principais discípulos e colaboradores de Hegel, professor de direito na Universidade de Berlim desde 1826, o autor dos adendos de *Filosofia do direito*. Ele os redigiu principalmente a partir dos manuscritos Hotho e Von Griesheim, para a

3 Certos analistas entendem que o texto publicado por Hegel é esotérico, e o texto dos cursos, exotérico. Por vezes, também opomos a falta de sinceridade do primeiro à franqueza do segundo. Mas essas distinções não fazem sentido. Hegel era, por uma questão de princípio, hostil ao discurso cifrado. A seus olhos, o discurso verdadeiramente filosófico se compreende por si mesmo. Ver, por exemplo, FD, § 319, observação (ed. fr. 2003, p. 416) (ed. alemã W, 1970, t. 7, p. 488) [ed. br. 2010, p. 295 | 2022, p. 662]: A "exposição [das ciências] não consiste na arte dos estilos, da alusão, das meias-palavras e das semiverdades, mas nos enunciados sem ambiguidade, determinados e abertos em sua significação e sentido".

primeira edição póstuma de *Filosofia do direito* publicada em 1833 pelos editores Duncker e Humblot de Berlim.[4]

2. O contexto político de *Filosofia do direito*

Hegel publicou *Filosofia do direito* no outono de 1820, quando era professor de filosofia na Universidade Real de Berlim havia dois anos.[5] Essa universidade fora fundada em 1810 por Wilhelm von Humboldt e a cátedra de filosofia, anteriormente ocupada por Johann Gottlieb Fichte. Precisemos brevemente qual era então a evolução recente da Prússia.

A Prússia, como é sabido, não teve uma revolução comparável à Revolução Francesa. Isso, no entanto, não impediu que, durante parte do reinado de Frederico Guilherme III, de

4 Esses adendos não [haviam sido] incluídos na tradução francesa de J.-F. Kervégan disponível [quando da redação desse comentário]. Para citá-los, recorremos à tradução Derathé-Frick [na terceira edição da tradução de J.-F. Kervégan em 2013, os adendos de Eduard Gans foram incluídos. A tradução brasileira de 2010 não inclui os adendos. As traduções parciais de 1998, 2000, 2003 e 2005 os incluem, bem como a tradução brasileira completa de 2022 os inclui. [N.T.] Na maior parte das edições alemãs de *Filosofia do direito*, encontramos também as anotações feitas por Hegel em seu exemplar pessoal.

5 *Filosofia do direito* é datado, segundo o frontispício, de 1821. Mas o volume *Correspondência* mostra que Hegel enviou exemplares da obra a partir de outubro de 1820. O prefácio, que pode ser considerado a última parte do livro redigida, é datado de 25 de junho de 1820.

1807 a 1815, ela tivesse se reformado espetacularmente. Sem dúvida, dado que essa época de mudanças foi breve e que, no momento em que Hegel ensinava e redigia a versão final de sua filosofia política, a Prússia era marcada pelo retesamento e pelo ataque à inspiração modernizadora anterior, fica difícil apreciar o que implica, de um ponto de vista político, a valorização por Hegel do Estado prussiano. Contudo, como veremos, existem boas razões para julgar que Hegel admirava mais a Prússia reformista do que a Prússia reacionária.

DE FREDERICO II À BATALHA DE JENA

Lembremos que a Prússia conheceu uma primeira fase de agitações políticas alguns decênios antes, sob o reinado de Frederico II (1740-1786). Frederico, o "rei filósofo",[6] foi a encarnação do despotismo esclarecido. Comportando-se como soberano absoluto, tirou todo o poder da nobreza e dos estados provinciais, controlou o clero e não fez os funcionários "oficiais" proprietários de seus cargos como na França, mas servidores do poder público.[7] Ao mesmo tempo, o rei teorizou o bem do Estado por meio da distinção com seu próprio interesse (seu lema era: "O rei é o primeiro servidor do Estado") e defendia uma concepção igualitarista do

6 Ver as *Lições* de 1822-23 sobre a história. *Philosophie de l'histoire* [Filosofia da história] (PH) (ed. fr. 2009, p. 535) (ed. alemã *Vorlesungen über die Philosophie der Weltgeschichte: Berlin 1822-1823* [Lições sobre a filosofia da história mundial], 1996, p. 518).
7 Ver FD, § 277, adendo (ed. fr. 1989, p. 288) (ed. alemã W, 1970, t. 7, p. 442) [ed. br. 1998, p. 75-6 | 2022, p. 592].

direito. Por outro lado, ele trabalhava na elaboração de uma codificação geral do direito civil e penal, que apareceria em 1794: o *allgemeines Landrecht*. Para Hegel, "De Frederico II, pode-se dizer o governante com o qual uma nova época passou para a realidade efetiva", na medida em que ele fez valer a finalidade do Estado, pensado a partir dele mesmo, como superior a qualquer interesse particular.[8]

O sucessor de Frederico II, Frederico Guilherme II (1746-1797), não teve o mesmo estofo. Ele chocou seus súditos por sua vida dissoluta e impôs uma severa censura sobre os escritos filosóficos e religiosos. Kant foi um dos que padeceram dessa repressão intelectual. Frederico Guilherme II endossou a Declaração de Pillniz, em agosto de 1791, e seus soldados estiveram entre os vencidos da Batalha de Valmy em 1792. A paz entre a Prússia e a França foi restabelecida pelo Tratado de Basileia em julho de 1795, em termos tais que a primeira cedia à segunda a margem esquerda do Reno. Esse tratado vigorou até 1806.

Frederico Guilherme III (1770-1840), enfim, ascendeu ao trono em 1797. Tinha um caráter medroso. Talleyrand dizia que ele não sabia "nem o que devia pensar, nem o que devia fazer". Frente à França revolucionária, e depois napoleônica, Frederico Guilherme III hesitou entre a aproximação, a oposição e a neutralidade. Finalmente, convenceu-se de que Napoleão não queria mais honrar as cláusulas secretas do Tratado de Basileia e então aderiu à quarta coalizão contra a França, ao lado de Inglaterra, Saxônia, Rússia e Suécia. Na-

8 *Leçons sur la philosophie de l'histoire* [Lições sobre a filosofia da história] (LPH) (ed. fr. 1967, p. 336) (ed. alemã W, 1970, t. 12, p. 523).

poleão respondeu à formação dessa coalizão com duas campanhas, uma contra a Prússia, marcada pelas batalhas de Jena e de Auerstaedt (8 e 14 de outubro de 1806), e a outra contra a Rússia, marcada pelas batalhas de Eylau e de Friedland (8 de fevereiro e 14 de junho de 1807). A derrota prussiana foi completa, não havendo nenhuma resistência nacional, e em 27 de outubro de 1806 Napoleão entrou em Berlim, enquanto Frederico Guilherme III se refugiava em Königsberg. A paz com a França foi assinada em Tilsitt, em julho de 1807. A Prússia perdeu quase a metade de seus territórios, seu Exército foi reduzido, e ela ficou ocupada até 1808. Entretanto, permaneceu independente, de modo que viria a se tornar o asilo dos patriotas alemães e o símbolo da resistência a Napoleão.

AS REFORMAS E O RETORNO A UMA POLÍTICA REACIONÁRIA

No dia seguinte a Tilsitt, dois partidos se confrontavam na Prússia: o da resignação e o da renovação. A esposa de Frederico Guilherme III, rainha Luisa, tornou-se a alma do segundo partido, o qual propunha reformas "pela parte de cima", que teriam por efeito conferir à Prússia o poder que lhe havia faltado frente à França. A ideia era particularmente imitar a França em uma transformação social que assegurasse o patriotismo e o ardor guerreiro dos cidadãos no conflito que viria a seguir contra o império napoleônico (Rovan, 1994, p. 451 e ss.). Os principais ministros reformadores, quase nenhum de origem prussiana, foram Stein, Hardenberg, Scharnhorst e Gneisenau. Citemos também Altenstein, que foi quem chamou Hegel para Berlim.

A *reforma social* foi iniciada por Stein em 1807 e completada por Hardenberg em 1811. Ela encerrava um sistema de castas que impedia os que não eram nobres de possuir terras e os nobres de exercer os ofícios próprios da burguesia; além disso, prendia os camponeses à gleba e os submetia à corveia. Pela "liberação da terra", os camponeses, mediante indenização ao senhor, poderiam se tornar proprietários das terras que cultivassem. Ao mesmo tempo, a Prússia abolia os privilégios feudais, secularizava os bens eclesiásticos e proclamava, com o fim do monopólio das corporações, a liberdade da indústria. Hegel, em muitos textos, saúda a abolição da servidão e o livre acesso dos indivíduos à propriedade.[9]

A *reforma administrativa* permitia ao país se dotar de uma organização ministerial eficaz (o *Staatsministerium*). O recrutamento dos funcionários não seria mais arbitrário: dependia da formação dos candidatos, com os competidores nobres deixando de ter prioridade sobre os demais. Hegel sublinha esse ponto para se regozijar: "Todo cidadão pode ter acesso às funções do Estado; contudo, a habilidade e a aptidão são condições necessárias".[10] O serviço público competente e pouco corruptível poderia começar a se desenvolver, convencido de seu papel de fiador do bem comum ao en-

9 Ver, por exemplo, LPH (ed. fr. 1967, p. 345) (ed. alemã W, 1970, t. 12, p. 539). O adendo ao § 290 de FD (ed. fr., 1989, p. 301) (ed. alemã W, 1970, t. 7, p. 461) [ed. br. 1998, p. 96 | 2022, p. 617] denuncia o poder excessivo das corporações na Idade Média, mas critica também a França revolucionária por tê-las abolido completamente. Ver Pinkard (2000, p. 420).

10 LPH (ed. fr. 1967, p. 346) (ed. alemã W, 1970, t. 12, p. 539).

contro dos interesses particulares — uma convicção da qual Hegel, ele mesmo um funcionário, é uma perfeita ilustração.

A *reforma militar* tinha por objetivo identificar a nação com o seu Exército. O serviço militar foi mantido como obrigatório, mas os castigos corporais foram abolidos (para se ter uma imagem do recrutamento e da instrução dos recrutas nos exércitos alemães do século XVIII, basta pensar nas primeiras páginas de *Cândido* [de Voltaire]). A disciplina seria doravante fundada sobre o patriotismo e a honra.[11] Como dissemos, após a retirada dos exércitos franceses da Rússia, a Prússia Oriental se levantou, e Frederico Guilherme III declarou guerra à França. O Estado prussiano saiu vitorioso de Leipzig em outubro de 1813, enquanto seu Exército, comandado por Blücher, desempenhou papel decisivo nas campanhas da França e de Waterloo. Após a vitória, a Prússia, no Congresso de Viena, obteve praticamente toda a Renânia e toda a Westfália, assim como a parte norte do antigo eleitorado da Saxônia.

A *reforma do ensino*, sob a influência de Wilhelm von Humboldt e de Altenstein, substituiu as diversas instituições educativas religiosas, municipais ou corporativas, por um sistema unificado: escolas populares para as crianças, ginásios para os adolescentes e universidades para os jovens, cujo acesso estaria condicionado à realização do *Abitur*. O ensino primário passava a ser obrigatório, enquanto a Universidade

11 Cf. FD, § 324 (ed. fr. 2003, p. 420) (ed. alemã W, 1970, t. 7, p. 491) [ed. br. 2010, p. 297 | 2022, p. 669], sobre o dever dos indivíduos de defender a independência e a soberania do Estado "pela colocação em perigo e o sacrifício de sua propriedade e de sua vida".

de Berlim era fundada em 1810, e a de Bonn, em 1818. Von Humboldt se opunha ao ideal utilitarista então em voga e propunha um ensino humanista baseado no estudo dos autores antigos. Além de Fichte, encontramos, dentre os primeiros professores da Universidade de Berlim, o historiador Niebuhr, o jurista Savigny e o teólogo Schleiermacher.

Pelo édito da emancipação de março de 1812, os judeus se tornavam plenamente cidadãos. Hegel ressalta a importância disso. De um ponto de vista formal, diz ele, seria possível opor-se à concessão de direitos civis aos judeus, pois eles devem ser vistos "como pertencendo a um povo estrangeiro". No entanto, os protestos realizados quando do édito da emancipação são injustificados porque "os judeus são, antes de tudo, homens, e essa não é uma qualidade simples, abstrata". Mais do que isso, essa qualidade significa que a atribuição de direitos civis pode fazer nascer o orgulho de ser reconhecido como pessoa na sociedade civil, o que assegura a assimilação de modos de pensar e de sentir. Em suma, "a separação que se critica aos judeus seria antes mantida e teria sido justamente imputada e reprovada ao Estado que os excluísse". E é por isso que, neste caso, "a maneira de agir dos governantes se mostrou [...] sábia e digna".[12]

Houve também uma tentativa de *reforma política*. Em 1808, a autonomia foi concedida às cidades. Stein igualmente implementou um conselho de Estado, destinado a funcionar como uma Câmara Alta e impedir o retorno do Antigo Regime. Além disso, Stein e Hardenberg incitavam ao esta-

12 FD, § 270, observação, nota de rodapé (ed. fr. 2003, p. 357) (ed. alemã W, 1970, t. 7, p. 421) [ed. br. 2010, p. 246 | 2022, p. 560].

belecimento de uma "representação nacional". O rei Frederico Guilherme III prometeu esse Parlamento por três vezes, em outubro de 1810, em maio de 1815 e, mais uma vez, em janeiro de 1820. Mas o partido da restauração, reagrupado atrás do Kronprinz [príncipe herdeiro], se opôs fortemente a tal medida, e o rei, por fim, se contentou em reorganizar as antigas assembleias provinciais em 1823 (Nipperdey, 1983, p. 331). De um ponto de vista constitucional, a Prússia ficou para trás em relação a reinos como os da Baviera, de Bade e de Württemberg, que entre 1818 e 1819 se outorgaram assembleias munidas de um papel político de primeiro plano. Não obstante, em *Filosofia do direito*, Hegel defende um Parlamento nacional, dotado não somente de um poder de conselho, mas também de um poder de decisão, e cujos deputados dispõem de um mandato político livre. Esse texto pode ser interpretado como uma tomada de decisão no debate político da época (Lübbe-Wolff, 1981, p. 476-501). Porém, se nos lembrarmos da afirmação segundo a qual a filosofia não tem de dizer como o Estado deve ser,[13] é preciso admitir, em vez disso, que Hegel, no momento da redação de *Filosofia do direito*, considera que a implementação de tal Parlamento é uma exigência essencial do espírito moderno e que essa exigência, hoje em dia, se realiza nos Estados de tipo germânico. Do ponto de vista hegeliano, a análise do Parlamento em *Filosofia do direito* é, assim, menos um ato de militância do que uma caracterização do espírito do tempo.

13 Ver FD (ed. fr. 2003, p. 25) (ed. alemã W, 1970, t. 7, p. 26) [ed. br. 2010, p. 42 | 2022, p. 141].

Apesar disso, Hardenberg perdeu sua influência e renunciou progressivamente a fazer valer suas convicções liberais até morrer em 1822, de tal modo que os primeiros anos de Hegel em Berlim coincidem com o encerramento das reformas e com a instauração, por Frederico Guilherme III, de uma política reacionária. Essa política se acelera especialmente após o assassinato do escritor antiliberal August von Kotzebue pelo estudante Karl Sand, em março de 1819. Em agosto daquele ano, pela convenção secreta de Teplitz, a Prússia e a Áustria entram em acordo para reprimir os movimentos patrióticos e democráticos. Em setembro, o rei publica os "Decretos de Karlsbad" (atualmente Karlovy Vary), que estabeleciam o controle das universidades e uma rigorosa censura.

O assassinato de Kotzebue está ligado à agitação revolucionária das organizações estudantis, as *Burschenschaften*. Elas defendiam as reivindicações nacionais e liberais, exigindo a unificação da Alemanha e a democratização do regime. A festa de Wartburg, próxima a Eisenach, na Turíngia, em outubro de 1817, para a celebração do tricentésimo aniversário das 95 teses de Lutero e do quarto aniversário da batalha de Leipzig, é um dos pontos culminantes dessa agitação. Essa foi a ocasião de uma manifestação nacionalista durante a qual os estudantes, na companhia de alguns professores, rivalizavam em apaixonados discursos. Hegel condena o acontecimento no prefácio de *Filosofia do direito*. Veremos mais adiante quais são suas razões mais precisas, mas podemos, desde já, dizer que, por um lado, ele é legitimista e globalmente hostil à ideia de uma oposição popular ao poder estabelecido, e, por outro, que é favorável a pôr em causa o direito tradicional, desde que seja injusto e com a condição de que as reformas sejam conduzidas pelo próprio poder. É preciso, com efeito, complementar o texto sobre a festa de Wartburg com o artigo sobre o conflito entre o rei Guilherme I de Württemberg e seu Parlamento. Nesse conflito, o rei procurava pôr em ação, contra a vontade do Parlamento, uma Constituição moderna.[14] Para Hegel, o rei de Württemberg se mostra reformador e exprime o espírito germânico dos novos tempos, enquanto o Parlamento o obstrui em nome de interesses particulares e de tradições obsoletas. Em resumo, aos olhos de Hegel, a vida política deve ser refletida e mediatizada por meio de princípios gerais. Ela, assim, não deve ser fundada sobre o "sentimento" nem sobre o "entusiasmo", como queriam as *Burschenschaften*, nem, ainda, sobre a defesa de privilégios tradicionais, como queriam os parlamentares de Württemberg.

Hegel aprova, então, as reformas de inspiração liberal que aconteceram e não exclui aquilo que elas almejavam. Porém, tanto por seu temperamento quanto por reflexo ideológico e convicção filosófica, ele desconfia da agitação popular. Partindo de outra ótica, nota-se a ausência nele de qualquer nacionalismo, no sentido de uma exaltação agressiva da Alemanha. Certamente, para ele, o espírito germânico se situa no ápice do desenvolvimento histórico dos povos. Mas a noção de espírito germânico possui regularmente um significado

14 Ver "Analyse critique des trente-trois cahiers imprimés des Actes de l'assemblée des états du royaume du Wurtemberg en 1815 et 1816" [Análise crítica dos 33 volumes das Atas da Assembleia dos Estados do Reino de Württemberg em 1815 e 1816], em *Écrits politiques* [Escritos políticos] (EP) (ed. fr. 1977, p. 205 e ss.) (ed. alemã W, 1970, t. 4, p. 462 e ss.).

inclusivo e não exclusivo, designando, por sinédoque, o conjunto do mundo europeu pós-antigo — da mesma maneira que a valorização do espírito alemão como um todo, que vai, assim, de encontro ao espírito provinciano dos principados germânicos locais, possui claramente um sentido antiparticularista. Além disso, esse espírito germânico não vale por aquilo que ele "naturalmente" é, mas pela cultura que se dá.

A PRÚSSIA NA CONFEDERAÇÃO GERMÂNICA

Qual é, no começo do século XIX, a situação exterior da Prússia? Como sabemos, o reino da Prússia integra o Sacro Império Romano-Germânico até o seu desaparecimento, em 1806. O Sacro Império é então constituído de uma miríade de principados sob a autoridade de um imperador eleito, o qual provém, desde o século XV, da Casa da Áustria. A partir do século XVIII, o Império se enfraquece progressivamente e, no começo do XIX, não passa de uma concha vazia (é conhecida a desconsolada afirmação de Hegel nos anos 1800-1802: "A Alemanha não é mais um Estado").[15] Napoleão coroa esse enfraquecimento ao abolir o Sacro Império em 1806, substituindo-o pela Confederação do Reno (*Rheinbund*), que opera a "mediação" — ou seja, a integração — dos principados secundários e das numerosas cidades até então livres nos Estados que restaram. Ao mesmo tempo, o imperador Francisco II depõe sua coroa para ser apenas o imperador da

15 "La Constitution de l'Allemagne" [A Constituição da Alemanha], em EP (ed. fr. 1977, p. 31) (ed. alemã W, 1970, t. 1, p. 461).

Áustria, com o nome de Francisco I. Entrementes, a Prússia e a Áustria se recusam a fazer parte da Confederação do Reno. Em 1813, ela colapsa, mas é substituída, quando do Congresso de Viena em 1815, pela Confederação Germânica (*Deustscher Bund*), a qual reagrupa mais ou menos os mesmos membros — acrescentando agora o império da Áustria e o reino da Prússia — e cuja presidência é reservada, a título hereditário, ao imperador da Áustria.

A Confederação Germânica tem como principal instituição o Bundestag em Frankfurt, uma assembleia de embaixadores dos Estados-membros sob a presidência do imperador da Áustria. A Confederação pode, normalmente, conduzir uma guerra e organizar uma política comercial e alfandegária comum. De fato, tudo se baseia no acordo entre a Prússia e a Áustria. Hegel evoca a organização da Alemanha em algumas palavras bem vagas:

> A mentira [sobre a existência] de um império desapareceu inteiramente. Ele se dividiu em Estados soberanos. [...] A existência e a tranquilidade dos pequenos Estados estão mais ou menos asseguradas por outros; por essa razão, eles não são Estados verdadeiramente independentes e não têm como se submeter à prova do fogo, da guerra.[16]

Como constatamos, essa reflexão não insiste tanto na unidade da Confederação Germânica quanto em sua fragmentação. Do ponto de vista hegeliano, isso significa que ela não pode consistir na última palavra da história alemã. Entretan-

16 LPH (ed. fr. 1967, p. 345-6) (ed. alemã W, 1970, t. 12, p. 539).

to, Hegel não reivindica nenhuma mudança na organização da Alemanha — o que é coerente com sua constante recusa da ingerência de ideais na realidade política efetiva.

—

Muitas vezes, considerou-se que a obra de 1820, e particularmente a seção sobre o "direito público interno", estaria propondo uma caracterização da Prússia dos tempos de Hegel. Tal interpretação precisa ser debatida. Além do fato de que o nome da Prússia não aparece na seção mencionada, existe para isso uma razão de princípios. A filosofia, para Hegel, tem como objeto o universal,[17] de tal modo que algo particular, assim como o regime prussiano, não pode, enquanto tal, ser tematizado pelo discurso especulativo. Certamente, esse discurso pode levar em conta um *sistema* de objetos particulares. Isso é observado, por exemplo, na seção dedicada à história do mundo, que examina o "espírito do mundo", forma universal encarnando-se em uma série de povos particulares, dentre os quais encontramos o Império Germânico, que integra a Prússia moderna. Por outro lado, o discurso filosófico não saberia examinar de maneira exclusiva apenas a Prússia como Estado particular. Daí ser preciso admitir que, para Hegel, o "direito público interno" não apresenta o caso particular da Prússia, mas a constituição do Estado enquanto tal.

17 Ver *Encyclopédie des sciences philosophiques* [Enciclopédia das ciências filosóficas em compêndio] (ECF I), § 7 (ed. fr. 1970-1988, p. 170-1) (ed. alemã W, 1970, t. 8, p. 49) [ed. bras. 1995a, p. 46].

Mais precisamente, trata-se de uma teoria da constituição *moderna* (da mesma maneira que a teoria do animal, na filosofia da natureza, é, na verdade, uma teoria dos animais superiores). Essa forma, aos olhos de Hegel, encontra-se — certamente como tendência e em traços gerais — em todos os Estados modernos e constitui o princípio de sua vida política interior. De resto, cabe notar que, em *Filosofia da história*, Hegel se interessa bem pouco pela época mais recente, e menos ainda pela sorte específica da Prússia. Na verdade, para ele, o "presente" designa, antes de tudo, a era "cristão-germânica", que sucede à era romana. Do mesmo modo, é razoável sustentar que a época da realização do fim da história não é, para Hegel, o presente imediatamente contemporâneo, mas o conjunto da época cristão-germânica. Com efeito, para ele, o essencial se constitui da mais alta generalidade, e, à medida que se aprofunda essa generalidade, estamos perante determinações cada vez menos significativas. O regime prussiano, por exemplo, deve ser analisado, num primeiro momento, a partir de uma consideração do Estado de tipo germânico *em geral*. Decerto esse tipo de Estado se especifica em Estado germânico *moderno* e, por fim, em Estado germânico moderno da época pós-revolucionária (e, potencialmente, o aprofundamento se desdobra de modo indefinido). O que fica, no entanto, é que estas últimas determinações são subordinadas às primeiras. Em *Filosofia do direito*, Hegel não propõe uma teoria da Prússia contemporânea, mas uma teoria geral do direito — essencialmente, do direito moderno.

Como veremos mais adiante, para Hegel, a racionalidade do Estado moderno está no fato de que ele assegura a unidade política de todos os homens (a se reconhecerem nas instituições comuns), assim como no de lhes permitir fazer valer sua particularidade (especialmente o direito ao bem-estar individual). A reconciliação do universal e do particular está no caráter "concretamente subjetivo" desse Estado, que não reside nem sobre a inclinação "natural", nem sobre a disciplina, mas sobre um querer livre. Contudo, essa reconciliação não é própria do Estado prussiano do início do século XIX, uma vez que ela é obtida pelo Estado de tipo germânico-cristão *em geral* — mesmo se em cada um dos aprofundamentos desse tipo de Estado ela se torne mais efetiva. Por essa razão, o advento do regime adequado não se encontra na situação mais recente (por exemplo, na Alemanha de Stein e Hardenberg), nem num regime ainda a ser estabelecido (o qual, por definição, ficaria incluído na esfera do Estado pós-antigo). É por isso que, ao menos em sua obra filosófica, Hegel se mostra pouco atormentado pela realidade alemã contemporânea e por sua evolução a seguir.

II. O discurso especulativo e o desenvolvimento da ideia

1. As características próprias do discurso especulativo

O CONHECIMENTO DO TODO

O que é o conhecimento filosófico para Hegel? Retomando uma tripartição que ele regularmente oferece, pode-se opor o conhecimento filosófico — ou "especulativo", isto é, filosófico no sentido mais autêntico do termo — ao conhecimento imediato e ao conhecimento do entendimento.

a) O conhecimento imediato consiste na dimensão mais superficial da experiência, por exemplo, aquilo que pertence ao aqui e agora da observação. Esse é um pensamento que não coordena seu conteúdo, mas se limita em passar de um aspecto a outro do objeto. Certamente, esse saber não é ilusório, mas insatisfatório, na medida em que apenas exprime a experiência singular do sujeito do conhecimento. Por exemplo, os acontecimentos históricos em sua factualidade formam um objeto de conhecimento imediato.

b) O conhecimento do entendimento (ou reflexivo) é um conhecimento metódico. Ele conduz o sujeito a extrapolar sua experiência originária para se abrir ao mundo em geral e procurar aquilo que há de universal nas coisas. Por essa razão, pode-se dizer que é objetivo, no sentido de que pode valer para uma pluralidade de sujeitos. Entretanto, esse conhecimento padece de uma dupla carência: (i) Ele repousa sobre um método exterior ao objeto. A ordem do saber não exprime o autodesenvolvimento do objeto, mas a maneira pela qual o sujeito organiza o conhecimento. Ora, do ponto de vista hegeliano, essa forma de cientificidade, produzida por um sujeito "exterior", é inevitavelmente particular. Daí um conhecimento do entendimento ser, de modo contraditório, objetivo e subjetivo: ele certamente vale para uma pluralidade de observadores, embora desprovido de necessidade interior. Com efeito, o conhecimento do entendimento repousa sobre escolhas as quais, ainda que motivadas, possuem apenas uma validade limitada. Por exemplo, pode-se procurar dar conta do direito positivo não a partir da exigência interior de justiça — o que remete ao ponto de vista especulativo —, mas a partir de um encadeamento exterior de causas e efeitos. Esse tipo de investigação não é equivocado, desde que não se confundam, segundo Hegel, explicação e legitimação. Contudo, o exame, por definição, não se pode voltar senão a certas normas, a respeito das quais deve se contentar com um número finito de causas.[18] Esse saber, assim, é essencialmente finito. (ii) Além disso, o conhecimento do entendimento é cego em relação à unidade de seu tema de estudo. Mesmo se ele relaciona seus diferentes aspectos, associa-os somente sob o insatisfatório modo da má infinitude, ou seja, através de uma série infinita de ligações finitas. Por exemplo, em vez de ver que os diferen-

18 Ver FD, § 3, observação (ed. fr. 2003, p. 113) (ed. alemã W, 1970, t. 7, p. 35-6) [ed. br. 2010, p. 50 | 2022, p. 157].

tes momentos do direito resultam do autodesenvolvimento de um mesmo tipo de espírito, a saber, do espírito objetivo, ele os considera como determinações isoladas e fixas, as quais certamente podem ser objeto de comparações e de classificações, mas que não se produzem de maneira unitária e viva. O conhecimento do entendimento fica, assim, na ignorância da essência de seu objeto: "Isso conduz, de maneira geral, ao colocar o relativo no lugar do absoluto, o fenômeno exterior no lugar da natureza da coisa".[19]

c) O conhecimento especulativo, ao contrário, consiste em tratar seu objeto como uma totalidade — e uma totalidade que se desenvolve por ela mesma. Por exemplo, no caso do Estado, ele reconhece que os diferentes componentes da vida política — cada um dos poderes constituídos, mas também a disposição de espírito dos cidadãos, os costumes, as leis etc. — são expressão de um mesmo princípio interior, a saber, a vontade do povo de formar uma unidade organizada. O fio que une os diversos aspectos da experiência não é mais produzido pelo espectador "reflexionante", mas se revela na experiência, a título de princípio de autoengendramento e de autoconhecimento da coisa em si. A subjetividade não é exterior, não está mais no sujeito cognoscente, mas é interior ao objeto de investigação. A partir daí, diferentemente do conhecimento do entendimento, a filosofia não examina uma série de objetos desconexos, mas um único objeto, um objeto "universal", no sentido de que ele unifica por si mesmo o conjunto de seus aspectos particulares. Que obje-

19 FD, § 3, observação (ed. fr. 2003, p. 114) (ed. alemã W, 1970, t. 7, p. 36-7) [ed. br. 2010, p. 51 | 2022, p. 157].

to é esse? Em sua dimensão mais geral, Hegel o denomina absoluto ou ideia. Daí, por exemplo, o enunciado que inicia a introdução de *Filosofia do direito*: "A ciência filosófica do direito tem como objeto a ideia do direito".[20]

A ideia, assim, é o todo que dá conta das partes. Aos olhos de Hegel, aquilo que existe só pode ser compreendido a partir do princípio que rege o conjunto no qual ele se integra. Por exemplo, da mesma maneira que a posição de um planeta corresponde à organização do sistema solar, ou que o trabalho de um escravizado depende da interação que ele mantém com seu senhor, a vontade de um cidadão só é compreendida a partir das leis de seu Estado, e cada proposição de uma doutrina filosófica procede da concepção de conjunto da verdade característica dessa doutrina. Seguramente, a

20 FD, § 1 (ed. fr. 2003, p. 109) (ed. alemã W, 1970, t. 7, p. 29) [ed. br. 2010, p. 47 | 2022, p. 149]. Constatamos aqui, entretanto, uma dificuldade concernente ao uso hegeliano de noções técnicas, segundo o qual o significado dessas noções é relativo a seu contexto sistemático. A ideia designa a unidade verdadeira do subjetivo e do objetivo. Por um lado, assim, em oposição aos pensamentos imediato e reflexivo, a filosofia é a ciência da ideia. Por outro, entretanto, se considerarmos um ciclo qualquer da *Enciclopédia*, podemos dizer que a ideia constitui apenas o momento da conclusão. Nesse sentido, por exemplo, na doutrina do conceito, "a ideia" designa a esfera que sucede à subjetividade e à objetividade unilaterais e as reúne. Não é contraditório, de um ponto de vista hegeliano, afirmar, ao mesmo tempo, que a filosofia é, em geral, a ciência da ideia e que o objeto da filosofia é a ideia apenas enquanto conclusão de seus ciclos sistemáticos. A ideia sempre suplanta uma unilateralidade, e a questão é simplesmente saber qual ciclo sistemático está sendo considerado.

natureza da ligação entre a parte e o princípio de totalização muda a cada momento. Relação de causalidade mecânica, obediência forçada, livre adesão, expressão do pensamento: múltiplos cenários são concebíveis. Além disso, o princípio de totalização pode ser exterior (assim como o Sol em relação aos astros do sistema solar) ou interior (assim como as leis do Estado em relação aos cidadãos), e a totalização pode ser completa (doutrina filosófica) ou incompleta (a relação do senhor e do escravizado). No entanto, para Hegel, nada é verdadeiro, quer dizer, digno da atenção da filosofia, a não ser o que está inscrito em um conjunto ao mesmo tempo organizado e autodeterminante.

Além disso, a ideia é essencialmente cognoscível, na medida em que não é nada mais que o conjunto de suas partes considerado em sua dinâmica unitária. Ela não é um princípio oculto que não se poderia conhecer senão de maneira indireta, pelo cruzamento de sinais ou por experiências que a desmascarariam. Ao contrário, a ideia se investe totalmente em cada uma de suas partes e, assim, se exprime adequadamente nelas. Por exemplo, o princípio de uma espécie animal é visível em cada órgão de um de seus espécimes. Ou, então, o princípio de um Estado se dá a conhecer na disposição de espírito e no agir de cada um de seus cidadãos, e cada proposição de uma doutrina filosófica revela qual concepção de verdade está no fundamento dessa doutrina. Em suma, em oposição à doutrina kantiana da coisa em si, Hegel considera que a ideia não está escondida, mas que ela se revela no coração da experiência.

Enfim, a ideia é viva. Ela está em progresso e tende a vir a ser verdadeiramente ("efetivamente", *wirklich*) aquilo que é. Uma terceira tese fundamental de Hegel: o que não é inicialmente aquilo que deve ser se torna adequado por sua própria atividade. A ideia permanece uma totalidade não intacta em cada uma das etapas de sua vida processual, mas ela não chega a uma identidade verdadeiramente satisfatória senão ao fim de seu desenvolvimento. Hegel pensa a ideia a partir do modelo do organismo vivo, o qual dá conta unitariamente do conjunto de suas propriedades, conserva sua identidade em cada uma de suas fases e progride espontaneamente em direção a um estado de completo florescimento. A tarefa da filosofia é então estudar a vida da ideia na diversidade de seus aspectos e em sua unidade fundamental, "cabe a ela presenciar o desenvolvimento imanente próprio da coisa mesma".[21]

Pelo fato de a ideia integrar e unificar seus aspectos particulares, a filosofia que a pensa se volta necessariamente para a experiência concreta. Seria absurdo, por exemplo, falar de "espírito grego" sem apresentar as ações do povo grego, suas obras políticas, estéticas, religiosas etc. Mas, inversamente, a filosofia mostra que a experiência exprime um princípio geral interior e estabelece, por exemplo, que aquilo que dá conta das obras do povo grego é o seu espírito, o qual é ativo e transforma seu mundo próprio. Como se percebe, Hegel retém a lição de Aristóteles segundo a qual não há ciência senão do universal. E, de certa maneira também como Aristóteles, ele considera que o universal é imanente na experiência. Mais precisamente, para o autor de *Filosofia do direito*, o universal, no sentido forte do termo, não é uma característica que seria comum a todas as coisas, mas o princípio ativo que assegura a

21 FD, § 2 (ed. fr. 2003, p. 110) (ed. alemã W, 1970, t. 7, p. 30) [ed. br. 2010, p. 47 | 2022, p. 152].

unidade de uma multiplicidade; em resumo, um princípio de totalização. Nada existe que não seja encarnado de maneira particular. Porém, inversamente, nenhuma coisa particular — como veremos, na medida em que ela é "efetiva" e digna de interesse — está isolada de um princípio universal. Por exemplo, a filosofia especulativa concebe os atos relativos à propriedade — aquisição, venda etc. — como uma maneira de realizar a aspiração à liberdade que caracteriza todos os homens (momento universal), ainda que ela note, ao mesmo tempo, que cada aquisição e venda possui algo de contingente e vinculado a seu contexto (momento particular). Ou, ainda, a filosofia especulativa apreende o grande homem como a encarnação do querer de seu povo (momento universal), mesmo se ela reconhece que ele também está imbuído de paixões egoístas (momento particular). Tudo aquilo que está verdadeiramente na experiência é a ideia em um de seus aspectos particulares — ainda que falte reconhecê-la nisso. Para resumir em uma frase: "Reconhecer a razão como a rosa na cruz do presente e, com isso, alegrar-se com esse, tal discernimento racional é a reconciliação com a efetividade".[22]

O UNIVERSAL E SUA REALIZAÇÃO

A ideia se particulariza em lógica, natureza e espírito. Por sua vez, cada uma dessas esferas também se particulariza, e assim por diante, em sucessivos estratos, de tal modo que

22 FD, prefácio (ed. fr. 2003, p. 106) (ed. alemã W, 1970, t. 7, p. 26-7) [ed. br. 2010, p. 43 | 2022, p. 143-5].

a ideia está sempre no horizonte. Entretanto, a concretização da ideia não é descendente como nas classificações naturais. Não se parte, em Hegel, de um ser de razão (como "animal") possuidor de uma máxima extensão e de uma mínima compreensão para se chegar, por sucessivas divisões e concomitante enriquecimento de conteúdo, a espécies cada vez mais próximas da experiência (como "mamífero" e "pássaro", e daí para "doninha" e "pardal" etc.). Em vez disso, lidamos com objetos que, em qualquer momento do desenvolvimento sistemático, existem na experiência como tais. Observemos, por exemplo, a ordem do espírito objetivo: inicialmente, o direito abstrato, relativo aos atos de apropriação e alienação de bens exteriores; depois a moralidade, como atividade do sujeito autônomo; enfim a eticidade,[23] como desenvolvimento das instituições. Decerto, a ordem sistemática conduz do mais "abstrato" ao mais "concreto", mas isso no sentido especificamente hegeliano do mais dependente do dado exterior ao mais autodeterminante. Em cada um desses níveis, portanto, a ideia está particularizada e possui uma realidade empírica.

A observação do § 1 de *Filosofia do direito* afirma que a filosofia lida com as ideias, e não com simples conceitos. Ao mesmo tempo, o texto assevera que "somente o conceito [...]

23 Em francês, traduziremos o termo *Sittlichkeit* tanto por *ethicité* [eticidade] quanto por *vie éthique* [vida ética]. É sempre embaraçoso, para um tradutor, criar um neologismo para dar conta de um termo que, na língua original, pertence ao vocabulário comum. É bem verdade que Hegel fala, por vezes, da *sittliches Leben*, literalmente, "*vie éthique*". Mas haveria alguma real diferença entre *sittliches Leben* e *Sittlichkeit*?

tem efetividade e, de modo tal, que ele se dá essa efetividade a si mesmo". Como compreender essas formulações?

a) A noção de "conceito" é uma das mais utilizadas por Hegel. Poderíamos lhe dar como equivalente a noção de princípio, "*arché*", tanto no sentido de começo quanto de preceito. Com efeito, existem dois usos principais dessa noção: seja a título de primeiro momento de um ciclo qualquer, daí como figura imediata desse ciclo, seja a título de alma imanente de um todo constituído. Para o primeiro tipo de uso, podemos dizer, por exemplo, que o casamento é o conceito da família,[24] ou que o direito abstrato é o conceito do espírito objetivo em geral. Para o segundo, podemos dizer que a personalidade é o conceito do direito abstrato,[25] ou que a disposição de espírito cívico é o conceito de Estado. Existe um parentesco entre esses dois empregos da noção, pois o conceito designa, nos dois casos, um ponto de partida que, nele mesmo, é insuficiente e requer uma concretização para chegar à completude. Da mesma maneira que o primeiro momento de um ciclo sistemático ainda não é senão uma realização parcial sua, a alma interior de um todo não é suficiente por si mesma para constituir esse todo. É por isso que a filosofia não pode considerar apenas o conceito das coisas, mas deve examinar também sua realização concreta.

b) No entanto, uma decisão fundamental da filosofia hegeliana consiste em afirmar que, na realidade efetiva, é a realização mesma do conceito que está presente. Em suma,

24 Ver FD, § 160 (ed. fr. 2003, p. 260) (ed. alemã W, 1970, t. 7, p. 309) [ed. br. 2010, p. 174 | 2022, p. 413].

25 Ver FD, § 36 (ed. fr. 2003, p. 147) (ed. alemã W, 1970, t. 7, p. 95) [ed. br. 2010, p. 80 | 2022, p. 231].

que o conceito, tão insatisfatório quanto seja, comanda o desenvolvimento concreto que lhe sucede. Compreenderemos a originalidade desse ponto de vista se o compararmos com o ponto de vista de Nietzsche sobre a moralidade na *Genealogia da moral*. Para Nietzsche, o desenvolvimento histórico da consciência moral possui uma procedência inconfessável, a saber, o ressentimento, o ódio da vida etc. O desdobramento histórico da moralidade é, assim, oposto à sua origem, e aquele traveste esta. Para Hegel, ao contrário, mesmo que o ponto de partida seja inadequado, ele é, desde então, a coisa mesma. Sem dúvida, sua realização supõe que ele se negue, isto é, que ele renuncie à sua abstração inicial. Contudo, em sua negação, a coisa mesma se conserva. Assim:

> O conceito e sua existência (*Existenz*) são dois lados ao mesmo tempo separados e unidos, como são a alma e o corpo. [...] Uma alma sem corpo não poderia ser viva, e a recíproca é igualmente verdadeira. Da mesma maneira, o ser-aí (*Dasein*) do conceito constitui seu corpo, e este obedece à alma que o produz.[26]

É por isso que o empreendimento especulativo não é uma desmistificação. Pelo contrário, ele consiste em observar e registrar, segundo o modo da linguagem filosófica, a maneira pela qual a ideia se constitui e se revela na experiência.

Muitas vezes se afirma que Hegel pretenderia deduzir abstratamente aquilo de que fala, a saber, as etapas do desenvolvimento da ideia. Na verdade, se entendermos por

26 FD, § 1, adendo (ed. fr. 1989, p. 61-2) (ed. alemã W, 1970, t. 7, p. 30) [ed. br. 2005, p. 39 | 2022, p. 152].

"dedução" a operação que consiste em estabelecer a existência de um objeto por um modo *a priori* e sem ligação com a experiência direta nem com as análises feitas pelas ciências existentes, esse não é o seu esforço. Para ele, não cabe à filosofia derivar abstratamente os seus objetos, assim como o matemático evidencia certas propriedades do triângulo a partir da simples consideração de sua definição. Em vez disso, a filosofia parte da experiência particular, seja imediata, seja mediada pelo ponto de vista reflexivo, e apresenta seu sentido ao estabelecer seu lugar no todo da experiência. É por isso que Hegel, por exemplo, se refere explicitamente ao direito vigente para elaborar sua teoria do direito abstrato, às obras de economia política para construir sua teoria do "sistema de carências" e aos historiadores para escrever sua filosofia da história. É possível dizer que a filosofia especulativa consiste em associar a lógica (momento unilateralmente abstrato) aos saberes não filosóficos da experiência (momento unilateralmente concreto) para engendrar um saber unificado da experiência (momento absolutamente concreto).

No entanto, se a filosofia recorre aos saberes não filosóficos, ela rompe com eles para produzir um saber propriamente especulativo. Do mesmo modo, se ela parte da realidade exterior, transpõe essa realidade pelo discurso filosófico. Assim, enquanto a realidade exterior é, por definição, cindida (por exemplo, o príncipe e os membros do governo são indivíduos distintos), a filosofia pensa a unidade essencial dos momentos do sistema (por exemplo, o conceito de constituição política). A filosofia tem por elemento o pensamento unificador e, por isso, está essencialmente reconciliada consigo mesma. Por essa razão, é mais "concreta" — ou seja, mais completa e mais autodeterminante — do que a realidade que ela pensa. É nesse sentido que a filosofia constitui o fim essencial do espírito.

A SISTEMATICIDADE

A sistematicidade é a expressão da cientificidade. Hegel, sobre esse ponto, se mostra fiel a uma exigência de Kant, para quem "uma teoria é chamada de ciência na medida em que ela forma um sistema, isto é, um todo de conhecimento ordenado por princípios" (Kant, 1980-1986, p. 364). Mas o fato é que Kant não respeita muito essa norma metodológica que ele próprio enuncia. Por conseguinte, a questão da forma da filosofia é um dos principais motivos da crítica desenvolvida contra Kant por seus sucessores, que denunciam o aspecto rapsódico de seus tratados e, assim, a contradição que existe entre seu conteúdo (verdadeiro) e sua forma (não científica). Por sua vez, a explícita preocupação dos pós-kantianos é encontrar uma forma discursiva adequada ao conteúdo do saber, de modo que a filosofia possa deixar de ser um simples "amor ao saber" e se tornar um "saber" efetivo.[27] A filosofia, para Hegel, não pode se apresentar como um agregado, ou seja, como uma justapo-

27 Ver *Phénoménologie de l'esprit* [Fenomenologia do espírito] (FE) (ed. alemã W, 1970, t. 3, p. 14) [ed. bras. 2005, p. 27]. É notável que a noção de "filosofia" não apareça no capítulo da FE sobre o "saber absoluto", que, no entanto, lhe é precisamente consagrado. No capítulo equivalente da ECF, Hegel retorna à noção de filosofia.

sição arbitrária de conhecimentos. Ela deve ser organizada de tal modo que cada elemento, ao mesmo tempo único e ligado a todos os outros, seja fundamentado internamente por um princípio geral.

É particularmente pela sistematicidade que a filosofia se opõe à arte e à religião. A filosofia é o que é somente pela condição de não depender do gênio individual nem de uma revelação divina, mas por repousar meramente sobre a necessidade interior do objeto estudado. Hegel não se vê como um "mago" nem como um "vidente", mas apenas como um filósofo entre outros, todos dispondo, em princípio, de uma razão comum e, assim, do mesmo acesso à verdade filosófica.

Não é demais insistir sobre a importância da ideia de sistematicidade. Ela se opõe à *mathésis universalis*, isto é, ao modelo matemático do conhecimento desenvolvido por Descartes e seus sucessores. Para Hegel, a filosofia, como ciência no sentido forte do termo, não está indexada sobre a ordem nem sobre a medida. Ela não é dedutiva, no sentido de que retiraria abstratamente o desconhecido do conhecido, nem demonstrativa, no sentido de que tornaria indubitável o que originariamente seria só problemático. Com efeito, por um lado, a filosofia não nos ensina nada que nós já não conheçamos. Por exemplo, a filosofia da história, todo tempo referindo-se ao saber dos historiadores, não nos fornece nenhum fato novo nem alguma pretensa "lei" inédita da história. Por outro lado, os fatos que ela examina são inicialmente dados como certos. Mas, em sentido inverso, ao reportar esses fatos a seu princípio, ela faz nascer um saber apropriado, ao mesmo tempo fiel à diversidade da experiência e de forma que ele dá conta de si mesmo por si mesmo; em uma palavra, um saber "absoluto".[28] Para Hegel, somente o saber filosófico é inteiramente satisfatório, e somente ele permite ao espírito estar verdadeiramente em paz consigo mesmo.

Após Kierkegaard, a exigência de sistematicidade é objeto de crítica constante. Existem justificativas para essa denúncia, mas ela contém também um lado cego. Segundo uma acusação, o ideal de sistematicidade erra em postular a capacidade da filosofia de conseguir dar conta de tudo o que existe. Pode-se admitir tal crítica, pois não é evidente que o conjunto da experiência humana — para falarmos apenas dele — seja solúvel no pensamento conceitual. Talvez haja elementos da realidade dos quais a filosofia, devido à sua postura própria, esteja destinada a permanecer separada; talvez haja elementos da realidade sobre os quais ela não possa pensar salvo de maneira parcial e incerta. De acordo com uma segunda acusação, a sistematicidade da filosofia a conduziria a deixar de lado o que é concretamente existente, individual e livre. A filosofia construiria um castelo de ideias e, por isso mesmo, se desinteressaria daquilo que realmente importa, a saber, os sofrimentos, as esperanças e as lutas humanas. Ora, esse tipo de crítica pode ser discutido. Com

28 Na linguagem comum, "absoluto" é frequentemente entendido como qualificador daquilo que está além de toda relatividade. Em razão do frequente recurso de Hegel ao campo semântico de "absoluto" ("universal", "divino", "em si e para si" etc.), poderíamos acreditar que ele tematiza um objeto que extrapola os limites da experiência comum. Mas não é nada disso. "Absoluto", para ele, significa "aquilo que se reconcilia perfeitamente com a alteridade". Por conseguinte, o absoluto não pode estar "separado" de algo, especialmente da experiência comum ou daquilo que nela há de relativo.

efeito, a denúncia da sistematicidade como universalização abstrata, que faria do mundo um reino de sombras movidas por uma necessidade férrea, repousa sobre a assimilação indevida da sistematicidade hegeliana ao paradigma matemático, o qual, no entanto, ele recusa. Para Hegel, como ele mesmo disse, o modelo do vir a ser sistemático é o organismo vivo. Ora, este último não só é um ser real e individual, como também se caracteriza pela espontaneidade. O objeto da filosofia não é um céu de ideias abstratas, mas a "ideia", a qual, como lógica, natureza e espírito, existe sob a forma de indivíduos concretos.

Formulemos a objeção de outro modo. A sistematicidade da filosofia, vamos supor, seria uma cama de Procusto[29] sobre a qual a rica diversidade do real estaria mutilada e reduzida a um conjunto de categorias predefinidas. Além disso, a valorização hegeliana da totalização seria "totalitária", no sentido de que ela tenderia a conduzir toda alteridade a uma identidade estática. Seria o caso então de opor sistematicidade e liberdade, a primeira tendendo a reprimir a riqueza multiforme e a imprevisibilidade da experiência. A sistematicidade, figura de um racionalismo mesquinho, repousaria sobre o postulado da "dedutibilidade" de todas as coisas e conduziria à negação da capacidade de criação do sujeito que age. Mais uma vez, essas críticas esquecem que a sistematicidade, segundo Hegel, tem como modelo a vida, ou seja, o ser que se organiza e se desenvolve por si mesmo. Que o absoluto seja sistemático não significa que

29 O mito da cama de Procusto é uma metáfora para a obrigação de se adaptar a situações muito difíceis, o que exige sacrifício e causa desconforto. [N.E.]

esteja inscrito em um inelutável encadeamento de causas e efeitos, nem que se reduza a uma única série de fatos ou a apenas um tipo de realidade. Isso porque, assim como o ser vivo é uma realidade plural ainda que unificada, o seu vir a ser é espontâneo, mesmo que determinado por um princípio. A sistematicidade da ideia não significa que o vir a ser seria calculável e antecipável, mas que ele responde a um princípio de autodeterminação. A noção de sistematicidade envolve a tese segundo a qual a coisa examinada não está determinada por uma força exterior, mas se põe a partir de uma exigência imanente e, assim, se legitima por ela mesma. Do mesmo modo que um ser vivo em sua atividade fisiológica se modifica ao mesmo tempo que se conserva, e que um Estado em sua vida política interior produz leis que lhe permitem existir enquanto tal, a totalidade sistemática se caracteriza como uma vida autônoma. A sistematicidade das coisas em geral e a sistematicidade da filosofia em particular não significam o abandono a um formalismo tão rotineiro quanto mortal, mas um desenvolvimento espontâneo e autofundado. Um pensamento sistemático é o inverso de um pensamento mecânico e impessoal, por ser subjetivo e vivo.

2. A processualidade dialética

A NOÇÃO DE *AUFHEBUNG*

A noção de *Aufhebung* é considerada uma das invenções mais notáveis do hegelianismo. Para sua elucidação, vamos, uma vez mais, tomar o organismo vivo como exemplo.

> Enquanto o ser orgânico [...] se exterioriza em sua articulação particular, a qual não contém partes subsistentes para si, mas apenas momentos na subjetividade viva, tais momentos são suprimidos (*aufgehoben*), negados e postos pela vitalidade do organismo.[30]

Como compreender esse enunciado? Segundo Hegel, é preciso opor as partes do corpo enquanto independentes do todo vivo, isto é, as partes do corpo enquanto cadáver, às partes enquanto integradas na subjetividade ativa do organismo e, assim, postas como "membros" do corpo. No primeiro caso da imagem, as partes formam apenas um agregado. O comportamento de cada uma delas corresponde, de um lado, às suas próprias tendências e, de outro, ao seu meio ambiente contingente; seu vir a ser é do tipo físico-químico. No segundo caso da imagem, a atividade de cada órgão obedece à lei do todo: o membro particular se subordina ao

30 ECF II, § 356, adendo (ed. fr. 1970-1988, p. 663) (ed. alemã W, 1970, t. 9, p. 460) [ed. bras. 1997, p. 479].

bem comum e, assim, em relação aos outros membros, é ao mesmo tempo um meio e um fim. Para Hegel, a essência do processo orgânico é metamorfosear a atividade das partes do corpo, de maneira a lhes pôr a serviço dos interesses do corpo como um todo.

Pode-se fazer uma análise similar a essa ao se tomar outro exemplo atinente à relação entre a vontade "universal" e a vontade "particular", tal como elas são tematizadas na "Introdução" de *Filosofia do direito*:

> Enquanto desejo, impulso, a autoconsciência da vontade é sensível. [...] a vontade sendo em si e para si tem por seu objeto a vontade mesma enquanto tal, com isso ela mesma em sua universalidade pura — a universalidade que é precisamente (o que segue:) a imediatidade da naturalidade e a particularidade, com que igualmente a naturalidade está afetada, enquanto ela é produzida pela reflexão, estão suprassumidas nela.[31]

A vontade particular é múltipla: é aspiração de uma diversidade ilimitada de bens exclusivos. Além disso, é contingente, no sentido de que é tributária de circunstâncias: por exemplo, meu desejo não é o mesmo se eu estou em jejum ou saciado e pode variar segundo os objetos que estão à minha volta. Em oposição, a vontade universal é simples, na medida em que não passa de uma aspiração à liberdade. Além disso, ela é autônoma, pois sua universalidade repousa sobre sua decisão de determinar ela mesma seu objeto. Contudo — e

31 FD, § 21, observação (ed. fr. 2003, p. 133) (ed. alemã W, 1970, t. 7, p. 72) [ed. br. 2010, p. 67-8 | 2022, p. 201].

este é o ponto que nos interessa —, a vontade não se torna universal ao renunciar aos desejos concretos, mas desejando aquilo que a libera, ou seja, pondo os desejos particulares a serviço da liberdade como bem total: "A liberdade consiste em querer algo de determinado, sem deixar de estar consigo mesmo nessa determinidade e retornando novamente ao universal".[32] Não haveria vontade universal sem vontades particulares, mas aquela se põe como o princípio destas, aquela faz destas os meios de sua autoafirmação. Aqui, mais uma vez, a *Aufhebung* é uma operação de integração das partes no todo — mesmo se a integração não é mais natural, e sim espiritual. Como se constata, *aufheben* remete tanto a tornar nulo (*hinwegräumen*) quanto a conservar (*aufbewahren*):[33] e isso porque, se pela *Aufhebung* a coisa mesma põe fim à "subsistência por si mesma" da alteridade, ela também faz desta última o material de sua realização. A *Aufhebung* (que pode ser traduzida por supressão, suprassunção, suspensão, superação etc.) é a operação pela qual um sujeito se põe como universal, unificando o objeto múltiplo que se lhe contrapõe e, assim, unificando-se com ele.

32 FD, § 7, adendo (ed. fr. 1989, p. 77) (ed. alemã W, 1970, t. 7, p. 57) [ed. br. 2005, p. 54 | 2022, p. 180].

33 Ver ECF I, § 96, adendo (ed. fr. 1970-1988, p. 530) (ed. alemã W, 1970, t. 8, p. 204) [ed. bras. 1995a, p. 193].

Qual é então o sentido do progresso sistemático? Esse progresso é um processo de autoengendramento. O vir a ser se explica por um impulso interior, e mais precisamente pela tendência da ideia a se universalizar, isto é, a passar sucessivamente (i) de sua existência singular (ii) a uma existência plural e, enfim, (iii) a uma existência tal que sua pluralidade esteja unificada interiormente. A título de ilustração, consideremos o movimento da história do mundo. Segundo a caracterização bem conhecida de *A razão na história*, trata-se da passagem do povo oriental, em que somente um é livre (o déspota), ao povo greco-romano, em que alguns são livres (os cidadãos em oposição aos escravizados, ou os patrícios em oposição aos plebeus), e, enfim, ao povo germânico, em que todo homem é livre (a vontade universal dos membros do povo sendo encarnada pelo poder político). Inicialmente, o povo se contenta com um querer inconstante e monopolizado por apenas um indivíduo. Depois, eleva-se a uma vontade "substancial" (que tem por objeto o bem comum) compartilhada por vários. Finalmente, ascende a uma vontade automediada e, assim, legítima, a qual corresponde àquela de cada um de seus membros.[34]

O progresso da ideia pode igualmente ser interpretado como uma mudança de sua relação com a alteridade. Inicialmente, a coisa mesma mantinha relação apenas com uma alteridade formal, que não lhe opunha nenhuma resistên-

34 Ver *La Raison dans l'histoire* [A razão na história] (RH) (ed. fr. 1965, p. 80) (ed. alemã, *Die Vernunft in der Geschichte*, 1955, p. 59) [ed. bras. 1999, p. 24].

cia. Por exemplo, se considerarmos o ciclo da vida ética, na família, o outro é um membro da mesma família, e a unidade com ele é "natural". Assim, a coisa mesma se relaciona a uma alteridade tal que a reconciliação com ela não pode jamais ser verdadeira e só repousa sobre uma série infinita de ligações finitas. A seguir, na sociedade civil, o outro é um concorrente em potencial, com o qual certamente se pode cooperar, mas em uma associação que não pode ser completa nem definitiva. Enfim, a ideia se relaciona com uma alteridade objetiva, mas que obedece aos mesmos princípios e com a qual, consequentemente, ela se reconcilia perfeitamente. Desse modo, no Estado, o outro é um concidadão: a relação com ele não é certamente do tipo familiar; não obstante, em virtude de um civismo compartilhado, cada um pode se reconhecer em seu concidadão.

Em suma, o desenvolvimento sistemático significa a passagem de um estado de "imediatidade", no qual a ideia está fechada sobre si mesma, para um estado de objetivação ou de "reflexão em um outro", no qual a ideia está aberta a uma verdadeira alteridade, e daí para um estado de reconciliação ou de "retorno a si", no qual a ideia se constitui como um sujeito que se reconhece plenamente em sua diferença. O primeiro momento é o da existência formal, o segundo, da substancialidade, e o terceiro, da subjetividade.

Pode-se igualmente interpretar o vir a ser sistemático em termos do progresso da legitimidade. No primeiro momento, a coisa mesma está simplesmente dada. Ela está lá, mas desprovida de qualquer motivo ou razão. No segundo, a coisa está mediada, mas de maneira exterior e, portanto, finita. Ela certamente tem agora uma explicação ou uma justificação. Mas o elemento mediador também tem, por sua vez, a necessidade de ser mediado, de modo que ficamos na borda de um regresso ao infinito. No terceiro momento, finalmente, a coisa se medeia por si mesma, pelo que ela se assegura uma racionalidade e uma legitimidade completas. O progresso sistemático conduz assim da existência apenas factual em direção à existência autofundada.

III. O espírito objetivo

Como compreender o conceito hegeliano de espírito? O espírito aparece como o sujeito que dá conta de si mesmo e se realiza ao operar a *Aufhebung* do objeto real com o qual se relaciona.[1] A noção de espírito não remete a uma entidade metafísica ou teológica que transcenderia a experiência, mas, sim, ao agente que por suas ações se faz conhecer no seio mesmo da experiência. Além disso, dado que o espírito se definiu por uma exigência interna e pela atividade de realização dessa exigência, ele permanece o mesmo, a despeito da incessante mudança de seu conteúdo. Os momentos do espírito estão unificados por um princípio comum, de modo que Hegel se dá o direito de falar de "espírito" no singular, ainda que este só exista encarnado em múltiplas figuras concretas. Tentaremos propor aqui uma definição mais precisa do espírito para depois esclarecer o lugar e o desafio do espírito objetivo, tema de *Filosofia do direito*, na progressão global do espírito.

1 Certamente, a lógica também opera a *Aufhebung* de seu objeto, mas este não é um objeto real, e sim igualmente lógico. Quanto ao ser natural, ele não opera a *Aufhebung* de seu objeto no sentido forte desse termo, mas se contenta em negá-lo de um modo finito.

1. A definição de espírito

O ESPÍRITO COMO SUJEITO LIVRE

Hegel apresenta o espírito em contraste com a natureza e o define como o sujeito interior que submete a exterioridade.

> Todas as atividades do espírito são apenas modos diversos da recondução do exterior à interioridade que é o espírito ele mesmo, e é somente por essa recondução, por essa idealização ou assimilação do exterior, que ele se torna, e é, espírito.[2]

Para o autor de *Filosofia do direito*, um ser natural consiste em partes mutuamente separadas e tende a uma unidade que nunca chega a alcançar. Por sua vez, um ser espiritual é caracterizado por uma unidade fundamental, e isso no sentido de que tem como atividade própria se unificar com o dado múltiplo com o qual se relaciona. Uma vez que a liberdade deve ser entendida como o fato de estar "consigo" em seu outro, o espírito é essencialmente livre: "Do mesmo modo que a substância da matéria é o peso, a liberdade é a substância do espírito".[3] Enquanto um ser natural é inevitavelmente dependente de um outro e incapaz de dar conta

2 ECF III, § 381, adendo (ed. fr. 1970-1988, p. 388) (ed. alemã W, 1970, t. 10, p. 21) [ed. bras. 1995b, p. 15].
3 RH (ed. fr., 1965, p. 75). Ver FD, § 7 (ed. fr. 1989, p. 123) (ed. alemã W, 1970, t. 7, p. 54-5) [ed. br. 2010, p. 59 | 2022, p. 177].

de si mesmo de maneira imanente, o espírito tem seu princípio nele mesmo.

O espírito não se define a partir do que ele é, mas a partir do que ele se faz ser. Ao passo que, por exemplo, para Descartes (1992, p. 80-1), a questão "o que é, pois, que eu sou (*quid igitur sum*)?" conduz a uma natureza previamente dada, correspondente à *res cogitans*, para Hegel o espírito se caracteriza como uma tarefa que ele tem de completar por si mesmo. Assim como o Eu segundo Fichte, o espírito segundo Hegel não é nada mais do que o resultado de um trabalho de autoelaboração, que consiste em lutar contra tudo o que se opõe à sua liberdade: o espírito "é ativo. A atividade é sua essência. Ele é seu próprio produto, seu começo e seu fim. Sua liberdade não é uma existência imóvel, mas uma negação constante de tudo o que contesta a sua liberdade".[4] O espírito é autor de si mesmo. Ele não se caracteriza por um sossegado repouso, mas, pelo contrário, é "inquieto" (*unruhig*) e conquista a si mesmo. Por certo, ele está, a princípio, dado intrinsecamente, mas sua existência originária é "não verdadeira", insatisfatória, e o espírito passa a ser efetivo apenas pelo processo por meio do qual nega este dado inicial: "O que constitui precisamente o trabalho infinito do espírito é o extrair-se de seu ser-aí imediato".[5] O espírito deve abandonar sua simplicidade ingênua e contradizer a si mesmo para se dar um conteúdo verdadeiro.

4 RH (ed. fr. 1965, p. 76).

5 *Leçons sur l'histoire de la Philosophie* (LHP) (ed. fr. 2005, p. 46) (ed. alemã *Vorlesungen über die Geschichte der Philosophie*, 1984, p. 33-4).

O espírito tende, por um lado, a se tornar senhor da objetividade externa e, por outro, a se constituir como um sujeito interiormente fundado. Em relação ao primeiro ponto, Hegel escreve que "o fim do espírito [...] consiste em se produzir, a fazer de si um objeto, de tal modo que ele se possua como ser-aí".[6] O Eu deve sair de sua pureza, a qual também é uma situação de impotência. Quanto ao segundo ponto, Hegel declara que "a atividade [do espírito] consiste [...] no retornar a si".[7] O espírito deve se relacionar com o outro de um modo universal. Em outras palavras, sua relação com a alteridade não deve ser nem de sujeição, nem de dominação, mas de reconciliação. Assim, o outro se torna para o espírito um meio para ele se completar e se elevar a uma subjetividade de mais alto grau. Certamente, o espírito é, do início ao fim, sujeito. Mas, em cada um de seus processos, ele está inicialmente reduzido a si mesmo e não se relaciona então com o exterior, a não ser como um limite. Seu alvo, pelo contrário, é o de se produzir como um espírito "em si e para si", que extrapole o enclausuramento inicial e mantenha uma relação livre com toda a objetividade.

A relação do espírito com o mundo é analisada fundamentalmente em termos de saber (atividade teórica) e de agir voluntário (atividade prática). A atividade do espírito é ideal e não real, no sentido de que ele não tende a produzir materialmente o mundo, mas a conhecê-lo e a lhe impor normas — em suma, a determinar seu sentido. Por exemplo, se considerarmos as páginas de Hegel dedicadas ao trabalho, constatamos que ele o interpreta essencialmente como a for-

6 PH 1822-1823 (ed. fr. 2009, p. 145).

7 PH 1822-1823 (ed. fr. 2009, p. 133).

mação (*Formierung*) de um dado material preexistente.[8] Da mesma maneira, afirma que esse trabalho responde menos às carências naturais do que a desejos propriamente espirituais — a saber, tornar-se livre ao conferir ao mundo uma forma espiritual.[9] O espírito não se relaciona com seu objeto nem consigo sob o modo "real" da produção, mas sob o modo "ideal" do conhecimento e da condução.[10]

Hegel retoma algumas concepções tradicionais que opõem o homem e o animal, destacando especialmente a liberdade do primeiro e o caráter dependente do segundo.[11] Ao mesmo tempo, para Hegel, a liberdade do espírito não reside em seu livre-arbítrio (ainda que ele concorde que o espírito seja capaz de escolher), mas em sua faculdade de operar a *Aufhebung* de todo o dado e, desse modo, estar consigo em seu outro. Hegel admite e integra à sua doutrina a concepção cartesiana de liberdade como poder de escolha e a concepção espinozista de liberdade como aquilo que se determina por si mesmo a existir e a agir. Mas ele acrescenta a ideia de subjetividade: para ele, ser livre significa ser um sujeito, ou seja, unificar-se com seu outro na base do saber e do querer.[12]

8 Ver FD, § 196 (ed. fr. 2003, p. 290) (ed. alemã W, 1970, t. 7, p. 351) [ed. br. 2010, p. 196 | 2022, p. 457].

9 Ver FD, § 190, adendo (ed. fr. 1989, p. 221) (ed. alemã W, 1970, t. 7, p. 348) [ed. br. 2000, p. 26 | 2022, p. 452].

10 É por isso que estamos em desacordo com Bernard Bourgeois, para quem o espírito segundo Hegel seria essencialmente criador. Ver, por exemplo, a apresentação de sua tradução da ECF III (ed. fr. 1970-1988, p. 39 e ss.).

11 PH 1822-1823 (ed. fr. 2009, p. 132).

12 Ver ECF I, § 23 (ed. fr. 1970-1988, p. 289) (ed. alemã W, 1970, t. 8, p. 80) (ed. br. 1995a, p. 76).

Assim, a vida do espírito é a operação por meio da qual ele leva em conta o dado imediato — quer se trate do dado exterior ou dele mesmo como simples sujeito — e o faz material de sua autoafirmação e de sua autoelevação ao nível de totalidade concreta (Pippin, 1997, p. 39 e ss.). Esse processo de *Aufhebung* caracteriza igualmente cada figura determinada do espírito e também os ciclos sistemáticos dos quais essas figuras fazem parte. Consideremos, por exemplo, o espírito ético, isto é, o ciclo família-sociedade civil-Estado. Por um lado, cada momento é uma encarnação do espírito, no sentido de que cada instituição ética transforma a vontade "dada" de seus membros e, assim, se constitui como totalidade viva. Por outro, a sequência família-sociedade civil-Estado é, ela mesma, o processo pelo qual a instituição ética opera a substituição de sua imediatidade (família) e de sua exteriorização (sociedade civil). O espírito se caracteriza por uma atividade presente simultaneamente em cada momento do espírito e no processo que conduz de um a outro.

A evolução do espírito pode então ser analisada como a *Aufhebung*, pelo espírito, de sua "naturalidade". A natureza, ou naturalidade, nesse contexto, não designa apenas o mundo físico exterior, mas igualmente o espírito "não verdadeiro", não acabado, ou seja, o espírito em seu ponto de partida ou em seu momento intermediário. Em poucas palavras, a natureza remete àquilo de que é preciso escapar, àquilo que não é unificado nem concreto.

> O espírito deve ser liberado [...] da naturalidade em geral, da submissão ligada à natureza interior e exterior. É preciso que o

espírito seja liberado em si mesmo, ele deve sentir a necessidade de se saber livre e, assim, ser objeto de sua consciência. [...] Desse modo, o material natural é tal que seus traços são apenas instrumentos do espírito que é livre em si mesmo. O momento natural deve estar superado de maneira a servir meramente de expressão, de manifestação do espírito.[13]

Como constatamos, essa liberação, de um ponto de vista hegeliano, não pode consistir em descartar o outro. Pelo contrário, trata-se, para o espírito, de se reconciliar com a natureza ao fazer dela o material adequado de sua expressão. A naturalidade designa, ao mesmo tempo, uma estrutura, isto é, a imediatidade, e uma temática, ou seja, o sensível. Hegel aproveita o duplo significado tradicional da noção de natureza, como essência dada e como meio ambiente exterior. O espírito deve se liberar, ao mesmo tempo, de sua essência dada — em prol de uma essência que ele mesmo constitui — e do mundo "real" que originariamente se lhe contrapõe, em prol do conhecimento do mundo ou da norma prática que o espírito lhe dita. Como dissemos anteriormente, o destino do espírito é, ao mesmo tempo, o de se objetivar e de se universalizar. Por exemplo, o progresso da civilização conduz de um Estado mergulhado no sensível (o Estado oriental, dominado pela intuição) a um Estado espiritual no sentido forte do termo (o Estado germânico, fundado sobre princípios deliberados).

13 *Leçons sur la philosophie de la religion* (LPR) (ed. fr. 2010, p. 381) (ed. alemã *Vorlesungen über die Philosophie der Religion*, 1983-1995, t. 2, p. 528-9).

O espírito em geral, como universal concreto, não existe fora das figuras particulares nas quais ele se realiza. Mas, em cada uma dessas figuras, ele se mantém perfeitamente espiritual na medida em que fornece livremente seu conteúdo determinado. Se quiser, é possível aplicar letra maiúscula no termo espírito, mas não se trata, na teoria hegeliana, nem do Espírito Santo do cristianismo, nem de uma entidade metafísica obscura. O espírito está presente na mais acessível das experiências, uma vez que nós mesmos somos espírito na diversidade de nossas ligações e de nossas atividades.

Contudo, para Hegel, a capacidade de ser um sujeito espiritual não é atribuída apenas ao homem. Desse modo, ele considera que as figuras representadas nas obras de arte e as divindades veneradas nas religiões são autenticamente espirituais porque se unificam nelas mesmas e unificam seus respectivos mundos. Por exemplo, uma Madona de Rafael, enquanto figura pintada, sustenta uma relação de amor com o menino Jesus que traz nos braços. Da mesma maneira, na religião egípcia, Osíris é venerado como aquele que governa as cheias e as estiagens do Nilo. Seguramente, em ambos os casos, são "representações". No entanto, os seres representados se manifestam verdadeiramente como sujeitos espirituais.

Para tomarmos outro exemplo, uma família é, igualmente, caracterizada por uma consciência e uma vontade *sui generis* — subentendendo-se que não se trata aqui de uma consciência transcendente aos indivíduos, a qual os manipularia do exterior, mas de um princípio imanente em virtude do qual cada indivíduo pensa e se comporta como membro da família. O "espírito de família", se ousarmos dizer assim, como sentimento de cada membro do grupo, não pode se reduzir ao espírito subjetivo individual. Ele não se explica pelos indivíduos; antes, pelo contrário, é ele que motiva a conduta dos indivíduos. É possível fazer uma análise similar a propósito do Estado: a disposição de espírito cívico não procede dos cidadãos, mas, em sentido inverso, dá conta de seu agir.

Existe o espírito enquanto universal ou enquanto particular? Por exemplo, o que vem antes é a família em geral ou as famílias empíricas particulares? De um ponto de vista hegeliano, na experiência, não há nada senão indivíduos. Mas esses encarnam — de um jeito sempre próprio — exigências gerais. O universal, para Hegel, não é uma construção do espírito cognoscente, mas uma determinação objetiva da experiência. Contudo, o universal, assim como o modo pelo qual ele se encarna, evolui em todos os momentos de cada ciclo sistemático. No primeiro momento do ciclo, o universal implica uma relação "simples" consigo mesmo e existe imediatamente na coisa. Ele é então "indeterminado", no sentido de que não passa de um princípio que se reconhece identicamente em cada ser empírico (pensemos, por exemplo, na organização da família, que fica igual em si mesma em uma família ou outra). No segundo momento, o universal implica uma relação de oposição ao exterior e se apresenta, no seio da coisa considerada, ao modo da coação. Ele é então "reflexivo", no sentido de que constitui um princípio de associação que não possui validade senão regional e provisória (pensemos nas leis — essencialmente repressivas — que regem a sociedade civil). No terceiro momento, por fim, o universal implica uma relação de reconciliação com o exterior e existe na coisa ao modo da exigência interior. Ele é então "absoluto" enquanto princípio de totalização (pensemos no poder político no Estado).

Qual é então a unidade do espírito? A de um ato de unificação. Certamente, os indivíduos espirituais, em sua realidade, são distintos. Mas, em sua atividade ideal, eles se elevam a uma consciência comum deles mesmos e, assim, estabelecem sua unidade. Por exemplo, os membros do Estado, na obediência às leis, se constituem em concidadãos dotados da mesma vontade cívica. A unidade do espírito não é real, mas ideal; ela não é um ponto de partida, mas um resultado.

2. O espírito objetivo na economia geral da filosofia do espírito

A QUESTÃO DA PASSAGEM

Como é que se passa então de uma figura a outra? Por exemplo, qual é o princípio da passagem da família à sociedade civil, do mundo romano ao mundo germânico ou da arte clássica à arte romântica? Mas também, no interior de uma mesma esfera, como se passa de um indivíduo a outro? Defenderemos a seguinte hipótese. A transição é o ato do espírito mesmo, e este, em cada um de seus momentos determinados, é só a atividade pela qual ele se faz aparecer, ao se opor àquilo que não é. Por exemplo, a sociedade civil se faz existir ao se dissociar dela mesma e, por essa razão, se opondo à família. Do mesmo modo, a arte romântica se faz existir ao representar a subjetividade por ela mesma, distinguindo-se assim da objetividade unilateral da arte clássica. O erro, de um ponto de vista hegeliano, seria tentar explicar o posterior pelo anterior. Isso porque é o contrário que é verdadeiro. O posterior se explica por ele mesmo, é espontâneo, mas advém ao se opor ao que o precede.

Contudo, a figura posterior não existe pura e simplesmente por seu ato. Ela começa por existir "naturalmente", ou seja, de maneira factual. E ela não se torna espiritual "em si e para si", salvo se opondo a essa existência imediata. Considerando, por exemplo, o devir histórico, cada uma de suas fases repousa sobre a existência dada, o *Dasein*, de um certo povo. Assim, a realidade inicial do povo grego se reduz à sua simples presença, com suas características antropológicas próprias, em tal lugar e em tal época. O ato do espírito grego consiste então, para ele, em se desenvolver de modo a fazer de sua identidade a sua obra. De modo mais amplo, o progresso histórico do espírito do mundo não consiste, para este, em criar suas figuras. Mas consiste em que cada uma de suas figuras, a partir de seu *Dasein*, se coloque em si e para si — ou seja, ao operar a *Aufhebung* de sua realidade inicial e de seu momento anterior. Assim, os gregos ascendem à sua bela liberdade ao vencer o Império Persa, o qual os precede no cenário mundial, mas também ao romper com sua existência puramente heroica, na qual não existe a cidade. É nesse sentido que o progresso da história é o seu próprio ato.

AS GRANDES ETAPAS DA EVOLUÇÃO DO ESPÍRITO

O primeiro estágio do desenvolvimento geral do espírito é o do espírito subjetivo, no sentido do espírito que fica fechado sobre si mesmo. Trata-se aqui da relação entre alma e corpo (antropologia), da vida da consciência (fenomenologia) e, finalmente, do pensamento interior (psicologia). A esfera do espírito subjetivo é a do saber e do agir do indivíduo, na medida em que eles só são válidos para o indivíduo, e não para outro. Por exemplo, considerando a dialética do senhor e do escravizado, no momento da consciência de si, vê-se que a regra da ação, naquela ocasião, é imposta pelo senhor: estamos aqui no domínio da força, e não do direito. O espírito subjetivo é caracterizado por uma validade teórica e prática limitada ao sujeito singular: nem o conhecimento, nem a regra do agir valem intersubjetivamente.

A segunda etapa é a do espírito objetivo. O espírito objetivo designa um saber e um agir cuja legitimidade é reconhecida. Ele é o momento do querer que se realiza no mundo — e isso não apenas de maneira factual, mas também de pleno direito, pois é realizado em nome de um princípio objetivo de justificação. Contudo, a vontade, no ciclo do espírito objetivo, se relaciona com um mundo que permanece fundamentalmente estrangeiro. Saímos do espírito subjetivo fechado sobre si mesmo, mas não entramos ainda no espírito absoluto, momento da reconciliação completa com a alteridade. Aqui, o espírito se relaciona com um mundo que ele só subjuga parcialmente. Por exemplo, no direito abstrato, o proprietário se relaciona com um bem inevitavelmente fragmentário (ninguém é proprietário de todas as coisas) que ficará em possessão somente por um tempo limitado. Assim como o príncipe se relaciona com um povo que para ele é um outro: é por isso que os dois momentos são separáveis, no caso da morte do soberano, da tomada de poder por outro príncipe, da revolta do povo etc. De maneira geral, no espírito objetivo, as obras dos homens estão constantemente ameaçadas: pelo crime, pelas consequências não quistas de seus atos, pela miséria econômica, pela corrupção das civilizações...

Em terceiro lugar, como entender o sintagma "espírito absoluto"? Ele designa um ser exterior à experiência comum? De fato, o espírito absoluto não é nada mais que o espírito tal como ele aparece nas obras de arte, nas religiões e nas doutrinas filosóficas. Ele é, assim, uma figura da intuição, da representação ou da concepção, e não uma potência "real" comparável, por exemplo, ao Deus de Espinosa ou de Leibniz. No entanto, esse objeto de conhecimento se constitui por si mesmo e, quando adequado, é de um teor mais alto do que a realidade exterior. Para Hegel, com efeito, o ideal, quando fundamentado e concreto, prevalece sobre o real. Da mesma maneira que o espírito em geral, como conhecimento e ação, é melhor — mais rico em conteúdo e mais legítimo — que a natureza, o espírito absoluto também, como obra de arte, doutrina religiosa ou pensamento filosófico é superior à transformação jurídica, moral e política do mundo. Quanto à obra de arte, Hegel constantemente insiste na satisfação e na serenidade das belas obras — mesmo quando se trata de temas dramáticos. Do mesmo modo, na religião, o espírito se eleva à crença em uma reconciliação total dele mesmo com o mundo. Finalmente, a filosofia pensa o mundo de maneira autojustificada e sistemática — enquanto esse mundo, como foi visto, não é racional no sentido mais forte do termo. Por isso, o espírito absoluto é o ciclo final do percurso do espírito.

Quais são os desafios e as etapas do espírito objetivo, ao qual a obra *Filosofia do direito* é dedicada?

a) No *direito abstrato*, estamos frente ao direito de propriedade. Não se trata ainda de regras gerais, válidas para uma pluralidade de indivíduos, mas somente de direitos que indivíduos determinados possuem: o que pertence legalmente a Paulo, a Pedro etc.? Além disso, esses direitos não são fundamentados em si mesmos; são apenas o reconhecimento público de propriedades factuais. Assim, roubar constitui um delito não porque o proprietário "legal" teria um direito *intrínseco* a possuir o seu bem, ou porque o bem em questão deveria, *por natureza*, pertencer a tal ou qual proprietário, mas simplesmente porque *de fato* ele é possuído por um proprietário determinado. Mais precisamente: (i) Na "propriedade", o direito do seu e do meu conduz à relação que o indivíduo mantém diretamente com a coisa exterior. A validade é, por essa razão, imediata. (ii) No "contrato", o direito conduz à relação intersubjetiva entre os indivíduos. A validade é mediada pela vontade de outro — uma vontade que, no entanto, é imediata. Estamos aqui na má infinitude dos contratos bilaterais. (iii) No momento do "crime" e do "castigo", a propriedade é validada pelo castigo, o qual refuta a negação delituosa da propriedade. Conforme o direito abstrato em geral, o castigo *não fundamenta* a propriedade, que permanece um estado de fato contingente. Pelo contrário, ele a consagra de maneira oficial. A validade da propriedade, no terceiro momento, não reside mais simplesmente em um ato de apropriação, nem no acordo com um outro, mas na afirmação pública do bom direito de cada proprietário.

b) Na *moralidade*, estamos frente às máximas individuais do agir. Essas máximas são subjetivas, portanto particulares, e cada uma possui validade somente de acordo com certo ponto de vista, que pode ser denunciado a partir de outras perspectivas. Por isso, as normas morais exprimem uma individualidade interior e se aplicam ao mundo exterior e aos outros: elas extrapolam, assim, o caráter superficial da relação de propriedade. Estamos aqui no momento "reflexivo" de *Filosofia do direito*, momento do aprofundamento da subjetividade nela mesma, mas também de separação da subjetividade e da objetividade. O desenvolvimento é o seguinte: (i) No "propósito", a máxima provém do impulso não refletido do indivíduo. (ii) Na "intenção", ela resulta de uma perspectiva de dimensão geral, mas que permanece centrada sobre o bem-estar particular do sujeito da ação. (iii) Na "consciência moral", enfim, ela exprime a preocupação com o bem-estar geral. Contudo, essa característica virtuosa não significa que ela deixe de ser subjetiva e particular.

c) Na *vida ética*, estamos frente às normas institucionais, que impõem deveres aos indivíduos ao mesmo tempo que lhes reconhecem direitos. Estamos aqui no momento do "retorno a si", na medida em que a norma não se aplica sobre bens exteriores, nem sobre o mundo ou sobre um outro qualquer, mas sobre os membros das instituições em si mesmos. Essas normas estão fundamentadas, no sentido de que repousam sobre o querer do todo, isto é, sobre o querer dos indivíduos não mais enquanto indivíduos privados, mas enquanto membros da instituição em questão. A validade não é mais nem factual, nem particular, mas universal. Por exemplo, a norma estatal vale para *todos* os membros do Estado. Estamos aqui no terreno da plena legitimidade. Os seus momentos são os seguintes: (i) Na família, a norma é imediata no sentido de que provém do sentimento. (ii) Na sociedade civil, ela provém do cálculo egoísta. (iii) No Estado, ela repousa sobre a decisão refletida de se unificar com o outro obedecendo a princípios gerais.

Precisemos o terceiro ponto: no direito estatal interno, estamos frente às instituições do Estado na medida em que elas já estão dadas desde sempre e simplesmente tendem a se conservar; nas relações internacionais, trata-se do direito associado às relações interestatais singulares (tratados e direito dos povos); na história, trata-se do direito que os povos possuem uns em relação aos outros — a saber, o direito de dominar momentaneamente a cena mundial. Esse direito se liga ao caráter mais ou menos fundamentado do regime político próprio a cada povo (despotismo para o Estado oriental, democracia para o Estado grego, aristocracia para o Estado romano e monarquia para o Estado germânico).

IV. A ideia da filosofia no prefácio de *Filosofia do direito*

O prefácio de *Filosofia do direito* é um texto de circunstância, no entanto se apoia sobre considerações de ordem geral. Após uma rápida exposição das motivações da publicação (propor uma apresentação mais ampla sobre o espírito objetivo do que aquela fornecida pela *Enciclopédia* e desenvolver as observações não especulativas que acompanham aqueles parágrafos da *Enciclopédia*), o texto empreende uma meditação sobre a essência da filosofia. Entretanto, essa reflexão não tem nada de etérea, pois consiste numa viva polêmica com aqueles que Hegel percebe como seus adversários. O prefácio é um texto de combate, ou melhor, de resistência. Seu autor adota a postura de um homem lúcido atacado por uma massa de ignorantes. Seguro de seus legítimos direitos, ele pretende defender sua posição palmo a palmo, valendo-se, ao mesmo tempo, do escárnio e da argumentação.

1. O sério da filosofia

A FILOSOFIA ESPECULATIVA COMO UNIDADE DA LÓGICA E DA EXPERIÊNCIA

O prefácio propõe, em sua primeira parte, uma série de críticas contra os partidários de uma filosofia que renunciaria a ser verdadeiramente científica, isto é, especulativa. Reconhece-se, nos tipos de filosofia visados pela crítica, a dupla, tradicionalmente denunciada por Hegel, do pensamento imediato e do pensamento do entendimento. Mas, como veremos, essa dicotomia é aqui apresentada de maneira original. Contrariamente às crenças da opinião comum, diz Hegel, uma obra de filosofia não pode ser menos exigente em matéria de cientificidade do que outras obras eruditas. Retomando uma argumentação já esboçada no prefácio da *Fenomenologia do espírito*,[1] ele se queixa do que habitualmente é dito sobre o menor rigor da filosofia em comparação às outras ciências. Essa atitude equivale, segundo ele, à deplorável legitimação da filosofia menos autêntica. Assim, crê-se poder dispensar o pensamento filosófico de apresentar "os momentos essenciais" de seu conteúdo, ou seja, seu desenvolvimento completo. Sem dúvida, isso ocorre porque, injustamente, não se exige da filosofia nenhum acabamento,

1 Ver FE (ed. fr. 2006, p. 58) (ed. alemã W, 1970, t. 3, p. 11-2) [ed. br. 2005, p. 25].

e porque se imagina que ela poderia, assim como o manto de Penélope, consistir em uma série infinita de começos.

Entretanto, se a filosofia não pode ser menos exigente do que as outras disciplinas teóricas, devendo, ao contrário, assim como as outras, fazer de sua intransigência intelectual a pedra de toque de sua cientificidade, ela possui uma originalidade metodológica essencial. Ignorar esse ponto implica consequências desastrosas. Esse é o caso, em particular, da confusão entre os métodos das ciências comuns e da filosofia, responsável pelo descrédito desta última. A filosofia, com efeito, não adota a forma habitual das outras ciências, a saber, aquela da definição, da classificação e do silogismo — em suma, a forma do conhecimento do entendimento. Como vimos no Capítulo II, essa forma tem como defeito, aos olhos de Hegel, não exprimir o automovimento da coisa mesma e de remeter apenas ao ponto de vista subjetivo de quem pensa. Em outras palavras, o pensamento do entendimento estabelece como axioma a exterioridade recíproca da forma e do conteúdo da ciência, fazendo da primeira uma metodologia simplesmente subjetiva, uma *ratio cognoscendi* distinta da *ratio essendi* da coisa. Além disso, uma vez que nesse tipo de apreensão a forma não evolui, repete-se constantemente o mesmo esquema: "se vê [...] que se está cozinhando sempre de novo a velha couve".[2] Aqui, também podemos pensar na denúncia feita no prefácio da *Fenomenologia* acerca da "repetição da mesma

2 FD (ed. fr. 2003, p. 93) (ed. alemã W, 1970, t. 7, p. 13) [ed. br. 2010, p. 33 | 2022, p. 122].

fórmula" e do "formalismo monocromático"[3] do pensamento do entendimento.

Hegel não propõe nenhuma exposição de conjunto do método especulativo. Esse método está apresentado em *Ciência da lógica*, no sentido de que essa obra evidencia o autodesenvolvimento do pensamento puro. Poderíamos perguntar: isso significa que o conhecimento detalhado de *Ciência da lógica* seria um requisito para a leitura de *Filosofia do direito*? Ora, se tal fosse a exigência de Hegel, ela seria evidentemente irrealizável! De fato, o que *Lógica* revela é apenas, se assim ousarmos dizer, a validade da forma especulativa; mostra que o verdadeiro é algo vivo pelo fato de, desenvolvendo-se por negação espontânea de suas formas deficientes, explicar-se e desenvolver-se a partir de um princípio imanente. Assim, *Lógica* estabelece que o verdadeiro é uma totalidade, na qual ele se constitui de uma série de momentos ao mesmo tempo distintos e organizados desde o interior por uma regra universal. Em contrapartida, ela não é requerida nem para compreender o conteúdo de *Filosofia do direito*, nem justificar os valores ali defendidos. *Lógica* mostra a validade do discurso filosófico "puro", que constitui o núcleo de *Filosofia do direito*. No entanto, ela não é a condição de inteligibilidade do texto de 1820.

Existe uma razão de fundo para tanto. Como o prefácio afirma enfaticamente, tanto os objetos estudados quanto as teses sustentadas em *Filosofia do direito* se apoiam na evidência da experiência. Assim, a significação do direito

3 FE (ed. fr. 2006, p. 67) (ed. alemã W, 1970, t. 3, p. 21) [ed. br. 2005, p. 33].

da época atual está "abertamente demonstrada e tornada familiar nas leis públicas, na moral pública e na religião".[4] Poderíamos dizer, por exemplo, que, de um ponto de vista hegeliano, para compreender o que é um Estado moderno, é suficiente considerar a vida política na qual estamos mergulhados, pois esta se revela tal como ela é.

Para Hegel, da mesma maneira que a filosofia está de acordo com a experiência, também o está com as convicções comuns (mesmo que ambas não sejam a pedra de toque da validade do pensamento, a qual remete, antes, ao caráter autodeterminante deste último). Não é, pois, aos juízos comuns da "alma neutra" que a filosofia se opõe, mas aos ideais artificiais e às doutrinas sofísticas. Contudo, poderíamos objetar, o referido acordo da filosofia com os valores compartilhados não se aproximaria de uma reivindicação do conformismo? De fato, Hegel denuncia como injusto o pensamento que "diverge daquilo que é universalmente reconhecido e em vigor".[5] Por outro lado, o mesmo Hegel não cansa de tematizar a legitimidade da transformação histórica das instituições, indo, como se sabe, até o ponto de conceder ao grande homem o direito de inverter a ordem legal. Além disso, ele afirma que, em nossa época, cada um quer ser o livre juiz daquilo que é bom e mau:

> É uma grande obstinação, obstinação que faz honra ao homem, de nada querer reconhecer na disposição de espírito que não

4 FD (ed. fr. 2003, p. 93) (ed. alemã W, 1970, t. 7, p. 13-4) [ed. br. 2010, p. 33 | 2022, p. 123].

5 FD (ed. fr, 2003, p. 94) (ed. alemã W, 1970, t. 7, p. 14) [ed. br. 2010, p. 34 | 2022, p. 126].

> seja justificado pelo pensamento — e essa obstinação é a característica dos tempos modernos [...].[6]

No que essas duas séries de afirmações são compatíveis?

Na verdade, a questão não é sobre as opiniões factualmente dominantes, mas sobre o querer essencial do povo. Esse querer exprime a identidade mesma do povo e unifica suas obras. Ele é, por isso, essencialmente verdadeiro, uma vez que a verdade consiste na unidade interior de uma diversidade de fenômenos. Hegel não faz do *consensus omnium* um critério de verdade, nem defende a ideia de uma verdade "oficial", que deveria se impor autoritariamente. Ao contrário, sustenta a tese segundo a qual o querer compartilhado do povo é, em um determinado momento da história, a mais alta verdade, de modo que uma representação que dela se afastasse só poderia ser arbitrária. O verdadeiro, que de toda forma é apenas momentaneamente verdadeiro, não é definido a partir da ideologia pública de um povo, mas a partir de seu saber e de seu querer essenciais. Destes, cada membro do povo é o fruto, e ninguém pode deles se afastar a seu bel-prazer. Hegel não invoca o espírito do povo para fins de repressão da independência intelectual, mas como um princípio destinado a desabrochar na diversidade viva das representações que dele emanam.

O que a filosofia acrescenta, então, a esse querer compartilhado? Ela não se satisfaz com o dado, responde Hegel, mas quer apreendê-lo a partir dela mesma, no sentido de que

6 FD (ed. fr. 2003, p. 107) (ed. alemã W, 1970, t. 7, p. 27) [ed. br. 2010, p. 43-4 | 2022, p. 146].

almeja se reencontrar (reencontrar sua razão) na multiplicidade dos fenômenos da experiência.

> O pensar livre não se limita ao dado, seja ele apoiado pela autoridade positiva, externa, do Estado, seja pelo juízo compartilhado pelos homens, seja pela autoridade do sentimento interno e do coração, seja pelo testemunho imediatamente consentidor do espírito. Ele parte, ao contrário, de si mesmo, daí exigir se saber unido da mais íntima maneira à verdade.[7]

É nesse sentido que a filosofia é demonstrativa: não por derivar os fenômenos uns dos outros de maneira puramente abstrata, mas por reconhecer no dado *a posteriori* (empírico) o desenvolvimento de uma razão *a priori* (lógica).

Por isso, a filosofia mostra que o espírito constitui uma totalidade se exprimindo como tal em cada uma de suas realizações particulares. À filosofia não cabe estabelecer, por exemplo, o que é a sociedade civil, nem o que é o Estado, tampouco o fato de que o Estado é mais legítimo que a sociedade civil, pois tudo isso deriva da experiência. Em contrapartida, cabe a ela pôr em evidência o fato de que as instituições particulares derivam do mesmo espírito, que se transforma por si mesmo e, por isso, conserva sua integridade nas diferentes figuras.

7 FD (ed. fr. 2003, p. 94) (ed. alemã W, 1970, t. 7, p. 14) [ed. br. 2010, p. 33-4 | 2022, p. 123-4].

Hegel denuncia então aqueles que duvidam da possibilidade de alcançar a verdade, entendida como a unidade interior do objeto. Reconhece-se nesse alvo o pensamento "reflexivo", uma atitude que ele não cansa de criticar, porque pressupõe o caráter fragmentado do objeto e, correlativamente, um hiato insuperável entre o conhecedor e o conhecido. Hegel invoca uma analogia com a natureza e o espírito. Concorda-se de bom grado que a filosofia deve conhecer a natureza tal como ela é, ou seja, a partir de sua razão. Por que então não se admite, da parte da filosofia, uma mesma postura em relação ao espírito? A posição contrária — "o ateísmo do mundo ético"[8] — postula que não haveria ciência verdadeira do espírito e também, mais a fundo, que o mundo espiritual seria pura e simplesmente entregue à contingência e que os fenômenos particulares não teriam nenhuma razão de ser. Sem dúvida, essa é uma posição aparentemente razoável e baseada na divergência de opiniões e na experiência. Mas, na verdade, é apenas um preconceito, o qual, inevitavelmente, se baseia em si mesmo, dado que um pensador que renuncia à verdade não corre o risco de encontrá-la.[9]

8 FD (ed. fr. 2003, p. 95) (ed. alemã W, 1970, t. 7, p. 15) [ed. br. 2010, p. 35 | 2022, p. 127]. O mundo ético é aqui tomado como sinédoque do espírito objetivo. Como ocorre frequentemente em Hegel, o momento final serve para designar o conjunto da esfera ao qual ele pertence.

9 Ver FD [ed. fr. 2003, p. 94) (ed. alemã W, 1970, t. 7, p. 14) [ed. br. 2010, p. 34 | 2022, p. 124].

O prefácio de *Filosofia do direito* também se atém ao saber imediato, uma figura da filosofia pela qual, segundo o diagnóstico hegeliano, "o verdadeiro seria aquilo que cada um deixa jorrar de seu coração, de seu ânimo e de seu entusiasmo".[10] Hegel então reprova, nos defensores dessa posição, a arrogância e a falta de cultura. O saber imediato invoca a piedade, mas não mostra, diz ele, senão uma rasa devoção. Essa maneira de raciocinar, *a parte objecti*, só se interessa pelos fenômenos superficiais. *A parte subjecti*, ela não repousa sobre o pensamento discursivo, mas sobre o instinto. Sobretudo, caracteriza-se pelo ódio da lei, ou seja, pelo questionamento da ordem jurídica e da política existente. Hegel ataca então, explicitamente, o filósofo Jakob Friedrich Fries[11]

10 FD (ed. fr. 2003, p. 96) (ed. alemã W, 1970, t. 7, p. 18) [ed. br. 2010, p. 35 | 2022, p. 126]. Como se constata, a crítica, habitual em Hegel, do saber imediato e do saber reflexivo assume, no prefácio, uma feição original. Inicialmente porque a ordem tradicional é invertida, depois porque a temática do saber imediato é substituída pela do entusiasmo.

11 Jakob Friedrich Fries (1773-1843) foi primeiramente professor em Heidelberg (onde Hegel lhe sucedeu) e, depois, em Jena, a partir de 1816. Ele era liberal, nacionalista e partidário de uma união dos Estados alemães. Suas ideias políticas estão apresentadas, principalmente, no livro *Von deutschem Bund deutscher und Staatsverfassung* [Da Confederação e da Constituição alemãs] (1816), dedicado à juventude germânica. Ele era, além disso, um antissemita declarado e recomendava aos judeus usarem a estrela amarela. Karl Ludwig Sand, o assassino de Kotzebue, estava entre os seus discípulos. Fries defendia o princípio do "pressentimento" (*Ahndung*), considerado como o que permitia escapar da alternativa entre a fé e o saber. Para ele, o sentimento é um princípio de ação, e o fervor, um princípio político.

pelo discurso proferido na Festa de Wartburg, por ocasião do tricentenário das 95 teses de Lutero. Em seu discurso, Fries pregava uma reforma democrática e romântica, devendo o poder político repousar, segundo ele, sobre "o espírito comunitário" presente no povo. Qual é o sentido das críticas de Hegel, críticas que, a bem da verdade, podem provocar mal-estar no leitor contemporâneo, na medida em que o propósito atacado parece exprimir um ideal democrático?

De fato, não é tanto a dimensão revolucionária do discurso enunciado por Fries que choca Hegel (sabe-se que, para ele, a Revolução Francesa fora um "magnífico amanhecer"),[12] mas a ideia segundo a qual o povo poderia exercer *diretamente* o poder e se governar pelo *entusiasmo*. Sobre o primeiro ponto, Hegel considera que, se o Estado deve exprimir a vontade "universal" do povo, as instâncias dirigentes devem ser distintas do povo e organizadas de maneira unitária. Isso porque o Estado só é efetivo quando o *vulgus* está unificado e constituído em *populus* graças à mediação de um poder único.[13] Sobre o segundo ponto, Hegel sustenta que a vontade política não poderia ser instintiva e deveria se determinar por etapas, as quais correspondem precisamente à divisão dos poderes na monarquia moderna. Para o autor de *Filosofia do direito*, o programa de Fries tende à dissolução da rica "articulação do ético dentro de si, [...] a qual [...] pelo

12 LHP (ed. fr. 1971-1991, p. 340) (ed. alemã W, 1970, t. 12, p. 529).

13 Ver ECF III, § 544, observação (ed. fr. 1970-1988, p. 322) (ed. alemã W, 1970, t. 10, p. 341) [ed. br. 1995b, p. 315-9] e FD, § 279 (ed. fr. 2003, p. 376) (ed. alemã W, 1970, t. 7, p. 444) [ed. br. 2010, p. 262].

rigor da medida na qual se mantém cada pilar, arco e viga, faz nascer a força do todo da harmonia de seus elos".[14] Um poder do povo que se impusesse enquanto tal e repousasse apenas sobre "o coração, a amizade e o entusiasmo" só conduziria ao despotismo. Isso se constata evidentemente, diz Hegel, na acrimônia frente à legalidade que veicula uma tal política do sentimento.[15] Como se vê, Hegel acusa Fries por sua atitude "demagógica", o que hoje se chamaria "populista". Ao contrário, Hegel defende a primazia das instituições e o caráter mediatizado da decisão política.

2. A racionalidade da efetividade

A DENÚNCIA DAS UTOPIAS

A reivindicação do estatuto científico da filosofia implica também a denúncia de toda filosofia que rompesse com a realidade e se contentasse em ser uma artificial "sabedoria

14 FD (ed. fr. 2003, p. 97) (ed. alemã W, 1970, t. 7, p. 19) [ed. br. 2010, p. 36 | 2022, p. 128-9].

15 Ver FD (ed. fr. 2003, p. 99) (ed. alemã W, 1970, t. 7, p. 20) [ed. br. 2010, p. 37-8 | 2022, p. 131-2]. Não é impossível que Hegel, aqui, esteja pensando no assassinato de Kotzebue.

de escola".[16] Hegel se considera o campeão do levar a sério os princípios imanentes da realidade. Ele questiona duramente os ideais vazios, ou seja, as aspirações que, embora louváveis em si mesmas, são, no entanto, incapazes de se encarnar concretamente e de transformar a realidade. Pode-se tomar como exemplo a exigência de que todos os homens tenham recursos suficientes para prover suas necessidades. Aí está, diz o filósofo, "um desejo [...] certamente bem-intencionado, mas, como em geral, o meramente bem-intencionado nada tem de objetivo".[17] O voto piedoso não se apoia sobre nenhum princípio real, mas sobre a reflexão subjetiva daquele que o profere. Por um lado, ele se apresenta como demasiadamente unilateral, muito "simples" para que alguma realidade possa a ele corresponder, pois a realidade é inevitavelmente complexa e marcada por contradições. Por outro, ele não tem força e é incapaz de produzir por si mesmo uma mudança da realidade. O ideal abstrato se traduz apenas numa condenação impotente daquilo que é.

Isso significa, porém, que Hegel prega uma pura e simples aceitação das normas em vigor? Como lembramos anteriormente, basta ler sua teoria da história para se convencer do contrário. Por exemplo, Hegel elogia o progressismo de César, que se posiciona além das leis para remodelar as instituições romanas, de encontro ao legalismo de Cícero e de

16 FD (ed. fr. 2003 p. 103) (ed. alemã W, 1970, t. 7, p. 24) [ed. br. 2010, p. 41 | 2022, p. 137-8].

17 FD, § 49, observação (ed. fr. 2003, p. 159) (ed. alemã W, 1970, t. 7, p. 114) [ed. br. 2010, p. 89 | 2022, p. 249-51].

Catão de Útica.[18] Mas *A razão na história* também opõe o grande homem ao simples aventureiro. Enquanto o primeiro faz a evolução da história a partir das aspirações partilhadas com seu povo e, portanto, de princípios universais, o que o conduz ao sucesso, o segundo se funda apenas sobre ideais subjetivos, o que o conduz ao fracasso.[19] Conclui-se desses diferentes casos de figuras que a legitimidade de uma norma se distingue de sua validade momentânea. Uma lei pode estar em vigor e, no entanto, estar morta, enquanto uma aspiração ainda não realizada pode estar viva e legitimamente alvoroçar a história.

O prefácio propõe, a título de ilustração de sua crítica dos ideais vazios, um exemplo paradoxal e reivindicado como tal, a saber, a *República* de Platão. Essa obra, diz Hegel, não tem nada de modelo abstrato, na medida em que constitui, isso sim, uma caracterização da *pólis* grega do fim da era clássica. Podemos ter a ilusão de que a cidade da *República* é um simples programa. Mas Platão, ao conceber um Estado sem propriedade privada, que reduz, tanto quanto possível, a iniciativa por parte dos cidadãos, apresenta a *pólis* grega em sua luta contra o princípio da liberdade subjetiva que a conduziria à corrupção. Ora, essa é exatamente a atualidade da política na época de Platão, uma vez que o princípio em questão aparece com Sócrates. A *pólis* da *República* é, assim, mais autenticamente grega que as instituições e os costumes atenienses da mesma época. Platão, longe de ser um sonha-

18 PH 1822-1823 (ed. fr. 2009, 164-5) (ed. alemã, 1996, p. 69-70).

19 Ver RH (ed. fr. 1965, p. 99) (ed. alemã, 1955, p. 97).

dor indiferente às coisas deste mundo, é o pintor lúcido de uma *pólis* que procura escapar de seu destino.

A EFETIVIDADE COMO REALIDADE INVESTIDA DE UM PRINCÍPIO IMANENTE E EFICAZ

A recusa de Hegel a programas abstratos tem como correlação positiva a definição do objeto autêntico da filosofia. A filosofia, "porque ela é o indagar do racional, é precisamente por isso o apreender do presente e do efetivo, não o estabelecer de um além, sabe Deus onde deveria estar".[20] Essa análise se desdobra em uma fórmula solene: "O que é racional, isto é efetivo, e o que é efetivo, isto é racional" (*Was vernünftig ist, das ist wirklich; und was wirklich ist, das ist vernünftig*).[21]

Como entender esse enunciado? Como se constata assim que se reinsere a fórmula em seu contexto, ela não afirma que "tudo aquilo que é real é racional", mas delimita o objeto da filosofia. A filosofia deve se desinteressar tanto pelo não racional quanto pelo não efetivo, o racional e o efetivo se definindo por sua ligação recíproca. "Racional", para Hegel, qualifica aquilo que opera a *Aufhebung* da alteridade, e é assim estar em si em seu outro. Consequentemente, um princípio "puro", por definição exterior à realidade, não pode

20 FD (ed. fr. 2003, p. 103) (ed. alemã W, 1970, t. 7, p. 24) [ed. br. 2010, p. 41 | 2022, p. 138].

21 FD (ed. fr. 2003, p. 104) (ed. alemã W, 1970, t. 7, p. 24) [ed. br. 2010, p. 41 | 2022, p. 138]. Para a tradução dessa fórmula, ver a nota de P. Osmo em sua tradução de Rosenkranz (2004, p. 515).

ser considerado racional. Somente aquilo que se inscreve na efetividade é racional. Reciprocamente, "efetivo" qualifica a realidade à medida que é regida por uma regra imanente. Assim, se algum aspecto da realidade não se deixasse governar por qualquer princípio interior, ele não poderia ser considerado como efetivo. Somente aquilo que se deixa racionalizar é efetivo. O ideal unilateral (por exemplo, segundo Hegel, a injunção: é preciso que todos os homens tenham como satisfazer às suas necessidades) cai obviamente sob a primeira restrição. E o real unilateral correlativo desse ideal (por exemplo, uma situação na qual os agentes econômicos fossem incapazes de se organizar para enfrentar a miséria) cai sob a segunda restrição. Hegel não nega a existência dos ideais abstratos nem das situações de completa desordem, mas exclui uns e outros do campo do estudo filosófico.

Essa posição fica mais clara quando consideramos a distinção entre pensamento imediato, pensamento reflexivo e pensamento especulativo. De certa maneira, o objeto do conhecimento imediato, ou seja, a realidade mais superficial, é exterior a toda organização lógica e, nesse sentido, exterior ao domínio filosófico. Do mesmo modo, o objeto do conhecimento reflexivo (por um lado, a abordagem subjetiva daquele que está pensando e, por outro, um mundo que não pode ser levado em conta pelo conhecimento senão ao modo do mal infinito) é, no caso da abordagem subjetiva, incapaz de se encarnar na realidade e, no caso do mundo, impossível de ser pensado adequadamente. Somente a ideia, objeto do conhecimento especulativo, é, ao mesmo tempo, perfeitamente inscrita no real e inteiramente investida de necessidade lógica. A filosofia não tem de examinar tudo aquilo que é, mas apenas o todo do ser, que, ao mesmo tempo, é interiormente necessário e inteiramente realizado na exterioridade e, assim, racional propriamente dito.

Pode-se ainda, para ilustrar a fórmula supracitada, evocar a oposição, na doutrina da essência, entre o fenômeno (ou a aparência, *die Erscheinung*) e a efetividade, mesmo se for provável que a noção de efetividade, tal como utilizada no prefácio de *Filosofia do direito*, ultrapasse a noção de efetividade da doutrina da essência.

a) O fenômeno remete a um conjunto de processos mutuamente exteriores. Sua carência, entretanto, se deve ao fato de que o princípio interior, no "mundo do fenômeno", não é capaz de produzir efeitos de maneira autônoma. O princípio necessita de um terceiro e (ou) de condições favoráveis. Consideremos o exemplo dado no adendo do § 140 da *Enciclopédia*, a propósito do binômio interior-exterior, em relação ao comportamento da criança. Quando se diz que a criança é racional "em si", não se está considerando que, por si mesma, ela seja suscetível a adotar um comportamento adequado. Pelo contrário, ela se conduz corretamente apenas em virtude da autoridade que sobre ela exercem seus pais e professores. Correlativamente, mesmo nesse caso, a criança não está sendo plenamente racional em face dessa heteronomia. Trata-se aqui de uma relação *exterior* entre o ideal e a realidade, os quais, por isso, são inadequados um em relação ao outro.

b) Em oposição, a efetividade designa um mundo no qual o princípio é imanente e eficaz. Na realidade efetiva, a instância mediadora dá conta não só dela mesma, como também da pluralidade de seus efeitos exteriores. A coisa age por ela mesma, sem precisar de uma solicitação exterior, nem de condições favoráveis, e, por isso, se revela plenamente em sua atividade. Além disso, como age sobre os fenômenos a partir do interior, sua ação é completa e coroada de sucesso. Para tomar um exemplo dado pelo próprio Hegel, a luz é efetiva no sentido de que, frente às trevas, aparece por si mesma, persegue as trevas e se revela tal como ela é.

A realidade efetiva, como Hegel a pensa, compreende múltiplos níveis, de modo que nela ocorrem torpeza, sofrimento, violência e perversão. Apesar disso, ela se difere da realidade aparente na medida em que está unificada por um princípio imanente. O que distingue a efetividade da inefetividade (ou então a racionalidade da irracionalidade) não é o fato de que uma seria perfeita, e a outra, imperfeita, mas o de que a primeira é uma totalidade, e a outra, um conjunto de fragmentos desagregados.

Por último, a análise da filosofia proposta por Hegel significa que esta não examina todo e qualquer objeto, mas somente os objetos nos quais se exprime um "todo", a título de razão de ser. A filosofia é uma atividade seletiva, só se interessa pelo que é significativo. Seu objetivo não é esgotar em detalhe aquilo que é, mas examinar o princípio que se encarna no real. Hegel se opõe a duas convicções: as teses segundo as quais "o presente [seria] algo vão" e "a ideia [seria] apenas uma ideia, uma mera representação em um ato de opinar". Pelo contrário, ele sustenta que a filosofia toma a ideia a sério, como princípio se desenvolvendo e se exprimindo no real: "Importa então conhecer, na aparência do temporal e passageiro, a substância, que é imanente, e o eterno, que está presente".[22]

22 FD (ed. fr. 2003, p. 104) (ed. alemã W, 1970, t. 7, p. 25) [ed. br. 2010, p. 42 | 2022, p. 139-41]. Notemos que, aqui, a aparência não designa o que é ilusório, mas simplesmente aquilo que, tomado em sua unilateralidade, é infundado.

3. Consequências para a filosofia do direito

A FILOSOFIA NÃO DEVE SER NORMATIVA

Quais são as implicações dessas questões até aqui explicadas para a filosofia do direito? Em primeiro lugar, que a filosofia não tem nada de programático. Enquanto filosofia do direito, ela certamente examina normas, mas normas que estão presentes na experiência.[23] Hegel denuncia prazerosamente os conselhos de Platão às amas de leite e os de Fichte ao aperfeiçoamento dos passaportes. Mais seriamente, pode-se também refletir sobre as recomendações políticas formuladas em *Do contrato social*, de Rousseau, ou em *A paz perpétua: um projeto filosófico*, de Kant. Tudo isso só pode ser rejeitado por Hegel a partir do seguinte motivo: se as prescrições em questão estão ausentes da experiência, seja a título de normas em vigor, seja como exigências prontas a se exprimir em uma mudança histórica, então isso significa que elas não têm força nem valor.

O "político de botequim"[24] se vangloria de ser o mais inteligente de todos. Mas a verdadeira sabedoria, retruca

23 Eventualmente, ela examina prescrições cuja realização adequada é impossível, assim como aquelas da moralidade. Mas, neste último caso, como veremos, as prescrições nada possuem de arbitrário e exprimem um momento inevitável do desenvolvimento do espírito. É por isso, aliás, que nós as encontramos tão presentes na consciência moral moderna.

24 Ver ECF I, § 143, adendo (ed. fr. 1970-1988, p. 576) [ed. br. 1995a, p. 269-70].

Hegel, é aquela de conceber o que é. O utopista é, assim, como aquele atleta da fábula de Esopo, que se gaba por ter feito um extraordinário salto em Rhodes e ao qual um ouvinte gozador replica: "Rhodes é aqui, faça o salto". Por associação de ideias, Hegel escreve que exprimir ideais implica pretender saltar fora de seu tempo, isto é, fora de sua experiência possível.[25]

No entanto, podemos perguntar: Hegel é absolutamente fiel à sua recusa do normativismo, e não haveria, em *Filosofia do direito*, nenhuma aspiração, nenhum pesar e nenhuma imposição? Realmente, ele não é. De certo modo, o enunciado segundo o qual a filosofia não deve conter nenhuma prescrição é contraditório, em termos. Todavia, faremos duas observações. Primeiramente, é preciso distinguir o discurso especulativo dos parágrafos e o discurso reflexivo das observações e prefácios. A reivindicação e a denúncia estão em seu devido lugar no segundo tipo de texto. Ademais, a filosofia não cessa de avaliar a racionalidade de seu objeto, exatamente porque tematiza seu progresso. Contudo, não é o sujeito cognoscente que, do exterior, julga a coisa, mas é esta que julga a si mesma. O tribunal não é aquele da crítica exterior, mas o da autocrítica operada pela realidade efetiva.[26]

25 Ver FD (ed. fr. 2003, p. 106) (ed. alemã W, 1970, t. 7, p. 26) [ed. br. 2010, p. 43 | 2022, p. 143-5].

26 Sobre a questão da teoria hegeliana dos efeitos práticos da filosofia política, ver Renault (2004, p. 24 e ss.).

A fórmula segundo a qual "cada um é, de toda maneira, um filho de seu tempo",[27] contudo, não se apresenta meramente para condenar os ideais arbitrários. Ela também significa que é impossível, para um sujeito, conhecer uma forma de realidade que fosse exterior à sua experiência presente. Por causa disso, por exemplo, foi impossível para Platão e Aristóteles negar a escravidão.[28] Logo, a fórmula implica que a filosofia pode ser verdadeira apenas numa época apropriada, em suma, numa época em fase de acabamento: "Ela somente aparece no tempo depois que a efetividade completou seu processo de formação e se concluiu".[29] Isso significa que só há verdadeira filosofia na época pós-antiga.

Ora, tal concepção apresenta pelo menos duas dificuldades. Em primeiro lugar, estaria toda cultura anterior ao mundo cristão-germânico circunscrita, segundo Hegel, a um sistema enviesado de representações e incapaz de alcançar a realidade tal como ela é? Em segundo, por que a última época da história não seria, por seu turno, também marcada por um ponto de vista distorcido? A resposta é que Hegel absolutamente não teoriza a ideia de que, por um lado, certas

27 FD (ed. fr. 2003, p. 106) (ed. alemã W, 1970, t. 7, p. 26) [ed. br. 2010, p. 43 | 2022, p. 143-8].

28 Ver ECF III, § 482, observação (ed. fr. 1970-1988, p. 279) (ed. alemã W, 1970, t. 10, p. 31-2) [ed. br. 1995b, p. 275-6].

29 FD (ed. fr. 2003, p. 107) (ed. alemã W, 1970, t. 7, p. 28) [ed. br. 2010, p. 44 | 2022, p. 147-8]. Essa formulação, evidentemente, não implica a impossibilidade da filosofia na Antiguidade, mas apenas o fato de que a filosofia, então, não pode ser adequada.

épocas estariam tomadas pela ilusão e, por outro, somente a era pós-antiga permitiria um acesso não deformado ao real. Isso porque, segundo ele, cada época exprime adequadamente aquilo que ela é. As duas questões mencionadas repousam sobre a tese implícita de que, para Hegel, o verdadeiro precederia à sua explicitação. Não é esse o caso. Por exemplo, se Platão e Aristóteles ignoram que todo homem é livre, é porque, em sua época, o espírito não tinha chegado ainda ao estágio no qual todo homem estaria destinado à liberdade. Logo, longe de estarem em uma ilusão, eles são os representantes lúcidos do espírito tal como este é naquele tempo. A filosofia grega, mais do que ignorar uma liberdade do espírito que nela mesma jamais seria adquirida, apenas exprime um estágio incompleto da formação do espírito. Do mesmo modo, o privilégio da filosofia moderna não reside em um suplemento de perspicácia, mas somente no fato de que o espírito, então, alcançou seu resultado último, a saber, uma completa autodeterminação.

Em outras palavras, se a filosofia do direito é adequada apenas para a época pós-antiga, não é em virtude de um privilégio de clarividência, mas porque só então as normas são adequadas. De resto, é por causa disso que o tratado de 1820 não é tanto um tratado de filosofia do direito *em geral* quanto um tratado de filosofia do direito *no mundo cristão-germânico*. Hegel não é nem um pensador cético, para o qual toda cultura se reduziria a um ponto de vista parcial sobre uma realidade ela mesma desconhecida, nem um pensador relativista, para o qual todos os valores em seu desenvolvimento histórico se equivaleriam. Pelo contrário, ele teoriza o caráter processual e, portanto, histórico do advir da verdade teórica e da legitimidade prática.

O prefácio termina sublinhando a aprovação que o real recebe de parte da filosofia. É ainda uma maneira de recusar os ideais abstratos, os quais condenam não apenas a realidade presente, mas, além disso, toda a realidade, pois essa é, por definição, múltipla e exposta à contingência. Por outro lado, por meio de uma imitação fonética implícita interpondo o grego e o latim, Hegel transforma o provérbio *hic rhodus, hic saltus* em *hic rosa, hic salta* ("Rhodes é aqui, é aqui que você deve saltar" passa a ser "aqui está a rosa, aqui dança!", pois "rosa" em grego se diz *rhodon*). Por exemplo, tratando-se do Estado, a verdadeira filosofia liberta não somente do desespero mas também desse sentimento atenuado que é a resignação. A filosofia reconhece a razão no presente e disso se regozija.

Seria preciso concluir desses enunciados que, para Hegel, o mal não passaria de uma ilusão e a filosofia teria como tarefa desbaratar tal ilusão? Façamos aqui algumas rápidas observações, que servirão como conclusão deste capítulo.

a) A questão do mal é uma constante em *Filosofia do direito*. Precisamente, as normas estão aqui presentes para prevenir a injustiça que ameaça ou reparar a injustiça que foi cometida. Além disso, à medida que o espírito objetivo está em progresso, ele vai, em cada um de seus processos, do pior ao melhor. Assim, se o bem é resultado de todo um processo sistemático, ele, porém, é só um resultado, o que significa que os dois primeiros momentos do processo são, de uma maneira ou de outra, maus. Enfim, acrescentaríamos, na esfera mesma do espírito objetivo, que não existe nenhum bem absoluto. Isso porque nessa esfera, como já vimos, ela se caracteriza por uma cisão irremediável: nenhuma propriedade escapa do risco de ser roubada, nenhuma ação está imunizada contra as inoportunas consequências imprevistas, nenhuma organização ética é imortal, nenhum Estado escapa da guerra etc. A obra *Filosofia do direito* compõe o retrato de uma realidade constantemente exposta à injustiça e à infelicidade.

b) No entanto, a filosofia examina esses males *sub specie totalitatis* e, mais precisamente, a partir do espírito. Ora, o espírito, para Hegel, é essencialmente livre. O mal, quando acontece, não procede de outra coisa senão do próprio espírito, de modo que ele é livremente decidido. Por essa razão, em meio à violência e ao infortúnio, o espírito resta como espírito e não é reduzido ao nível de um ser natural.[30] Não se trata, para Hegel, de negar a realidade do mal, mas de relativizá-la ao se notar que a dimensão essencial do espírito, a saber, a liberdade, não desaparece. O homem, em particular, nunca perde sua humanidade.

c) Por fim, como vimos, a despeito do mal remanescente, o desenvolvimento sistemático mostra um progresso. Mesmo que o bem não governe por completo, ele se estabelece como tendência. Que o hegelianismo seja uma filosofia otimista, isso é difícil de negar.

d) Contudo, note-se que esse progresso não é real, mas ideal. Ele não consiste em transformar o mal em bem, mas em produzir um momento de nível superior (ou melhor, um terceiro momento, sucedendo aos dois momentos unilate-

30 Ver ECF III, § 382 (ed. fr. 1970-1988, p. 392-3) (ed. alemã W, 1970, t. 10, p. 26-7) [ed. br. 1995b, p. 23-4].

rais opostos) no seio do qual aquilo que é anteriormente mau constitui o material da reconciliação consigo mesmo. Por exemplo, a concorrência entre os egoísmos típica da sociedade civil não é abolida, mas o advento do Estado faz com que nele os homens se reconheçam como concidadãos. O caráter somente ideal da reconciliação aporta uma importante nuance no otimismo hegeliano, sem anulá-lo, entretanto.

e) Além disso, a verdadeira reconciliação não ocorre no espírito objetivo, mas na filosofia que o pensa. Isso porque, se o mundo do direito, associando indivíduos com interesses divergentes e com tentação pelo mal, permanece cindido, a filosofia, ao contrário, é unificada e autofundada. Quando, no fim do prefácio, Hegel fala de reconciliação, ele evoca, sobretudo, a reconciliação que visa à *Aufhebung* do mundo jurídico-político pela filosofia. Significativamente, as últimas alíneas do prefácio deixam o terreno do direito para o da filosofia.[31] A reconciliação não está na coisa mesma, e sim no pensamento que a leva em conta. É nisso que a filosofia é uma teodiceia: não no sentido de estabelecer que o mundo é inteiramente satisfatório, mas no de que, pensando adequadamente um mundo insatisfatório, ela daria conta das próprias exigências intelectuais. Assim como indica a posição final da filosofia no sistema, o fim supremo do espírito não é o direito, mas o conhecimento filosófico.

31 Ver FD (ed. fr. 2003, p. 107) (ed. alemã W, 1970, t. 7, p. 27) [ed. br. 2010, p. 44-5 | 2022, p. 148].

V. Vontade e direito: a introdução de *Filosofia do direito*

A introdução de *Filosofia do direito* propõe uma longa análise do conceito de vontade. Esse estudo, o qual poderíamos supor que fosse algo periférico, é, de fato, central, pois Hegel define o direito como "o ser-aí da vontade livre".[1] Ora, o que implica essa caracterização? Em primeiro lugar, o "ser-aí" designa em Hegel a existência dada, presente na experiência. Que o direito possua um ser-aí significa que ele aparece exteriormente, que não se reduz a uma exigência interior, mas tem também uma realidade objetiva. Ele constitui um mundo — e, mais precisamente, um mundo produzido pelos homens, uma "segunda natureza" — suscetível de se impor aos seus autores de um modo coercitivo. Em segundo lugar, a "vontade livre" se distingue da vontade indeterminada e da vontade arbitrária. Ela tem alcance universal, no sentido de que aspira não a tal ou qual bem que seja exclusivo de qualquer outro, mas ao bem geral que é a liberdade. No contexto do espírito objetivo, a universalidade da vontade significa, além disso, que essa não é a vontade de um indivíduo considerado somente em si mesmo, mas de um indivíduo como membro de uma coletividade definida. Por exemplo, o direito de possuir pessoalmente

1 ECF III, § 486 (ed. fr. 1970-1988, p. 282) (ed. alemã W, 1970, t. 10, p. 304) [ed. br. 1995b, p. 281].

um bem é acordado, diz Hegel, entre os homens de algumas épocas (digamos, para simplificar: da época romana e da época pós-antiga). Ou, ainda, o direito de ser educado é aquele da criança enquanto membro de uma família. O direito é objetivo porque exprime uma vontade compartilhada por uma pluralidade de indivíduos (Siep, 1982, p. 255 e ss.). É precisamente por isso que ele aparece sob a forma de costumes e de leis.[2]

É preciso observar, evidentemente, que a "vontade livre" como base do direito não define em detalhe a vontade de cada um, mas somente seu princípio. No seio de uma mesma coletividade, todos os indivíduos partilham de um mesmo querer fundamental: por exemplo, que sejam reconhecidos o direito de propriedade ou o direito de todo indivíduo a definir por si mesmo a máxima de sua ação. Ao contrário, o objeto preciso desse querer — por exemplo, o *quid* de cada um ou a máxima individual da ação — é, por definição, exterior a essa vontade comum. A "vontade livre" só define um princípio geral, que se particulariza em função de escolhas individuais e de circunstâncias contingentes.

2 Ver ECF III, § 485 (ed. fr. 1970-1988, p. 282) (ed. alemã W, 1970, t. 10, p. 304) [ed. br. 1995b, p . 280-1].

1. Os momentos da vontade

Na observação do § 4, a vontade é analisada por ela mesma, independentemente de sua articulação em momentos distintos. Ela aparece então como o poder de suspender toda inclinação dada, para optar por tal ou qual fim, em resumo, como "o poder de pôr por si todo conteúdo dentro de si".[3] Encontramos aqui uma oposição essencial entre o animal e o homem. O animal está, desde sempre, imbuído de um impulso determinado (por exemplo, no herbívoro, o de se alimentar de vegetais). A particularidade de sua tendência lhe é "natural", ele não a dá por si mesmo, de modo que, ao mesmo tempo, ela se impõe a ele e ele não a integra verdadeiramente. Ao contrário, o homem é inicialmente vontade pura e não confere um conteúdo por seus fins a não ser em um segundo tempo e em virtude de uma decisão própria:

> Posso me separar do todo, renunciar a todos os fins, me abstrair de tudo. Somente o homem pode tudo abandonar, até mesmo a vida: ele pode se suicidar. O animal não pode fazê-lo; ele fica sempre [...] ligado a uma determinação que lhe é estrangeira, a qual ele só pode se habituar.[4]

3 FD, § 4, anotação [ed. fr. 2003, p. 121) (ed. alemã W, 1970, t. 7, p. 49) [ed. br. 2010, p. 56-7 | 2022, p. 168-70].

4 FD, § 5, adendo (ed. fr. 1989, p. 73) (ed. alemã W, 1970, t. 7, p. 51) [ed. br. 2005, p. 51]. Em se tratando do suicídio, contudo, se ele é ontologicamente possível, para Hegel não é algo juridicamente admissível — isso porque o homem não é proprietário de sua vida, na medida em que ela não é, para ele, uma coisa exterior. Ver o adendo do § 70 (ed. fr. 1989, p. 123) (ed. alemã W, 1970, t. 7, p. 152) [ed. br. 2003, p. 90 | 2022, p. 283-4].

O homem, portanto, é plenamente autor de seus fins. Por consequência, os fins são verdadeiramente seus, e ele tem sua liberdade em seus fins.

a) Em sua primeira fase, a vontade se caracteriza por sua ausência de conteúdo. Não se trata aqui de uma vontade vazia, mas de uma vontade que fica enclausurada em si mesma e indiferente a qualquer escolha definida. O sujeito, então, não valida nenhuma opção, tampouco exclui alguma. Ele goza, por assim dizer, de sua pureza. Ora, essa liberdade da indiferença[5] é alvo, da parte de Hegel, de um duro comentário: "é a liberdade do vazio".[6] Além disso, podemos aproximá-la de outras figuras da vacuidade, igualmente denunciadas, por exemplo, a "bela alma", tematizada no capítulo VI de *Fenomenologia do espírito*, para a qual faz falta a "força da alienação, a força para fazer [por ela mesma] alguma coisa e de suportar o ser".[7] O adendo do § 5 evoca o asceta hindu que consegue, ao preço de prodigiosas mortificações, se concentrar apenas em sua "simples identidade consigo mesmo" e a permanecer somente "no lugar vazio de sua interioridade".[8] O texto menciona também o episódio histórico do Terror, o qual se traduz, diz ele, pelo ódio fanático por toda diferença e por toda autoridade. Mas importa notar que, de um ponto de vista hegeliano, o começo da vontade, sendo

5 Ver FD, § 7 (ed. fr. 2003, p. 123) (ed. alemã W, 1970, t. 7, p. 54) [ed. br. 2010, p. 60 | 2022, p. 177-9].

6 FD, § 5, observação [ed. fr. 2003, p. 121) (ed. alemã W, 1970, t. 7, p. 50) [ed. br. 2010, p. 58 | 2022, p. 171-2].

7 FE [ed. fr. 2006, p. 547) (ed. alemã W, 1970, t. 3, p. 483-4) [ed. br. 2005, p. 449].

8 FD, § 5, adendo (ed. fr. 1989, p. 74) (ed. alemã W, 1970, t. 7, p. 51) [ed. br. 2005, p. 51 | 2022, p. 172-3].

apenas um começo, é, contudo, um momento plenamente legítimo de seu processo. Tudo já está lá, ainda que sob uma figura indeterminada.

b) No segundo momento, o sujeito não se contenta com um querer em geral, mas aspira a algum objeto presente no mundo, seja um objeto a se obter, seja a se produzir. O sujeito então não apenas se relaciona com outro que não ele mesmo, como também o objeto se apresenta como determinado e exclusivo frente a qualquer outro objeto. Trata-se, assim, de uma fase da finitude. A passagem do primeiro ao segundo momento ocorre simplesmente porque a vontade abstrata está insatisfeita consigo mesma e se decide a querer alguma coisa.[9] Desafortunadamente, à medida que ela apenas nega seu primeiro momento, aquele da completa abstração, a vontade não pode ainda estar concretizada, isto é, ser ao mesmo tempo objetiva e unitária. Ela fica, portanto, unilateral.

Os §§ de 8 a 20 propõem um aprofundamento da vontade particular. Essa aparece como articulada em dois polos: por um lado, aquele das tendências particulares, ligadas à identidade interior do sujeito ou à influência exterior que se exerce sobre ele e, por outro, aquele do eu capaz de optar em prol de uma ou outra tendência, que constitui o polo do livre-arbítrio — ou melhor, do "arbítrio" servo ou livre.[10]

9 Podemos aqui pensar no elogio da determinação feito no conceito preliminar de *Enciclopédia das ciências filosóficas*: "Quem quer algo grande deve [...] saber se limitar. Quem, ao contrário, tudo quer na verdade não quer nada e não chega a nada". ECF I, § 80, adendo (ed. fr. 1970-1988, p. 511) (ed. alemã W, 1970, t. 8, p. 170) [ed. br. 1995a, p. 159-62].

10 Ver FD, § 15 (ed. fr. 2003, p. 129) (ed. alemã W, 1970, t. 7, p. 65-6) [ed. br. 2010, p. 64-5 | 2022, p. 190-1].

A decisão é então, objetivamente, uma operação de seleção da tendência a ser satisfeita, mas também, subjetivamente, de individualização, pois, pela decisão, a vontade se põe como aquela de um indivíduo determinado.

O objeto desejado não é necessariamente fixo, na medida em que a vontade pode passar de um objeto para outro. Além disso, mesmo que uma decisão se oponha a outras decisões possíveis, o sujeito não é prisioneiro dela, uma vez que ele sempre pode parar de querer aquilo que quis durante certo tempo. A vontade, portanto, permanece independente no próprio cerne de sua escolha. Aqui está, diz Hegel, aquilo que o entendimento não pode compreender, no sentido do pensamento que separa artificialmente os diferentes momentos do desenvolvimento sistemático. Contudo, mesmo quando a vontade determinada fica livre, seu caráter exclusivo e a ausência de necessidade interior que a caracteriza as põem em desacordo frente à exigência de infinitude que caracteriza o espírito:

> Nenhum destes conteúdos é adequado à vontade, ela não está verdadeiramente presente em si mesma em nenhum deles. O arbítrio implica esta consequência, que o conteúdo não está determinado pela natureza da vontade a ser meu, mas somente por acaso; eu sou, portanto, dependente em relação ao conteúdo.[11]

O momento da vontade particular se caracteriza, a partir desse ponto, pela contradição das tendências, no sentido

11 FD, § 15, adendo (ed. fr. 1989, p. 82) (ed. alemã W, 1970, t. 7, p. 67) [ed. br. 2005, p. 59-60 | 2022, p. 194].

de que é preciso sacrificar uma para satisfazer a outra, e em que a vontade não cessa de mudar de conteúdo. A contradição se exprime também na avaliação inevitavelmente alternativa das inclinações. Por um lado, uma propensão é boa na medida em que é expressão da vontade do homem. Por outro, ela é má, dado que procede somente de uma vontade finita, a qual ainda não atingiu a sua inteira autonomia. Certamente, a vontade particular pode ser civilizada e visar, além da satisfação instantânea de suas inclinações, à sua realização em uma combinatória otimizada: a cultura, ao levar em consideração, a cada momento, seus inconvenientes e suas vantagens, permite chegar a uma certa felicidade. Todavia, essa felicidade permanece inevitavelmente ligada às propensões subjetivas, o que justifica seu caráter relativo e provisório.[12]

c) O terceiro momento, o da completa autodeterminação, ou seja, o da vontade "em si e para si", é a unidade dos dois primeiros. A vontade é agora universal, não no sentido de que ela seria indeterminada, mas em que ela forma um todo coerente. E ela é particular pelo fato de que se relaciona com um objeto preciso, mas não de que ele seria exclusivo. Com efeito, a vontade, na terceira figura, quer alguma coisa — a saber, ela mesma, conforme aspira à liberdade. O sujeito nada exclui, mas se dá como objetivo se reencontrar na alteridade:

12 Ver FD, § 20, adendo (ed. fr. 1989, p. 84) (ed. alemã W, 1970, t. 7, p. 71) [ed. br. 2005, p. 62 | 2022, p. 200].

> A vontade sendo em si e para si é verdadeiramente infinita, porque seu objeto é ela mesma [;] assim, esse não é para ela nem um outro, nem um limite, ao contrário, nele ela apenas retomou para dentro de si.[13]

> O terceiro momento consiste na possibilidade de o eu se reencontrar consigo mesmo em sua limitação, neste outro, no fato de ficar junto a si mesmo e de não parar de se ater ao universal, em se determinando.[14]

Essa vontade é "infinita" não no sentido de que ultrapassa toda quantidade dada, mas no sentido de que nada a limita, uma vez que está acomodada em todo conteúdo particular. A vontade em si e para si é "singularidade" no sentido forte do termo, aquele em que ela é uma individualidade que se produz por si mesma e integra o outro como um meio de lhe permitir a afirmação de sua plenitude.

Esse terceiro momento inclui os dois primeiros, pois ele consiste na operação por meio da qual a subjetividade (primeiro momento) se volta em direção ao objeto (segundo momento) e se reencontra nela mesma (terceiro momento propriamente dito). No entanto, nessa operação, a vontade não se separa dela mesma, mas, pelo contrário, se engendra:

13 FD, § 22 (ed. fr. 2003, p. 133-4) (ed. alemã W, 1970, t. 7, p. 74) [ed. br. 2010, p. 68 | 2002, p. 202-3].

14 FD, § 7, adendo (ed. fr. 1989, p. 76-7) (ed. alemã W, 1970, t. 7, p. 57) [ed. br. 2005, p. 54 | 2022, p. 180]. Ver o § 10 (ed. fr. 2003, p. 125) (ed. alemã W, 1970, t. 7, p. 60) [ed. br. 2010, p. 61-2 | 2022, p. 183]: "Somente quando a vontade tem a si mesma por objeto, ela é para si o que ela é em si".

> a autodeterminação do eu em pôr-se em um como o negativo de si mesmo, a saber, como determinado, delimitado, e permanecer junto a si, ou seja, em sua identidade consigo e sua universalidade e na determinação de não fundir-se senão consigo mesmo.[15]

Esse ponto pode ser ilustrado a partir do exemplo da amizade, tal como evocado no adendo: quando quero me comportar como amigo, renuncio a fazer do outro um objeto para minha satisfação superficial ou para me servir e decido me relacionar com ele como um *alter ego* no qual me reconheço e que, justamente por isso, permite me elevar a uma dimensão universal. É nessa direção que a relação de amizade é libertadora:

> Nesse nível, os sujeitos conscientes de si em relação um com o outro são assim, pela suprassunção (*Aufhebung*) de sua singularidade particular desigual, elevados à consciência de sua universalidade real, de sua liberdade que pertence a todos.[16]

Como vemos, para Hegel, a liberdade da vontade não se reduz nem à faculdade de se tornar indiferente frente às tendências (primeiro momento), nem à faculdade de optar a favor de tal ou qual dentre elas (segundo momento). Mais do que isso, a vontade só se torna livre, no sentido forte do termo, quando se decide reconciliar com a alteridade.

15 FD, § 7 (ed. fr. 2003, p. 123) (ed. alemã W, 1970, t. 7, p. 54) [ed. br. 2010, p. 59-60 | 2022, p. 177-80].
16 ECF III, § 436, adendo (ed. fr. 1970-1988, p. 536) (ed. alemã W, 1970, t. 10, p. 226) [ed. br. 1995b, p. 206-8].

2. O direito como ser-aí da vontade livre

DIREITOS E DEVERES

O direito, assim como é tratado em *Filosofia do direito*, consiste então na exteriorização da vontade — uma vontade que, entretanto, não é individual, mas universal no sentido de que é compartilhada (e isso no caso de a universalidade em questão ser finita, por contraste com a universalidade do espírito absoluto). O direito não repousa, portanto, nem sobre a ordem "natural", ou seja, originária das coisas,[17] nem sobre uma ordenação divina,[18] mas sobre a aspiração comum dos homens. Podemos constatar isso, por exemplo, nesta anotação autógrafa do § 29: "Eu quero (i) válido, (ii) por que válido? Universalidade — liberdade [...]; (iii) somente a vontade é o fundamento da validade".[19] O direito, para Hegel,

17 Ver, por exemplo, a ECF III, § 433, observação (ed. fr. 1970-1988, p. 231) (ed. alemã W, 1970, t. 10, p. 223) [ed. br. 1995b, p. 204], em que, a propósito do caso particular dos Estados, Hegel opõe a violência (inaugural) como o "começo no fenômeno" e o direito (final) como "princípio substancial".
18 Ver, por exemplo, esta contestação do "direito divino" a propósito do rei, FD, § 281, adendo (ed. fr. 1989, p. 296) (ed. alemã W, 1970, t. 7, p. 453) [ed. br. 2022, p. 609]: "Se quisermos apreender a ideia do monarca, não é suficiente dizer que é Deus que estabelece os reis, pois foi Deus quem tudo fez, mesmo o pior".
19 FD (ed. alemã W, 1970, t. 7, p. 81). Ver também ECF III, § 502, observação (ed. fr. 1970-1988, p. 292) (ed. alemã W, 1970, t. 10, p. 311) [ed. br. 1995b, p. 288-9]: "O direito e todas as suas determinações se fundam unicamente sobre a livre personalidade".

se compreende e se legitima a partir da vontade do espírito de tornar a sua liberdade concreta.

Se a atitude teórica — aposta essencial do "espírito subjetivo" — consiste em reconduzir o dado da experiência como "algo meu", ao elaborar sobre esse dado um conhecimento unificador, a atitude prática, por outro lado — aposta essencial do "espírito objetivo" —, consiste em se voltar para o exterior a fim de transformá-lo. Não se trata mais de produzir, em face de um dado exterior insuficientemente organizado, um saber interior que fosse com relação a ele coerente, mas de unificar o exterior em si mesmo. Contudo, essa transformação objetiva corresponde aos objetivos subjetivos que eu me outorgo: "As determinações têm sua fonte em mim, os objetivos em vista dos quais fui levado a agir me pertencem".[20] O espírito objetivo é o momento no qual o sujeito conquista o mundo exterior, no sentido de que ele ali imprime a marca de sua exigência interior de unidade:

> A atividade da vontade de suprassumir a contradição da subjetividade e da objetividade e de transpor os seus fins daquela determinação nessa e, ao mesmo tempo, permanecer na objetividade junto de si está fora do modo formal da consciência.[21]

Como constatamos, a teoria hegeliana do direito é fundamentalmente herdeira da teoria fichteana da ação como operação pela qual o Eu tende a se infinitizar ao determi-

20 FD, § 4, adendo (ed. fr. 1989, p. 72) (ed. alemã W, 1970, t. 7, p. 47) [ed. br. 2005, p. 47-8 | 2022, p. 166-8].

21 FD, § 28 (ed. fr. 2003, p. 137) (ed. alemã W, 1970, t. 7, p. 79) [ed. br. 2010, p. 71 | 2022 p. 209-10].

nar o Não Eu — o dever exprimindo a exigência, interior ao Eu, de se apropriar do Não Eu, o qual inicialmente está em oposição ao Eu.

Para Hegel, assim, o espírito objetivo é o desenvolvimento de uma vontade que não quer somente isso ou aquilo, mas quer ser livre. Todas as suas determinações têm na raiz a aspiração à liberdade, no sentido de que se trata, para ela, de estabelecer objetivamente essa liberdade no mundo. Cada um dos momentos do espírito objetivo é uma figura da tomada de posse do real exterior — entretanto, uma tomada de posse que não tem por fim nem o gozo, nem a satisfação, de tal ou qual interesse particular, mas a formação do espírito ele mesmo ou, ainda, sua liberação: "A determinação absoluta, ou caso se quiser, o impulso absoluto do espírito livre é que sua liberdade seja objeto para ele".[22]

A vontade livre então se dá como uma existência efetiva ao determinar o mundo a partir de permissões e de obrigações publicamente reconhecidas. Por exemplo, o fato de que um indivíduo possua certo bem não é, precisamente, apenas um fato, mas também expressão de seu direito, enquanto homem, de ser proprietário, do mesmo modo que a fonte, para os demais, do dever de respeitar sua posse.[23] Da mesma maneira, na história, a passagem de um império a outro não remete somente à substituição factual de um povo dominante da cena mundial por outro, mas também ao advento

22 FD, § 27 (ed. fr. 2003, p. 137) (ed. alemã W, 1970, t. 7, p. 79) [ed. br. 2010, p. 71 | 2022, p. 208-9].

23 Ver ECF III, § 486, observação (ed. fr. 1970-1988, p. 283) (ed. alemã W, 1970, t. 10, p. 304-5) [ed. br. 1995b, p. 281-2].

de um novo princípio de legitimidade histórica.[24] Ou, ainda, o poder que exerce o grande homem sobre seu povo não responde somente a seu carisma contingente nem ao acaso das circunstâncias, e sim, mais profundamente, ao caráter justificado de seu projeto político.[25]

Contudo, por que a inscrição da vontade na efetividade produz direitos e deveres? Poderíamos, com efeito, imaginar que essa efetivação da vontade tão somente engendra transformações factuais do real. Por que o espírito objetivo se define não somente como um mundo "produzido", mas também como um mundo "a produzir", no qual a liberdade se manifesta como uma "necessidade" forçada?[26] Em suma, por que o espírito objetivo possui a forma insatisfatória do dever-ser? A resposta está no caráter árduo e provisório da realização da vontade na esfera do espírito objetivo: "O espírito objetivo é a ideia absoluta, mas que é somente em si; enquanto ele está, por isso, sobre o terreno da finitude, sua racionalidade efetiva conserva nela o lado de uma aparência exterior".[27] Com efeito, diferentemente do que se observa

24 Ver FD, § 347 (ed. fr. 2003, p. 434) (ed. alemã W, 1970, t. 7, p. 506) [ed. br. 2010, p. 308 | 2022, p. 687-8].

25 Ver PH 1822-1823 (ed. fr. 2009, p. 164) (ed. alemã 1996, p. 69).

26 Ver ECF III, § 385 (ed. fr. 1970-1988, p. 180) (ed. alemã W, 1970, t. 10, p. 32) [ed. br. 1995b, p. 29].

27 ECF III, § 483 (ed. fr. 1970-1988, p. 281) (ed. alemã W, 1970, t. 10, p. 303) [ed. br. 1995b, p. 280]. O adendo do § 385 exprime a mesma ideia, ao dizer que "o problema dessa objetividade do espírito consiste em ela ser apenas uma objetividade posta" (ed. fr. 1970-1988, p. 399) (ed. alemã W, 1970, t. 10, p. 34) [ed. br. 1995b, p. 29-30].

no espírito absoluto, o sucesso do espírito é aqui apenas relativo, "aparente"[28] — e isso não no sentido de que ele seria ilusório, mas no sentido de que a vontade não se realiza senão de maneira frágil e fragmentada. No espírito objetivo, a vontade só se encarna no mundo como tendência, e a oposição entre o dever-ser e o ser não pode ser completamente superada. Então, enquanto na esfera do espírito absoluto nada é exigido que não seja nele mesmo realizado, no espírito objetivo a realização da vontade é trabalhosa e arriscada. A deiscência entre a vontade e sua efetividade — o fato de um indivíduo poder faltar para com seu dever e ser necessário proteger suas exigências legítimas em face de uma violência sempre possível — se exprime justamente no caráter coercitivo do dever e no caráter reivindicado pelo direito. Não há nem direito, nem dever, tanto no espírito subjetivo quanto no espírito absoluto, porque o primeiro é incapaz de objetividade e o segundo é, desde sempre, completo. A esfera do espírito objetivo, ao contrário, é aquela que está entre esses dois extremos.

Essa ambiguidade está bem expressa pelo conceito de "segunda natureza" aplicado ao espírito objetivo;[29] isso por-

28 Como constatamos em todos os momentos, as noções estruturais devem ser compreendidas a partir de seu uso contextual. De um ponto de vista hegeliano, não é contraditório dizer que a filosofia do direito tem por objeto a ideia do direito, ou seja, o direito em sua efetividade adequada, e, ao mesmo tempo, dizer que, na escala do desenvolvimento geral do espírito, o espírito objetivo não é ainda senão um momento contraditório, somente "aparente" do espírito.

29 Ver FD, § 4 (ed. fr. 2003, p. 119-20) (ed. alemã W, 1970, t. 7, p. 46) [ed. br. 2010, p. 56-7 | 2022, p. 165].

que a natureza, como já referido, possui para Hegel uma conotação bastante pejorativa e designa de maneira geral a contradição não resolvida. Por sua vez, é evidente que a segunda natureza do espírito objetivo representa a *Aufhebung* da natureza exterior (e daquilo que se pode considerar como a naturalidade primeira do espírito, ou seja, do espírito subjetivo). Contudo, ela permanece fundamentalmente insatisfatória. De maneira geral, o momento do espírito objetivo, examinado em si mesmo na obra *Filosofia do direito*, é aquele da oposição entre o direito e o fato, ou seja, o momento do conflito entre as exigências autofundadas do espírito e o mundo exterior em sua realidade dada: "A vontade livre possui nela, imediatamente, [...] as diferenças entre a liberdade como seu destino e fim interior e sua relação com uma dada objetividade exterior".[30] O espírito se apossa do mundo, mas sua efetivação é inevitavelmente precária, pois, de um lado, ela é parcial e, de outro, depende da boa vontade dos indivíduos. É assim, por exemplo, que um proprietário não possui senão uma margem limitada de bens apropriáveis e é ameaçado pelo roubo; que um sujeito quando age, quando determina apenas a máxima de sua ação, não pode adotar nenhuma regra absolutamente universal; ou que um Estado, do ponto de vista da história do progresso da liberdade, permanece encerrado em seus valores particulares e não possui legitimidade sobre a cena mundial a não ser em um lugar e uma época dadas. Diferentemente do que se observa no espírito subjetivo e no espírito absoluto, o sujeito aqui não

30 ECF III, § 483 (ed. fr. 1970-1988, p. 281) (ed. alemã W, 1970, t. 10, p. 303) [ed. br. 1995b, p. 280].

se apossa integralmente do objeto, mas é, ao contrário, contestado por ele. O espírito objetivo é a esfera da contradição entre o *quid juris* e o *quid factis*.

Quando existe então dever ou direito? Podemos afirmar, assim nos parece, que o dever existe quando o indivíduo precisa agir laboriosamente para realizar exteriormente a sua vontade e esse agir pode se opor a outras tendências da mesma vontade,[31] e que existe direito quando a realização da vontade do indivíduo é permitida e deve ser garantida contra a violência possível de outrem.[32] Mas existe igualmente direito quando a realização do querer do indivíduo requer a intervenção de um terceiro.[33] No direito abstrato e na moralidade, o direito de um suscita o dever do outro (tu deves respeitar meu direito de propriedade, tu deves respeitar meu direito de definir por mim mesmo a máxima de minha ação). Na eticidade, ao contrário, o mesmo sujeito possui direitos e deveres correlativos (por exemplo, meu dever de pagar os impostos corresponde a meu direito de ser protegido pelo Estado em caso de guerra, ou o dever de obediência das crianças corresponde a seu direito de receberem educação).

31 Ver ECF III, § 484 (ed. fr. 1970-1988, p. 281-2) (ed. alemã W, 1970, t. 10, p. 303) [ed. br. 1995b, p. 280].

32 Podemos pensar, por exemplo, no direito do indivíduo de adquirir uma propriedade e de tê-la respeitada. Ver FD, § 38 (ed. fr. 2003, p. 147) (ed. alemã W, 1970, t. 7, p. 97) [ed. br. 2010, p. 81 | 2022, p. 232].

33 Podemos pensar aqui nos direitos dos membros da família. Ver FD, § 174 (ed. fr. 2003, p. 270) (ed. alemã W, 1970, t. 7, p. 326) [ed. br. 2010, p. 182 | 2022, p. 428-9].

Para Hegel, são as normas factuais, presentes na experiência, válidas? Sim, uma vez que são produzidas pelo espírito e, como tal, válidas para ele. Certamente, o espírito objetivo é organizado em momentos distintos. O que é justo em um não o é mais em outro: por exemplo, os princípios gregos perdem todo sentido no mundo cristão. Contudo, não se trata de contestar a validade desses princípios para o mundo que lhe é próprio.[34] A afirmação da legitimidade intrínseca da vontade do espírito pode parecer ingênua e revelar falta de espírito crítico, mas ela repousa, de fato, sobre duas notáveis decisões teóricas.

a) Segundo Hegel, uma vez que o espírito é unificador, ele não pode estar em desacordo consigo mesmo, e, no seio de uma coletividade dada, a vontade é comum. Sem dúvida, podemos assistir à consagração pelo direito positivo de movimentos tirânicos ou sediciosos, de crimes e atos imorais. Mas esses fenômenos são percebidos como não devendo ser, de modo que possuem o status de acidentes e não ferem o acordo da vontade coletiva com ela mesma: "Que a violência e a tirania possam ser um elemento do direito positivo, isso é contingente e não concerne à sua natureza".[35]

34 É assim que, de um ponto de vista hegeliano, não se trata de denunciar abstratamente a escravidão, tal como praticada pelos gregos. Decerto, hoje em dia, escravizar um ser humano é crime, mas, no mundo grego, a escravidão era justamente a condição de liberdade dos cidadãos.

35 FD, § 3, observação (ed. fr. 2003, p. 112) (ed. alemã W, 1970, t. 7, p. 34-5) [ed. br. 2010 p. 50 | 2022, p. 156-65].

Também acontece de uma coletividade se fragmentar de tal modo que diversos princípios de legitimidade nela se defrontem, assim como mostra, por exemplo, o conflito entre a Igreja e o Estado na Idade Média. Mas, então, cada partido em luta tem o seu quinhão de direito — ainda que esse direito seja limitado. Finalmente, Hegel reconhece que existe, no espírito, a desigualdade e a coerção. Não obstante, para ele, no seio de uma mesma esfera, esses traços são admitidos e reconhecidos como válidos por aqueles que estão sob eles: daí, por exemplo, sua convicção de que o criminoso admite a necessidade do castigo pelo qual ele padece, que as crianças reconhecem a legitimidade do poder paterno, que os orientais — que têm uma alma de criança — querem um poder despótico etc.

b) O espírito é manifesto para ele mesmo, de forma que seria vão opor uma vontade aparente e uma vontade real — por exemplo, em continuidade a Marx, opor a preocupação ostentada, por parte do grupo social dominante, pelo bem comum e seus esforços para fazer o Estado servir a seus fins próprios. Hegel é essencialmente hostil à ideia de mistificação. O espírito se mostra tal como ele é, de sorte que a norma pública, salvo acidentalmente, exprime sua vontade real.

Ao mesmo tempo, como já foi dito, uma vez que as normas são particulares, elas são suscetíveis de ser invalidadas, em um momento posterior e por normas de mais alto nível. Por exemplo, não apenas as normas gregas perdem toda efetividade na Europa pós-antiga, como são também deslegitimadas. Do mesmo modo, para Hegel, se exigimos validamente que a propriedade privada seja respeitada em sua esfera própria, a saber, a do direito abstrato, por outro lado, em certas circunstâncias, como na guerra, o Estado pode, de pleno direito, exigir dos cidadãos que eles lhe entreguem seus bens. Em suma, se as normas do espírito objetivo são válidas, elas o são, contudo, apenas de maneira local e provisória.

É nesse sentido que Hegel não é um pensador relativista. Isso porque, para ele, as diferentes normas não possuem o mesmo valor. Se não fosse esse o caso, não se poderia falar de progresso do espírito. Por exemplo, para Hegel, o direito romano responde à exigência própria do espírito romano, e, ainda que ele seja de uma brutalidade atroz, isso não implica nenhuma injustiça para os próprios romanos. Ao mesmo tempo, esse espírito é, em si mesmo, mau, na medida em que ignora a liberdade essencial do homem. Seria absurdo reprovar os romanos de terem se dado o seu próprio direito, pois ele é a expressão mesma de sua identidade. No entanto, ele só representa um estágio inacabado do progresso do espírito e, como tal, deveria justamente ser desfeito pelo espírito cristão-germânico.

Mas quem julga a validade das normas tais como elas existem? Elas não são julgadas exteriormente, porém julgam a si mesmas. O progresso sistemático, que consiste na *Aufhebung* das normas anteriores pelas normas posteriores, é a expressão pública da superioridade destas sobre aquelas, e o efeito da tendência imanente do espírito de tornar adequada a sua liberdade. O espírito é uma exigência em si mesma e o esforço para realizá-la. Por essa razão, ele invalida sucessivamente as normas que ele se dá como figuras unilaterais de seu trabalho de desenvolvimento.

Hegel se opõe a relacionar a legitimidade das normas jurídicas às circunstâncias históricas que as acompanham ou a seus efeitos conjunturais. Vemos esse ponto na longa polêmica travada na observação do § 3 contra Carl Gustav von Hugo (1764-1844), mestre de Carl von Savigny (1779-1861) e fundador da Escola Histórica do Direito. Em seu *Manual de direito romano*, Hugo evoca o diálogo tal como o apresenta Aulo Gélio em *Noites áticas*, entre o filósofo Favorinus e o jurista Sextus Caecilius a respeito de algumas disposições da Lei das Doze Tábuas — disposições em desuso no momento em que o diálogo é travado.[36] Hegel retoma o debate, mas, diferentemente de Hugo, se posiciona ao lado de Favorinus, e não de Caecilius (e, de certa maneira, termina por identificar o conflito entre Favorinus e Caecilius com aquele que o opõe a Hugo). Para Caecilius-Hugo, a justificação das leis depende de seus efeitos e, assim, das circunstâncias históricas de seu aparecimento. Para Favorinus-Hegel, ao contrário, as leis devem ser examinadas do ponto de vista de uma razão interior: "Favorinus ataca a Lei das Doze Tábuas a partir do ponto de vista da natureza da coisa. Caecilius justifica a lei por sua eficácia".[37] Assim, Favorinus condena a barbárie da lei, enquanto Caecilius dela faz o elogio, argumentando que seu caráter aterrador

36 Ver Von Hugo (1818, § 51) e Aulo Gélio (1998).

37 Nota marginal de Hegel, FD (ed. fr. 1989, p. 68) (ed. alemã W, 1970, t. 7, p. 45).

conduz a tornar sua aplicação inútil.[38] Independentemente da questão sobre a aprovação ou desaprovação da lei, Caecilius erra, do ponto de vista hegeliano, ao explicar a lei pela investigação de seus efeitos particulares. E Favorinus, desse mesmo ponto de vista, tem razão na medida em que se põe sobre o terreno das exigências do espírito como tal. Para Hegel, uma lei não é um simples meio ao serviço de objetivos finitos, mas encarna a aspiração essencial do espírito.

De maneira mais geral, Hegel se opõe à Escola Histórica do Direito porque não toma a tradição como meio de legitimar as normas em vigor: "A explicação e a justificação históricas não se projetam até o ponto de ter o significado de uma justificação com uma validade em si e para si mesma".[39] Uma comparação superficial das teses de Savigny e de Hegel talvez deixe a impressão de uma admirável proximidade entre os dois autores. Um e outro, com efeito, criticam o "racionalismo abstrato" do Iluminismo, o qual, a seus olhos, se desinteressa da história dos povos e considera que se poderia impor uma mesma legislação para diferentes nações. Assim como Savigny, Hegel julga que somente se compreende o homem ligando-o ao povo ao qual ele pertence, um povo do qual o direito exatamente exprime a alma. A diferença, entretanto, está em que, para Hegel, a vida jurídica é "racional",

38 Por exemplo, uma das disposições autorizava o credor, após certo prazo, a matar o devedor insolvente ou a vendê-lo como escravizado, e até mesmo, se houvesse mais de um credor, a partir o devedor em pedaços e dividi-lo, de modo que nenhum dos primeiros ficasse lesado.

39 FD, § 3, observação (ed. fr. 2003, p. 113) (ed. alemã W, 1970, t. 7, p. 35-6) [ed. br. 2010, p. 49-56 | 2022, p. 157-65].

no sentido de que ela é processual e integra o que a ela se opõe. Isso implica, por um lado, que o direito não é a expressão direta do espírito "ingênuo", mas resulta de um processo de ruptura com as normas originárias,[40] e, por outro, que o espírito objetivo compreende momentos — a moralidade, por exemplo — nos quais as normas estão dissociadas de seu princípio totalizador.[41] Enquanto a Escola Histórica do Direito, pelo menos na interpretação hegeliana, deriva imediatamente o direito da alma do povo e faz do direito atual o resultado do direito consuetudinário, Hegel, ao contrário, considera que o direito é elaborado por oposição aos costumes primeiros. O direito não é ponto de partida, mas, ao contrário, resultado, no sentido de que aquilo que se põe por si mesmo é legítimo e legitimador. Por isso, se a Escola Histórica do Direito valoriza o passado e a tradição, Hegel valoriza o presente contra o passado e, especialmente, em oposição a Savigny, a época moderna contra a Idade Média.[42]

—

Hegel então está do lado do jusnaturalismo ou do juspositivismo? Se a noção de direito natural aparece muito pouco em *Filosofia do direito*, ela é presente, porém, em um lugar

40 Ver FD, § 211, adendo (ed. fr. 1989, p. 232) (ed. alemã W, 1970, t. 7, p. 364) [ed. br. 2000, p. 50 | 2022, p. 482-3].
41 Ver FD, § 138, observação (ed. fr. 2003, p. 234) (ed. alemã W, 1970, t. 7, p. 259) [ed. br. 2010, p. 150 | 2022, p. 375].
42 Ver FD (ed. fr. 2003, p. 114) (ed. alemã W, 1970, t. 7, p. 37) [ed. br. 2010, p. 51 | 2022, p. 156-7]. Ver a análise desse debate por J.-F. Kervégan na Introdução de sua tradução (ed. fr. 2003, p. 31 e ss.).

privilegiado, isto é, no subtítulo da obra: "direito natural e ciência do Estado" — o que faz pender para a primeira hipótese. A questão, todavia, é saber qual sentido Hegel confere a essa noção. Na observação do § 502 da *Enciclopédia das ciências filosóficas*, ele sublinha a ambivalência do termo. Por um lado, na medida em que "natural" equivale a "imediato", ou seja, "incoativo", o direito natural pode ser compreendido como um direito originário: por exemplo, como o direito do estado de natureza, ainda que as formas jurídicas que conhecemos sejam advindas do sacrifício desse direito natural. Contudo, essa primeira hipótese não se sustenta, justamente porque o estado de natureza é um estado de não direito. Por outro lado, pode-se entender por direito de natureza "o direito tal como ele se determina pela natureza da coisa, isto é, pelo conceito".[43] Essa é precisamente a escolha que faz Hegel: para ele, o direito natural é o direito como ideia, quer dizer, o espírito objetivo como aquilo que se desenvolve a partir de si mesmo e se encarna na experiência exterior ao proceder de uma exigência interior. O direito natural, segundo Hegel, não é imutável nem "puro" no sentido de indiferente à experiência, pois evolui e se realiza na efetividade. Ao mesmo tempo, o direito natural conserva sua integridade e não está submetido ao entorno exterior, na medida em que, pelo contrário, aquele tende a impor sobre este sua regra própria. Para concluir, *Filosofia do direito* defende a tese segundo a qual o direito, em suas múltiplas figuras, se esforça para se pôr como o próprio sujeito de seu vir-a-ser.

43 ECF I, § 502, observação (ed. fr. 2003, p. 292) (ed. alemã W, 1970, t. 7, p. 311) [ed. br 1995a, p. 289].

VI. O direito abstrato

O primeiro grande momento do espírito objetivo é o "direito abstrato", que trata da apropriação do mundo pelo homem. A propriedade, tal como aqui abordada, no entanto, não é só algo factual, mas também legal. O que está em jogo não é tanto o enriquecimento do proprietário, mas a validade objetiva de sua propriedade, no sentido de que a propriedade impõe a todos o dever de respeitá-la. É em virtude desse valor universal do direito de propriedade que o espírito — aqui sob a figura de "pessoas", ou seja, de indivíduos capazes de adquirir e de alienar bens — se eleva à objetividade.

O direito abstrato é logicamente anterior às esferas da ação moral e da vida ética e constitui, nesse sentido, uma esfera autônoma. Certamente, o sujeito ativo e as instituições éticas estão em relação com a propriedade e possuem influência sobre esta. Por exemplo, em nome da moral, em casos extremos, pode-se justificar o roubo. Além disso, o Estado protege e regula a propriedade, mas também pode contestá-la por impostos, por esforço de guerra etc. Porém a relação de propriedade, tal como examinada aqui, não precisa nem da moral, nem da ética, porque resulta apenas da relação entre a pessoa e a coisa. Eis aqui uma implicação da noção hegeliana de "momento" como esfera independente, que se desenvolve nela mesma, em virtude de uma necessidade interna. O direito de propriedade não depende do projeto "moral" do proprietário nem das regras impostas pelas instituições às quais o proprietário pertence.

Na mesma linha, é preciso sublinhar o caráter extremamente rudimentar desse primeiro momento do espírito objetivo. Decerto, todo homem na época moderna (no sentido de época pós-antiga) tem o direito de ser proprietário, e, uma vez que um sujeito particular possua legalmente um bem, sua propriedade deve ser respeitada. Contudo, esse sujeito não tem nenhum direito intrínseco ao bem que possui, pois sua relação com esse bem é, exatamente, "abstrata". Na medida em que os atos "morais" de um sujeito se justificam (parcialmente) por uma escolha subjetiva e que a regra ética se legitima por uma mediação interior completa, o direito de propriedade apenas sanciona uma relação factual. Ademais, é por essa razão que um mesmo bem transita sem dificuldade de mão em mão e um mesmo sujeito pode, de um dia para outro, passar da riqueza à pobreza, ou vice-versa. O direito de propriedade exprime assim, essencialmente, uma situação de fato. Estamos apenas no início do espírito objetivo, isto é, em seu momento imediato.

1. Observações gerais

A RELAÇÃO DE PROPRIEDADE

A esfera do direito abstrato é, pois, aquela dos atos de apropriação e, mais precisamente, dos atos que instituem uma propriedade juridicamente válida. Trata-se, em outras palavras, do direito de propriedade em seus aspectos civis e penais. Essa propriedade é válida, a princípio, frente à natureza: existe um "direito de apropriação absoluto [do] homem sobre todas as coisas".[1] A seguir, frente aos outros homens, no sentido de que ela obriga todos os indivíduos a respeitar todas as propriedades. A prescrição fundamental do direito é então a seguinte: "Sê uma pessoa e respeite os outros enquanto pessoas".[2] O sujeito deve ser proprietário porque, assim, ele se eleva à liberdade objetiva; e não tem o direito de atentar contra nenhuma propriedade, pois cada uma delas possui uma validade geral.

O direito abstrato é relativo às coisas singulares, assim como há uma série infinita de títulos de propriedade. O percurso do espírito objetivo começa, desse modo, com a *multiplicidade* e terminará, na vida ética, com a *unidade* da regra institucional. Como já foi dito, para Hegel, não há acabamento senão na unidade, e esta é conquistada, é um resultado do qual o ponto de partida se caracteriza, inevitavelmente, pela pluralidade. Mais precisamente, estamos aqui frente a uma multiplicidade *indiferente*, no sentido de que uma propriedade determinada extrai sua validade apenas a partir dela mesma, e não de sua eventual relação com as outras propriedades. Além disso, o direito abstrato consiste em uma relação do espírito com as coisas *exteriores*. Essa relação — o meu, o seu — é *formal*, ou seja, superficial, porque a coisa não é afetada nela mesma pela relação que a liga

1 FD, § 44 (ed. fr. 2003, p. 153) (ed. alemã W, 1970, t. 7, p. 106) [ed. br. 2010, p. 85 | 2022, p. 240].

2 FD, § 36 (ed. fr. 2003, p. 147) (ed. alemã W, 1970, t. 7, p. 95) [ed. br. 2010, p. 80 | 2022, p. 231].

a tal ou qual proprietário. Consideremos mais uma vez, para contrastar, a vida ética: nesta, a instituição estará em relação não mais com *coisas*, mas com *vontades*, e as determinará em seu conteúdo mesmo.

A relação jurídica mobiliza dois conceitos essenciais: a pessoa (*die Person*) e a Coisa (*die Sache*).[3]

a) A personalidade é a aptidão jurídica para ser proprietário, e o espírito é então uma pessoa enquanto um indivíduo *qualquer*.[4] Ele não está aqui considerado, por exemplo, nem por suas virtudes ou vícios, nem por seu status familiar, social ou político. Enquanto pessoa, pouco importa o que ele seja, mas que tenha o direito de comprar ou vender qualquer bem, conquanto respeite o direito, de tal modo que a personalidade jurídica é uma máscara (*persona*) que deixa anônima a individualidade particular daquele que a porta. Em outra dimensão, a personalidade jurídica é historicamente condicionada, dado que os indivíduos e os povos que ainda não alcançaram aquele "pensamento puro" e aquele "saber puro de si" são desprovidos de personalidade.[5] Para Hegel, o espírito romano foi o primeiro a estabelecer um autêntico direito de propriedade. Entrementes, se a ideia de personalidade é um resultado a ser louvado, esse resultado é insatisfatório, pois se pode reprovar o mundo romano

3 Traduz-se [em francês] *die Sache* (a coisa no sentido de negócio, eventualmente da causa jurídica) por *a Coisa* (com inicial maiúscula) para distinguir de *das Ding* (a coisa no sentido físico do termo).

4 Ver FD, §§ 36-37 (ed. fr. 2003, p. 147) (ed. alemã W, 1970, t. 7, p. 95-6) [ed. br. 2010, p. 80 | 2022, p. 231].

5 FD, § 35, observação (ed. fr. 2003, p. 146) (ed. alemã W, 1970, t. 7, p. 94) [ed. br. 2010, p. 80 | 2022, p. 229-30].

tanto por ter reservado o direito de propriedade apenas para alguns quanto por ter considerado o homem um simples proprietário, e não um sujeito moral ou um cidadão dotado de direitos políticos.[6]

b) O status de Coisa designa a disponibilidade do objeto para ser adquirido ou alienado. A Coisa é também qualquer Coisa, assim como a pessoa é qualquer pessoa. Poderíamos dizer que, de um ponto de vista hegeliano, as regras que se aplicam a um ovo e a um quadro-negro são as mesmas. A Coisa é "exterior" e "imediata" no sentido de ser constituída de *partes extra partes*, além de ser passiva face ao processo de compra e venda. A observação do § 43 examina casos-limite. Pode-se dizer que uma aptidão ou um conhecimento sejam Coisas quando, por exemplo, se ganha algo por uma atividade de ensino? A resposta é, em certa medida, afirmativa: "Não são [aptidão, conhecimento], pois, de início, um imediato, mas se tomam isso somente pela mediação do espírito, que rebaixa o que há de interior à imediatidade e à exterioridade".[7] Por outro lado, pode-se admitir, de acordo com o direito romano, que uma criança é uma Coisa de seu pai? Essa, diz Hegel, é uma disposição injusta.

Como foi visto, o homem tem o direito absoluto de apropriação sobre todas as coisas. Essa tese repousa sobre a análise da aquisição como *Aufhebung* e sobre a diferença de natureza entre a pessoa e a Coisa. A aquisição consiste, para a pessoa, em depositar sua vontade na Coisa, de modo que a Coisa receba da pessoa seu "fim substancial" e que a

6 Ver LPH (ed. fr. 1967, p. 245) (ed. alemã W, 1970, t. 12, p. 383).

7 FD, § 43, observação (ed. fr. 2003, p. 152) (ed. alemã W, 1970, t. 7, p. 104-5) [ed. br. 2010, p. 84 | 2022, p. 238-9].

vontade se torne a "alma" da Coisa. Com efeito, do ponto de vista do direito, a Coisa não está originariamente investida de nenhum objetivo espiritual e não recebe seu princípio unitário a não ser da pessoa; esse princípio unitário, aqui, consiste precisamente em ser a Coisa uma propriedade de tal ou qual pessoa. Existe, pois, uma *Aufhebung* no sentido de que a Coisa é assumida pelo sujeito que põe fim à sua multiplicidade inicial ao lhe associar um princípio de síntese. Dessa forma, a apropriação exprime o direito infinito do espírito sobre aquilo que é sem direito. Enfim, sendo a Coisa originariamente sem princípio unitário, ela é também sem identidade; em uma palavra, é "nula". Dessa maneira, a aquisição pode ser considerada como uma ilustração do idealismo, no sentido de que este último só atribui peso substancial ao saber e ao querer, por oposição ao realismo, que reconhece uma inteira dignidade às coisas imediatas.[8]

O DIREITO DE PROPRIEDADE

Como analisar então o direito de propriedade? Ele não responde nem a uma necessidade (por exemplo, como condição de sobrevivência), nem a um mérito (por exemplo, como recompensa de um trabalho). O direito de propriedade e seu correlato, o dever de ser proprietário, conduzem a uma tendência do espírito: a tendência de objetivar. Essencialmente, bens são adquiridos para que se possa ficar "à vontade" no

8 Ver FD, § 44, observação (ed. fr. 2003, p. 154) (ed. alemã W, 1970, t. 7, p. 106) [ed. br. 2010, p. 85 | 2022, p. 240].

mundo exterior. Graças à apropriação, o mundo exterior deixa de constituir uma limitação. Ora, o fato de "estar consigo no outro" é a definição mesma da liberdade e da infinitude.[9] Pode-se dizer que está em jogo, na aquisição, algo metafísico: trata-se de estender sua subjetividade para além da interioridade: "A vontade [só é] [...] efetivamente livre na medida em que ela tem um ser-aí".[10] Não nos tornamos proprietários para realizar um projeto subjetivo de tipo "moral" nem para respeitar uma prescrição ética. É nesse sentido que o direito abstrato constitui uma esfera autônoma:

> Mas o aspecto segundo o qual eu sou, enquanto vontade livre, objetivamente para mim, e somente assim sou vontade efetiva, constitui o que há aí dentro de verdadeiro e de jurídico, a determinação da propriedade.
>
> A respeito do carecimento, ter uma propriedade aparece como um meio, na medida em que se coloca aquele em primeiro lugar; mas a posição verdadeira [da questão] é que, do ponto de vista da liberdade, a propriedade é, enquanto primeiro ser-aí dela, fim essencial para si.[11]

9 Ver, por exemplo, o adendo do § 7 (ed. fr. 1989, p. 77) (ed. alemã W, 1970, t. 7, p. 57) [ed. br. 2005, p. 54 | 2022, p. 180]: "Redescobrir-se na limitação, ficar consigo neste outro e não parar de se referir ao universal, determinando-se, eis o conceito concreto da liberdade".

10 FD, § 92 (ed. fr. 2003, p. 194) (ed. alemã W, 1970, t. 7, p. 179) [ed. br. 2010, p. 118 | 2022, p. 306].

11 FD, § 45 e sua observação (ed. fr. 2003, p. 154) (ed. alemã W, 1970, t. 7, p. 107) (ed. br. 2010, p. 85-6 | 2022, p. 242].

Sublinhemos a expressão "um fim essencial para si". Não se trata de um fim acidental, próprio a tal ou qual indivíduo, mas de um fim característico do homem enquanto tal. Esse fim, enquanto "para si", advém da subjetividade, isto é, da autodeterminação do homem. Uma vez que o princípio da propriedade é interior e universal, ele é legítimo, de modo que a propriedade é um direito. A partir dessa tese, Hegel condena todo projeto de abolição da propriedade privada (em referência, por exemplo, ao Estado platônico da *República*, às leis agrárias de Roma, às comunidades religiosas cujos membros partilham seus bens etc.).[12]

Contudo, a relação de propriedade não impõe nenhuma ação determinada, diferentemente do que se observa na vida moral e na vida ética. O que fulano compra ou vende não deriva da lógica imanente da propriedade, mas depende muito mais de suas escolhas e das circunstâncias contingentes de sua existência particular: "[...] o direito abstrato apenas é, em relação a seu conteúdo ulterior, uma possibilidade [;] por isso a determinação jurídica é apenas uma permissão [...]".[13] O direito enquanto tal não determina o que eu posso ou devo adquirir ou vender: "O racional é que eu possua propriedade. [...] o que e quanto eu possuo é uma contingência jurídica". Isso, para Hegel, significa especialmente que a igualdade de

12 Ver FD, § 46, observação (ed. fr. 2003, p. 156) (ed. alemã W, 1970, t. 7, p. 108) [ed. br. 2010, p. 86 | 2022, p. 243].
13 FD, § 38 (ed. fr. 2003, p. 148) (ed. alemã W, 1970, t. 7, p. 97) [ed. br. 2010, p. 81 | 2022, p. 232].

bens não pode ser defendida nem em nome do direito, nem em nome da filosofia.[14]

Por que falar aqui de direitos e deveres e não apenas de fatos? Como foi dito antes, a esfera do espírito objetivo apresenta uma deiscência entre a tendência e sua realização. Nessa circunstância, cada indivíduo aspira à propriedade, mas jamais poderá realizar inteiramente esse fim, uma vez que os bens apropriáveis são em número indefinido e a posse é necessariamente provisória, ainda que somente em razão da morte inevitável do proprietário. As noções de direito e de dever, que remetem ao dever-ser (*Sollen*), exprimem o fato de que, no espírito objetivo, a oposição entre a exigência e sua realização só é superada de modo parcial e passageiro. A relação de propriedade é frágil e se dá a partir do mal infinito, ou seja, da repetida série das aquisições e alienações pontuais. Uma Coisa é tão facilmente comprada quanto vendida, ou então perdida ou roubada. A relação de propriedade é, assim, fundamentalmente insatisfatória.

2. A simples propriedade

A "propriedade" (*das Eigentum*), primeira seção do direito abstrato, tem como tema a aquisição imediata, no sentido de que ela se relaciona com coisas que ou são sem dono, ou

14 Ver FD, § 49 (ed. fr. 2003, p. 158-9) (ed. alemã W, 1970, t. 7, p. 112-3) [ed. br. 2010, p. 88-9 | 2022, p. 249].

pertencem originariamente ao sujeito. É somente nas seções posteriores que a relação com outro — um outro que também é proprietário ou tende a se tornar — será examinada. A problemática aqui presente é: o que, em minha relação "imediata" com a coisa, valida meu título de propriedade? Três cenários são examinados: a tomada de posse, o uso da coisa e a alienação da propriedade.

a) No caso da *tomada de posse*, é simplesmente a relação física que a pessoa mantém com a coisa que autentica a propriedade. Mas essa relação física contém três modalidades: (i) Na "apreensão corporal", eu me contento com uma tomada instantânea. Podemos imaginar o exemplo da concha encontrada na praia. Ela é minha quando a pego, mas, se logo depois a largo, ela deixa de ser minha. Trata-se do aqui e agora da tomada de posse; (ii) Na "formatação", ao contrário, altero o objeto. Pode-se pensar em um pedaço de mata virgem da qual me torno proprietário porque a cultivo. Frente à pontualidade radical da apreensão corporal, sucede o longo tempo do labor. Enquanto anteriormente o bem era deixado tal e qual, agora ele é remodelado; (iii) Na "marcação", finalmente, ponho sobre a coisa um signo. Por exemplo, aplico, com o ferro em brasa, uma letra no couro de um boi. A ação é pontual (retorna-se assim à imediatez do primeiro momento), mas implica uma transformação da coisa (como no segundo momento). Entretanto, a ação não é mais "natural" (diferentemente dos dois primeiros momentos), pois consiste em estabelecer um signo, uma realidade espiritual. No terceiro momento, renomeio a coisa, mais precisamente eu lhe imponho meu nome. Na marcação, enquanto proprietário, reporto a mim mesmo através da coisa. Trata-se do "retorno a si" que caracteriza a conclusão do processo sistemático considerado.

b) *O uso da coisa* também é um caso de apropriação. Isso é percebido negativamente pela noção de prescrição, que considera sem dono uma coisa abandonada por seu proprietário originário.[15] Nesse caso, o objeto apropriável muda de natureza, pois ele não se reduz mais às meras características físicas. Ele se amplia, por um lado, às atividades que torna possíveis e, por outro lado, ao que permite produzir e ao seu valor de mercado. Vemos aqui que a doutrina do direito abstrato é igualmente uma ontologia do objeto apropriável.

Hegel se dedica, além disso, à crítica de algumas disposições jurídicas advindas do direito romano e do direito medieval, que, em sua época, estão em vias de desaparecimento. As regras questionadas conduzem, com efeito, a uma limitação do direito de propriedade. Contra elas, o filósofo insiste quanto ao princípio do caráter infinito da propriedade, como a relação simples da vontade do sujeito com um bem desprovido de vontade: "A propriedade é essencialmente propriedade livre, plena".[16] Além disso, os comentários de Hegel, em uma evidente alusão às reformas de Stein e

15 Ver FD, § 59, observação, e § 64, observação (ed. fr. 2003, p. 166 e p. 171) (ed. alemã W, 1970, t. 7, p. 128 e p. 138) [ed. br. 2010, p. 95 e p. 99 | 2022, p. 263 e p. 273].

16 FD, § 62 (ed. fr. 2003, p. 167) (ed. alemã W, 1970, t. 7, p. 132) [ed. br. 2010, p. 96 | 2022, p. 265]. Em sua teoria do Estado, em nome do bem superior deste, Hegel defende a instituição do morgado (bem inalienável e indivisível ligado à posse de um título de nobreza e transmitido, juntamente com o título, ao filho mais velho de uma família), que limita o direito de propriedade. Temos aqui uma ilustração, se precisássemos de uma, do fato de que a vida ética representa a *Aufhebung* do direito abstrato. Ver FD, § 306 (ed. fr. 2003, p. 404) (ed. alemã W, 1970, t. 7, p. 475) [ed. br. 2010, p. 285 | 2022, p. 643].

Hardenberg, apontam que o direito de propriedade não é uma novidade na história:

> Não é de hoje, podemos afirmar, que a liberdade da propriedade foi aqui e ali reconhecida como princípio. Eis um exemplo, tomado da história do mundo, de quanto tempo o espírito precisa para progredir em sua consciência de si.[17]

Para Hegel, de maneira geral, a época pós-antiga reconhece o direito de cada um a ser livre (ou seja, o desaparecimento da escravidão). Mas, no caso da Alemanha, esse direito se realiza totalmente apenas naquela época, quando a servidão é abolida e a propriedade passa a ser, efetivamente, acessível a todos.[18]

c) A *alienação* é igualmente uma figura da propriedade, uma vez que ser proprietário não consiste meramente em adquirir bens, mas também em cedê-los, distinguindo-se a cessão da prescrição pelo fato de que, na cessão, intervém a vontade do sujeito. A alienação da coisa é o momento mais alto da primeira esfera do direito abstrato, uma vez que, em tal ato, o sujeito se revela como independente da coisa particular e, assim, virtualmente, como proprietário de todas as coisas. Observa-se, então, uma nova extensão do objeto, já

17 FD, § 62, observação (ed. fr. 2003, p. 169) (ed. alemã W, 1970, t. 7, p. 133) [ed. br. 2010, p. 98 | 2022, p. 266-9].

18 Para Hegel, existe uma diferença entre a escravidão dos antigos e a servidão cristão-germânica, pois o servo é considerado como homem. Contudo, a servidão manifesta o descumprimento da exigência própria do espírito pós-antigo da liberdade individual.

que, entre os bens alienáveis, se contam produções próprias do sujeito, ligadas às suas disposições físicas e intelectuais.[19] Esse terceiro momento ocupa, na economia da simples propriedade, o lugar do "retorno a si". É admirável, todavia, que essa elevação à universalidade se traduza por um resultado negativo. Em um momento mais concreto, a elevação à universalidade daria lugar a uma atividade positiva, a saber, a realização de um todo. Aqui, ela consiste somente em se despossuir do particular.

O texto chama a atenção, entretanto, para o fato de que existem bens inalienáveis, ou seja, aqueles que não são exteriores, mas constitutivos do meu eu, isto é, aqueles pelos quais "faço de mim um ser capaz de direito e de imputação, ser moral, religioso [...]".[20] Esses bens não podem ser cedidos porque fundam a minha liberdade. É isso que hoje em dia torna ilegítimas a servidão, a interdição de ser proprietário e as atitudes de obediência infantil e de renúncia à razão ou à sua livre consciência moral. A partir daí, são nulos todos os atos pelos quais faço de outro, em qualquer grau, o senhor de minha interioridade.[21]

19 Ver FD, §§ 67-68 (ed. fr. 2003, p. 173-4) (ed. alemã W, 1970, t. 7, p. 144-5) [ed. br. 2010, p. 101-2 | 2022, p. 278-9].
20 FD, § 66, observação (ed. fr. 2003, p. 173) (ed. alemã W, 1970, t. 7, p. 142) [ed. br. 2010, p. 101 | 2022, p. 275-8].
21 Ver *Philosophie des Rechts: Die Vorlesung von 1819-1820* [Filosofia do direito: lições de 1819-1820] (1983, p. 78).

3. O contrato

O contrato (*der Vertrag*) de compra e venda é um processo *mediado* de validação da propriedade. A propriedade não mais repousa então sobre a simples relação com a coisa, mas é condicionada pela vontade de outrem. Mais precisamente, a aquisição e a alienação de bens se validam no elemento da palavra dos homens. Elas repousam sobre a "estipulação". O contrato não é violento. Ele tem por condição o reconhecimento recíproco dos indivíduos como proprietários, estando esse reconhecimento, conforme Hegel, implicado pelo pertencimento do contrato à esfera do espírito objetivo.[22]

O que o contrato acrescenta? No momento anterior, se a validade da propriedade era incontestável, essa validade, no entanto, ficava alojada na relação da pessoa com a coisa. Ela certamente não era subjetiva, pois valia para todo homem. Contudo, não era intersubjetivamente reconhecida. Além disso, a validade só podia concernir a uma parcela limitada de objetos, aquela diretamente apropriável ou pertencente originariamente ao sujeito. Agora, a validade da propriedade adquire existência pública e se estende aos objetos que, no início, pertenciam a outrem. Pode-se estabelecer uma equivalência entre a relação propriedade-contrato e a relação família-sociedade civil. Da mesma maneira que as regras familiares são objetivamente válidas numa esfera de aplicação circunscrita, as regras da propriedade simples intervêm apenas no estreito círculo da relação entre o proprietário e

22 Ver FD, § 71, observação (ed. fr. 2003, p. 178) (ed. alemã W, 1970, t. 7, p. 153) [ed. br. 2010, p. 106 | 2022, p. 285].

as coisas que não têm dono ou já lhe pertencem. No momento do contrato, diferentemente, a validade da propriedade se estende a todas as coisas e se encontra reconhecida por todos. Entretanto, o ponto fraco desse momento é que a propriedade de um indivíduo reside não no reconhecimento do outro *em geral*, mas na série infinita dos reconhecimentos particulares que lhe estabelecem os outros sujeitos. De certa maneira, é preciso que cada contrato com cada homem sobre cada coisa possa assegurar a validade da propriedade.

4. Crime e castigo

A terceira seção do direito abstrato trata menos do "não direito" (*das Unrecht*), termo que também pode ser traduzido por "negação do direito" ou "injustiça", do que da negação desse não direito. Esse ponto é visível no título da seção correspondente na *Enciclopédia das ciências filosóficas* de 1827-1830: *Das Recht gegen das Unrecht*, "o direito contra o não direito". Aqui não se considera mais a vontade particular em sua relação com um bem exterior, nem em sua relação com outra vontade igualmente particular, mas se examina o "direito efetivo e válido" que torna a injustiça obsoleta: "O direito se restabelece através do negar essa sua negação".[23] A terceira seção considera a manifestação da nulidade da

23 FD, § 82 (ed. fr. 2003, p. 190) (ed. alemã W, 1970, t. 7, p. 172) [ed. br. 2010, p. 115 | 2022, p. 299-301].

infração, que assegura ao bom direito sua efetividade, já que "a efetividade do direito enquanto sua necessidade mediando-se consigo pela suprassunção [*Aufhebung*] de sua violação".[24] O direito abstrato, ainda aqui, consiste na multiplicidade dos títulos de propriedade válidos. Todavia, sua validade não é mais imediata (como na propriedade simples), nem mediada pelo modo do mal infinito (como no contrato), mas mediada por um princípio universal de justiça, o qual se estabelece nos atos pelos quais os delitos são punidos.

OS DIFERENTES TIPOS DE INJUSTIÇA

A injustiça corresponde à fragilidade constitutiva da propriedade. Na medida em que esta não repousa sobre um intento interior "moral" nem sobre uma norma institucional, em suma, dado que ela só repousa sobre a vontade formal (ou seja, aqui, superficial) das pessoas, é suficiente uma vontade outra para que o título de propriedade mude. Em outras palavras, porque nenhuma coisa pertence essencialmente a um ou a outro e o acordo entre os proprietários particulares é contingente, a possibilidade da injustiça está inscrita na natureza mesma da propriedade. Sendo a propriedade desprovida de fundamento subjetivo ou ético, ela inevitavelmente recai no não direito. A injustiça consiste então na oposição entre o "direito em si" e o "direito reivindicado", de modo que este último se encontra reduzido ao estatuto de "aparência". O di-

24 FD, § 97 (ed. fr. 2003, p. 198) (ed. alemã W, 1970, t. 7, p. 185) [ed. br. 2010, p. 120 | 2022, p. 311].

reito apenas se torna efetivo pela negação da oposição entre o "em si" e a aparência, negação em virtude da qual o direito em si produz efeitos na experiência. O que significa aqui o "direito em si"? Significa aquilo que poderíamos chamar de bom direito, isto é, a repartição factual dos bens. Trata-se do direito abstrato imediato, que é válido ainda que infundado e se encontra negado, precisamente, pela injustiça.

O primeiro caso de delito é a "negação do direito sem intenção". Trata-se de uma violação "inocente" da justiça, causada apenas por ignorância. Pode-se tomar como exemplo (ainda que não seja do próprio Hegel) o caso de dois indivíduos que discutem a posse de um terreno, ambos de boa-fé. Os dois pretendentes reconhecem a validade do direito em geral, mas estão em desacordo sobre um título em *particular*.

O segundo caso é a fraude. Ela designa o ato injusto pelo qual o agente confere conscientemente a aparência do direito. Trata-se do inverso da situação precedente, já que o delito reside sobre uma qualidade *interior* da coisa, e não mais sobre a designação de seu proprietário. A injustiça, portanto, é mais profunda. Contudo, de certa maneira, o direito não é diretamente posto em questão, uma vez que o fraudador pretende agir conforme o direito.

Por fim, o terceiro caso, o crime, remete à violência voluntária exercida contra o outro. Não é somente o proprietário que é lesado, mas também o direito como tal, já que o criminoso o renega publicamente. O crime se exerce contra o direito em si mesmo, e a injustiça é estrita.[25]

25 Ver FD, § 95 (ed. fr 2003, p. 196) (ed. alemã W, 1970, t. 7, p. 182) [ed. br. 2010, p. 119 | 2022, p. 309-10].

Notemos de passagem que, segundo o texto, somente podem sofrer uma violência meu corpo (agressão física) ou meus bens (roubo). A coerção não pode atingir minha interioridade, salvo se eu mesmo aceitar: "Apenas pode ser coagido a algo quem quer se deixar coagir".[26] Aqui se encontra reafirmada a autonomia do princípio do espírito, que conduz Hegel a nuançar a gravidade do crime. Temos, por assim dizer, uma expressão de seu otimismo — a violência não afeta a integridade do espírito, ela concerne apenas a seus atributos exteriores. Esse tema já era fortemente expresso no § 302 da *Enciclopédia* de 1817, sendo mantido na de 1827-1830: o espírito "pode abstrair de todo exterior e de sua própria exterioridade, de seu próprio ser-aí; ele pode suportar a negação de sua imediatidade individual, a dor infinita".[27] Hegel não nega o mal sofrido, mas, incontestavelmente, o relativiza ao considerar que o espírito é capaz de superar toda afecção exterior.

O RESTABELECIMENTO DO BOM DIREITO

Qual é então a lógica do restabelecimento do bom direito? O interesse e, bem entendido, o caráter discutível da exposição hegeliana estão no fato de ele propor uma análise do castigo em termos de uma simples inversão: "A violência ou

26 FD, § 91 (ed. fr. 2003, p. 194) (ed. alemã W, 1970, t. 7, p. 179) [ed. br. 2010, p. 118 | 2022, p. 305-6].
27 ECF III, § 382 (ed. fr. 1970-1988, p. 178) (ed. alemã W, 1970, t. 10, p. 25-6) [ed. br. 1995b, p. 23-4].

a coação [...] destroem-se imediatamente a si mesmas".[28] Assim como a validade da apropriação não depende do objetivo "moral" interior do sujeito que age nem das instituições às quais ele pertence, o castigo do crime não se reivindica por uma justificação moral (por exemplo, corrigir o criminoso) ou ética (por exemplo, assegurar a estabilidade do Estado ou garantir a proteção dos cidadãos). O castigo, na esfera do direito abstrato, não passa de um mal segundo dirigido contra o crime enquanto mal primeiro. Independentemente de toda intenção de reparação do dano causado sobre os bens ou sobre o corpo da vítima, o castigo é o contragolpe automático e violento que se exerce contra a violação do direito:

> O suprassumir do crime é retaliação, na medida em que é, segundo seu conceito, violação da violação.[29]

> A coação é suprassumida pela coação; por isso ela não é apenas juridicamente de maneira condicionada, porém de maneira necessária — a saber, enquanto segunda coação, que é um suprassumir de uma primeira coação.[30]

O castigo é a vingança do bom direito sobre a aparência do direito. O significado do castigo, na análise de Hegel, é indis-

28 FD, § 92 (ed. fr. 2003, p. 194) (ed. alemã W, 1970, t. 7, p. 179) [ed. br. 2010, p. 118 | 2022, p. 306].
29 FD, § 101 (ed. fr. 2003, p. 201) (ed. alemã W, 1970, t. 7, p. 192) [ed. br. 2010, p. 123 | 2022, p. 317-20].
30 FD, § 93 (ed. fr. 2003, p. 194-5) (ed. alemã W, 1970, t. 7, p. 179) [ed. br. 2010, p. 118 | 2022, p. 307].

cutivelmente rudimentar. Mas esse caráter é reivindicado[31] porque não faz senão exprimir a imediatidade do direito abstrato. O castigo é tão infundado quanto a propriedade — ele só traduz uma vontade nativa. Do mesmo modo que a pessoa tem, por definição, a tendência de se apropriar do mundo, o direito em si, inscrito na vontade compartilhada das pessoas, tende "naturalmente" a punir o crime.

É significativa a polêmica travada por Hegel contra diversas teorias da pena. Em primeiro lugar, ele recusa a ideia segundo a qual a pena, enquanto mal, receberia legitimidade somente pelos (supostos) efeitos benéficos. As considerações sobre o poder de correção e intimidação do castigo certamente não são absurdas, diz ele, mas somente quando é o caso de determinar a modalidade da pena, e não quando se trata de compreender seu princípio e de saber se ela é justa em si mesma.[32] Certamente, encontramos em Hegel uma teoria da punição como assegurando a melhoria moral do delinquente. Mas ela surge somente na *Sittlichkeit*, quando o castigo é o efeito do direito em si e ainda se inscreve no processo refletido e autofundado do tribunal.[33]

Essa temática é posta em evidência pelas considerações sobre a relação do criminoso com o castigo que recebe. Por um lado, assim como mostra a polêmica conduzida contra

31 Ver, por exemplo, FD, § 102 (ed. fr. 2003, p. 203) (ed. alemã W, 1970, t. 7, p. 196) [ed. br. 2010, p. 125-6 | 2022, p. 307], em que se sublinha que nós nos encontramos "na esfera da imediatidade do direito".

32 Ver FD, § 99, observação (ed. fr. 2003, p. 200) (ed. alemã W, 1970, t. 7, p. 188) [ed. br. 2010, p. 121-2 | 2022, p. 312-5].

33 Ver FD, § 174 (ed. fr. 2003, p. 270) (ed. alemã W, 1970, t. 7, p. 326) [ed. br. 2010, p. 182 | 2022, p. 428-9].

o jurista Anselm Feuerbach (1775-1833, o pai de Ludwig, que não deve ser confundido com o pintor homônimo, 1829-1880), Hegel considera que utilizar a pena como meio para impressionar o candidato ao crime equivale a reduzir o homem a um animal com necessidade de ser amestrado. Essa teoria, que termina por privar o homem de seu livre-arbítrio, não honra sua qualidade de pessoa. Além disso, pode ter o efeito perverso de levá-lo ao crime, precisamente para mostrar que ele não é comovido pela ameaça do castigo. Por outro lado, Hegel afirma que o castigo é um direito para o criminoso. Com efeito, o criminoso, ao lesar o direito, se institui como legislador e estabelece o não direito como válido. Isso significa que ele exige ser submetido a esse não direito, o que o condena à violência. Como se constata, mesmo que Hegel manifeste clara inclinação repressiva, ele igualmente considera que o criminoso conserva sua espiritualidade e, mais precisamente, permanece uma pessoa (Foessel, 2003, p. 529 e ss.).

Entretanto, Hegel sublinha a distinção que convém ser feita entre a vingança e a pena. A primeira só é perpetrada por uma pessoa singular e conduz, sob a forma de retaliações recíprocas, a uma série infinita de violações do direito. A segunda, diferentemente, é exercida por "um terceiro juízo livre de todo interesse".[34] Confirma-se, assim, que o momento do "direito contra o não direito" é o momento verdadeiramente sistemático do direito abstrato, pelo qual uma instância universal autônoma, a saber, o "direito em si",

34 ECF III, § 500 (ed. fr. 1970-1988, p. 291) (ed. alemã W, 1970, t. 10, p. 310) [ed. br. 1995b, p. 288].

se impõe e organiza a pluralidade dos títulos de propriedade em um todo.

—

A originalidade da concepção hegeliana do direito de propriedade reside no fato de que ela estabelece a existência desse direito, independentemente de todo contexto moral ou político: "O Estado não é o pressuposto que condiciona a justiça [*Gerechtigkeit*] em si".[35] Sem dúvida, a figura do juiz aparece explicitamente no § 501 da *Enciclopédia* de 1827-1830, ou seja, no seio do momento estruturalmente idêntico à terceira seção do direito abstrato de *Filosofia do direito*.[36] Mas o juiz, ali, não é senão o agente do "se fazer valer (*das sich Geltendmachen*) do direito em si". Só bem mais adiante no desenvolvimento sistemático, a saber, na *Sittlichkeit*, é realmente tematizada a administração da justiça (*die Rechtpflege*) como instância autônoma de decisão. Hegel opõe explicitamente a "represália", que se exerce no direito abstrato, à "pena", que é infligida na sociedade civil.[37] Assim se afirma um dos aspectos fundamentais do pensamento hegeliano — a autonomia dos momentos que se compreendem e se desenvolvem por eles mesmos.

35 FD, § 100, observação (ed. fr. 2003, p. 201) (ed. alemã W, 1970, t. 7, p. 191) [ed. br. 2010, p. 123 | 2022, p. 316-7].
36 Ver ECF III, § 501 (ed. fr. 1970-1988, p. 291) (ed. alemã W, 1970, t. 10, p. 310) [ed. br. 1995b, p. 288].
37 Ver FD, § 220 (ed. fr. 2003, p. 309) (ed. alemã W, 1970, t. 7, p. 374) [ed. br. 2010, p. 212 | 2022, p. 494].

A seção do direito abstrato propõe assim uma investigação sobre a legitimidade da propriedade. Em um primeiro momento, essa legitimidade repousa sobre a relação do indivíduo com a coisa; em um segundo, sobre a reiterada série dos acordos interindividuais; por fim, em um terceiro momento, sobre o acordo do conceito do direito com a vontade da pessoa. No contexto da terceira esfera do direito abstrato, com efeito, o que me autoriza a dizer "este terreno é meu" não é o fato de ter trabalhado sobre ele (caso pertencente à primeira seção), nem de tê-lo comprado de outro (segunda seção), mas o fato de que a minha vontade própria é ratificada pela sanção penal que se exerce contra aquele que pretenda indevidamente me despossuir. Por isso, podemos compreender retrospectivamente aquilo que, de um ponto de vista hegeliano, restaria fundamentalmente insatisfatório na propriedade e no contrato tais como eles foram examinados nas duas primeiras seções. No momento da propriedade simples, era suficiente que eu me apoderasse de um objeto e o transformasse para que ele se tornasse meu: como no caso de um móvel, a posse e o trabalho valeriam títulos, daí a extraordinária fragilidade de um tal tipo de propriedade. No caso do contrato, inversamente, pareceria indispensável, em uma figura da má infinitude, que todos os homens concordassem sobre todas as suas pretensões de propriedade para que estas se tornassem legítimas. O poder do castigo, na terceira seção, é, ao contrário, o de operar uma validação da propriedade que vale de um só golpe, para todos.

VII. A moralidade

A esfera da moralidade (*die Moralität*) é aquela da ação que não reporta nem à apropriação de bens exteriores, nem às ordens familiar, social ou estatal. Trata-se de uma ação que, por um lado, é determinada pelo sujeito, mas, por outro, contraditoriamente, está condicionada pelo contexto no qual a ação está inscrita. A ação não é aqui considerada em sua dimensão privada (o que eu faço?), mas a partir dos direitos e deveres publicamente imputados ao sujeito que age (o que me reconhece o direito de fazer e o que exige que eu faça?). A tese fundamental defendida por Hegel é a de que, na época pós-antiga, o sujeito pode determinar livremente a máxima de seu agir. Mas, por isso, ele tem o dever de assumir as consequências, na medida em que, intrinsecamente, também as quis. Entrementes, já que ele ainda não obedece a nenhuma norma instituída, sua máxima não pode ser absolutamente justificada. Esse é, segundo Hegel, o ponto fraco da ação "moral". Tornemos mais precisas as características desse tipo de agir.

a) A máxima da ação parte da escolha subjetiva do agente. Essa máxima é, assim, caracterizada por um conteúdo particular. No direito abstrato, nada distinguia o querer de um indivíduo do querer de outro indivíduo, porque todos aspiravam à propriedade (sendo superficial a questão do "que" e do "quanto", questão essa que não determinava nenhuma diferença verdadeira entre as vontades). A pessoa também não tinha vontade propriamente interior, pois não refletia sobre um projeto, mas se contentava em adquirir e alienar bens exteriores. Enfim, em seu querer e em seus atos, a pessoa não transformava sua identidade; ficava paralela a ela mesma, isto é, permanecia uma pessoa qualquer. Na moralidade, ao contrário, o sujeito agente se modifica ao determinar seu desígnio interior particular, o qual, justamente por isso, é verdadeiramente seu:

> O indivíduo livre que, no direito (imediato), é apenas uma pessoa agora passa a ser determinado como sujeito — um querer refletido em si, de tal modo que a determinidade do querer em geral seja [...] como a sua determinidade, diferentemente do ser-aí da liberdade em uma Coisa exterior. Do fato que a determinidade da vontade é assim posta no interior, a vontade é, ao mesmo tempo, como uma vontade particular. [...] A vontade subjetiva é moralmente livre na medida em que suas determinações estão interiormente postas como as suas determinações e por ela desejadas.[1]

b) Além disso, o sujeito se relaciona com um objeto substancial e o modifica verdadeiramente. Não é mais o caso, como no direito abstrato, de uma alteração simplesmente formal da coisa, a qual apenas se tornava a propriedade de alguém. Nem que seja de maneira tendencial, a ação de tipo moral transforma o mundo. Contudo, a separação entre sujeito e objeto da ação constitui uma fonte de embaraços frente aos

1 ECF III, § 503 (ed. fr. 1970-1988, p. 293) (ed. alemã W, 1970, t. 10, p. 312) [ed. br. 1995b, p. 290-1].

quais o sujeito agente é inevitavelmente confrontado. Enquanto no direito abstrato a Coisa não pode opor nenhuma resistência à sua apropriação por uma pessoa, e enquanto na vida ética a regra institucional pode ser plenamente eficaz se ela for respeitada, na moralidade o objeto tem sua própria lógica: ele é suscetível de resistir ao sujeito, de produzir efeitos imprevisíveis e até mesmo de inverter o sentido da ação: "Essa exterioridade pode perverter a ação e fazer surgir outra coisa além daquela que se encontrava originalmente nessa ação".[2] Pelo fato de o sujeito não exercer nenhuma soberania sobre seu objeto, nada garante a eficiência ou o caráter apropriado de seu agir.

Na moralidade, a ação é examinada do ponto de vista de seu objetivo e de seu alcance. A ação moral pode consistir em uma mudança pontual de seu contexto ("o propósito"), em uma refletida iniciativa visando ao bem-estar pessoal ("a intenção") ou então em um ato realizado pelo dever ou pela recusa do dever ("a consciência moral"). No primeiro momento, trata-se do binômio formado entre o sujeito que age de maneira não refletida e o ser-aí dado pela simples experiência. No segundo, do binômio entre o sujeito que visa ao bem-estar pessoal e ao conteúdo complexo de um projeto. No terceiro, o binômio entre o sujeito que quer agir de maneira virtuosa (ou viciosa) e o bem moral como exigência de universalidade.

Como sublinha a observação do § 503 da *Enciclopédia*, uma vez que o sujeito é suscetível a agir mal, a seção consa-

2 ECF III, § 504 (ed. fr. 1970-1988, p. 294) (ed. alemã W, 1970, t. 10, p. 313) [ed. br. 1995b, p. 291].

grada à moralidade não tem como objeto somente as ações "boas". Quanto à questão do dever, ela aparece apenas na terceira seção do texto, sendo a ação examinada nas duas primeiras seções sob uma perspectiva essencialmente teleológica. Qual é então a aposta de um estudo filosófico dos atos morais? Não se trata de prescrever um dever-ser, mas de considerar a lógica das ações concretas e mostrar que existe um progresso que conduz de um agir apenas *formalmente* autônomo (o "propósito") a um agir *efetivamente* autônomo (a ação movida pela consciência moral), tanto quanto isso é possível na esfera da moralidade.

É preciso também sublinhar que o direito do sujeito de determinar por si mesmo o princípio de sua ação é historicamente situado e surge somente na era pós-antiga. Com efeito, para Hegel, a originalidade do mundo cristão-germânico consiste na afirmação da liberdade *interior* do homem:

> A liberdade grega foi a da fortuna e do gênio, tinha como condição a escravidão e os oráculos [...]. Hoje em dia, o homem se determina por si mesmo e se sabe como a potência universal de tudo que é finito [...]. O homem é reconhecido como a potência infinita da decisão.[3]

No mundo europeu cristão, o querer do indivíduo corresponde à reflexão do espírito sobre si mesmo, e não a uma simples inclinação natural (como no caso do Oriente e, com diferentes modalidades, também no caso grego), tampouco a um comando exterior (caso romano). É por isso que, para

3 LPH (ed. fr. 1967, p. 257) (ed. alemã W, 1970, t. 12, p. 404).

Hegel, apenas o europeu pós-antigo é capaz de moralidade, no sentido de que só ele age a partir do conhecimento do bem e do mal, podendo optar por um ou por outro. O sujeito moderno age com base em suas convicções:

> É principalmente esta liberdade subjetiva ou moral chamada liberdade no sentido europeu do termo. Em virtude do direito dessa liberdade, o homem deve possuir, em geral e propriamente, uma noção da diferença entre o bem e o mal; determinações éticas, assim como as determinações religiosas, não devem requerer sua obediência como se fossem leis e prescrições exteriores de uma autoridade, mas devem ter em seu coração, em sua disposição interior, em sua consciência moral, em seu discernimento etc. sua aprovação, seu reconhecimento e, mesmo, seu fundamento.[4]

Assim, a figura que se opõe ao sujeito agente é a da heteronomia. Em nossos tempos, diz Hegel, ela está encarnada no homem inculto, aquele que não providenciou sua própria *Bildung* e não se deu a capacidade de decidir por si mesmo as suas máximas.[5]

4 ECF III, § 503, observação (ed. fr. 1970-1988, p. 294) (ed. alemã W, 1970, t. 10, p. 312-3) [ed. br. 1995b, p. 290-1]. Assim como veremos, esse direito não é questionado na *Sittlichkeit*, uma vez que, na eticidade, a norma institucional não se impõe do exterior, mas consiste em obrigações interiores que requerem a adesão do sujeito e, assim, permitem sua realização. Ver também ECF I, § 81, adendo (ed. fr. 1970-1988, p. 513) (ed. alemã W, 1970, t. 8, p. 173) [ed. br. 1995a, p. 163-6].

5 Ver *Vorlesungen über Rechtsphilosophie* [Lições de filosofia do direito] (R) (ed. alemã, 1973-1974, v. 3, p. 335).

1. O propósito

Em sua primeira figura, a do propósito (*Vorsatz*), a ação não corresponde nem a um fim deliberado, nem a um comando moral. Ela é, poderíamos dizer, irrefletida. O termo mesmo *Vorsatz* é, nesse sentido, próximo ao verbo *voraussetzen*, "pressupor" (Soual, 2006, p. 206). Correlativamente, essa ação não concerne a uma pluralidade de objetos, mas apenas a uma realidade dada, a um "ser-aí" presente na experiência imediata.[6] Nessa direção, o texto dá como exemplo Édipo matando, colérico, um homem por quem passa em uma via de Tebas; ele mata, bem entendido, ignorando a identidade do homem em questão, atendo-se somente à sua presença naquele "aqui e agora".

A seção se dedica principalmente à defesa do direito do sujeito agente. Segundo esse direito, o homem tem de responder unicamente pelo que *fez*, pelo que é autor. Com efeito, na medida em que o mundo exterior é um vir a ser e se rege por princípios próprios, uma ação pode produzir, por uma série de efeitos imprevistos, tais resultados que, embora sejam do ato (*die Tat*) do sujeito agente, não derivam, entretanto, de sua ação (*die Handlung*). Como ilustrações, o § 116 evoca os prejuízos causados, a meu despeito, pelas

6 Assim como mostra a distinção proposta, na seção posterior, entre o propósito e a intenção: "A determinidade da ação é para si um conteúdo isolado, até ser uma singularidade exterior, porém um conteúdo universal", FD, § 119 (ed. fr. 2003, p. 217) (ed. alemã W, 1970, t. 7, p. 223) [ed. br. 2010, p. 136 | 2022, p. 345-7]. Ver ECF III, § 505 (ed. fr. 1970-1988, p. 295) (ed. alemã W, 1970, t. 10, p. 313-4) [ed. br. 1995b, p. 291-2].

coisas das quais sou proprietário; o § 117, as circunstâncias não conhecidas que mudam o sentido de minha ação; e o § 118, as consequências mais ou menos distantes de meus atos que não são antecipadas. O manuscrito Wannenmann cita o acidente da caça.[7] Consideremos aqui a confusão entre a lança afiada e a lança cega, ou entre a pedra ordinária e a pedra-pomes, como exemplos de atos realizados por ignorância (*di'agnoian*) citados por Aristóteles em sua análise do ato involuntário (Aristóteles, 1987, p. 126). Mas o *direito* de não se reconhecer como responsável, a não ser pelos efeitos que foram desejados pelo próprio indivíduo, e com conhecimento de causa, é acompanhado pelo *dever* de assumir tais efeitos.[8] Por exemplo, se Édipo, de um ponto de vista moderno, não é culpado de parricídio, ele, no entanto, é culpado de homicídio.

7 Ver *Vorlesungen über Naturrecht und Staatswissenschaft* [Lições sobre direito natural e ciência política] (NS) (ed. alemã, 1983, p. 64), *Leçons sur le droit naturel et la science de l'État (1817-1818)* (ed. fr. 2002, p. 105).

8 Ver FD, § 115 (ed. fr. 2003, p. 214) (ed. alemã W, 1970, t. 7, p. 215) [ed. br. 2010, p. 134 | 2022, p. 340-1].

2. A intenção

A segunda figura da ação tem por princípio um projeto deliberado e articulado, a intenção (*die Absicht*),[9] que visa transformar o mundo exterior de maneira complexa, a fim de assegurar o bem-estar (*das Wohl*) ou a felicidade (*die Glückseligkeit*) do agente. No momento anterior, a ação exterior tinha seu fim nela mesmo. Por exemplo, Édipo matava por matar o transeunte importuno encontrado no caminho de Tebas, sem outra finalidade. Doravante, o sujeito age para ser feliz. O polo subjetivo e o polo objetivo são dissociados, e cada um deles é aprofundado em si mesmo. Estamos aqui no momento da cisão.

a) O momento objetivo consiste em uma pluralidade de ações unificadas por uma intenção de conjunto. Aliás, Hegel procura desfazer os sofismas que conduzem o agir intencional ao simples detalhe atomizante dos fatos e dos gestos, tal como o do incendiário que teria se contentado em apenas jogar um fósforo sobre o telhado da casa, sem ter projetado

9 É preciso não confundir a *Absicht* aqui tematizada com a *Gesinnung* que Kant apresenta no centro de sua análise da moralidade, pois esse termo é frequentemente traduzido por "intenção". Ver, por exemplo, Kant (1980, p. 710-1): "A intenção (*Gesinnung*) que [o homem] é obrigado a ter em sua observação desta lei [moral] é a de segui-la por dever".

queimá-la completamente.[10] Como princípio unificador, essa intenção é um universal. Contudo, no momento presente, ela não é autônoma, mas está a serviço do fim subjetivo do agente. Por exemplo, pode-se dizer que um homicídio, se propriamente intencional, não é desejado por si mesmo, mas corresponde a um fim subjetivo, o qual pode ser, eventualmente, o prazer de matar. A lógica da intenção se caracteriza por um hiato entre o conteúdo objetivo da ação e seu móbil.

Hegel então sublinha que só se pode atribuir ao sujeito, no conteúdo de sua ação, aquilo que ele sabe e deseja. No momento do propósito, examinava-se em que medida um ato não deliberado podia, mesmo assim, ser imputado a um agente. Aqui, a questão é em que medida um ato deliberado pode sê-lo. A consciência pós-antiga admite a não responsabilidade das crianças e dos dementes, pois, mesmo que seus atos sejam intencionais, eles são, por hipótese, incapazes de refletir verdadeiramente. Por outro lado, existe um "direito de objetividade" segundo o qual o sujeito agente, uma vez efetuada a ação, tem o dever de assumir o fato de

10 Ver FD, § 119, observação (ed. fr. 2003, p. 217-8) (ed. alemã W, 1970, t. 7, p. 224) [ed. br. 2010, p. 136-7 | 2022, p. 346-7]. Aqui, entretanto, se evoca o caso do incendiário que queria queimar apenas uma casa, mas que, pela propagação do fogo, queimou um quarteirão inteiro. Do que ele é culpável? A resposta de Hegel é que ele é culpável do conjunto das consequências de seu ato, precisamente porque sua intenção era má na origem e ele tinha como levar em consideração o risco da extensão do incêndio. Estamos aqui em face de um caso diferente daquele citado pouco antes, do puro infortúnio, pois existe completa responsabilidade do agente sobre os efeitos imprevistos.

que ele é o autor "enquanto ser pensante".[11] Por exemplo, pode-se acrescentar: se matei alguém em decorrência de uma briga enquanto estava voluntariamente embriagado, não posso me eximir da responsabilidade desse homicídio, pois havia o projeto de beber, projeto esse que, por definição, imobilizou a minha reflexão.

b) O momento subjetivo também é refletido em si mesmo. O bem-estar se define a partir do interesse do sujeito, e a ação objetiva é apenas um meio para alcançar esse bem-estar: "[...] os homens querem ser ativos em função do que lhes interessa".[12] Contudo, no estágio em que nos encontramos, nenhuma finalidade subjetiva vale incondicionalmente. Pelo contrário, esta repousa em inclinações naturais, de tal modo que a perspectiva de um indivíduo não é a mesma de outro. A observação do § 123 evoca significativamente o debate entre Crésus e Sólon sobre a questão de saber se a riqueza assegura a felicidade.[13] Além disso, sendo o bem-estar relativo, ele é finito, não somente no sentido de ser dependente das circunstâncias exteriores (assim como mostra o triste fim de Crésus), como também de que nenhuma finalidade é absoluta, pois ela sempre constitui um meio em relação a outro fim.[14] Por exemplo, fulano aspira à riqueza visando à glória,

11 FD, § 132, observação (ed. fr. 2003, p. 228) (ed. alemã W, 1970, t. 7, p. 247) [ed. br. 2010, p. 145 | 2022, p. 364-6].

12 FD, § 123 (ed. fr. 2003, p. 219) (ed. alemã W, 1970, t. 7, p. 230) [ed. br. 2010, p. 138 | 2022, p. 349-51].

13 Ver Heródoto (1947, p. 47-8).

14 FD, § 122 (ed. fr. 2003, p. 219) (ed. alemã W, 1970, t. 7, p. 230) [ed. br. 2010, p. 138 | 2022, p. 349].

a qual é suscetível de lhe permitir, pensa ele, a amizade de sicrano, e assim por diante.

Nesse contexto, Hegel afirma com vigor o direito de o indivíduo defender os próprios interesses. Em outras palavras, ele reconhece o direito de cada um buscar sua felicidade e usufruí-la. Tal direito, a seus olhos, também é próprio da era cristã.

> O direito da particularidade do sujeito encontra-se satisfeito ou, o que é a mesma coisa, o direito da liberdade subjetiva constitui o ponto de inflexão e o ponto central da diferença entre a Antiguidade e a época moderna. Em sua infinitude, esse direito foi enunciado no cristianismo e tornou-se princípio efetivo universal de uma nova forma de mundo.[15]

Enquanto nas civilizações anteriores o interesse do indivíduo ou não é levado em conta (caso oriental), ou se confunde com o da cidade (caso grego) ou ainda deve ser sacrificado (caso romano), no mundo germânico ele se caracteriza pelo reconhecimento do valor infinito do indivíduo enquanto tal, assim como do direito que este possui de visar a seus fins estritamente pessoais. É por isso que Hegel recusa a moral kantiana do desinteresse, claramente expressa na versão (caricatural) apresentada por Schiller, segundo a qual a virtude exigiria "fazer com aversão o que prescreve a obrigação" (Schiller, 1992, p. 627). Certamente, o autor de *Filosofia do direito* considera que a ação realizada em vista do bem-estar

15 FD, § 124, observação (ed. fr. 2003, p. 221) (ed. alemã W, 1970, t. 7, p. 233) [ed. br. 2010, p. 139 | 2022, p. 351-3].

é menos respeitável que a ação realizada pelo puro dever. Entrementes, ele se recusa a condená-la e a torná-la um momento à parte da esfera moral.

Além disso, Hegel critica o raciocínio segundo o qual, com base na distinção (autêntica) entre interesse subjetivo e intenção objetiva, se afirma (falaciosamente) que um poderia ser inteiramente independente do outro. Por exemplo, um indivíduo poderia agir no mundo apenas para ser feliz, não importando suas realizações. Ou então, ao contrário, a moral exigiria dos homens que visassem apenas ao bem objetivo, e não à própria felicidade. Para Hegel, porém, se é bem verdade que os dois polos não se identificam, pois podemos ficar infelizes por um sucesso assim como contentes por um fracasso, todo sujeito age, ao mesmo tempo, tanto para ser feliz quanto para produzir uma obra objetiva. Podemos ir ainda mais longe: a obra exprime a subjetividade do agente e, inversamente, reverbera sobre sua interioridade.

> O sujeito é a série de suas ações. Se elas são uma série de produções sem valor, então a subjetividade do querer igualmente é sem valor; se, ao contrário, a série de seus atos é de natureza substancial, então também é a vontade interna do indivíduo.[16]

Não apenas as ações extraordinárias têm como sujeito um indivíduo capaz de produzi-las, como, além disso, essas ações determinam a identidade do sujeito agente. O sujeito produz a si mesmo em seu agir. Daí ser um sofisma levar em

16 FD, § 124 (ed. fr. 2003, p. 221) (ed. alemã W, 1970, t. 7, p. 233) [ed. br. 2010, p. 139 | 2022, p. 351-3].

conta somente os interesses subjetivos do indivíduo e não sua ação objetiva.

Aqui encontramos aquele ponto de vista do criado de quarto, já criticado em *Fenomenologia do espírito*,[17] e que o será novamente em *Leçons sur la philosophie de l'histoire*.[18] O camareiro do grande homem não ignora suas mesquinhas aversões, sua cupidez, seu apetite oportunista etc. Por causa disso, ele tende a reduzir a ação de seu senhor à busca dessas medíocres satisfações. O sofisma aqui é duplo. Por um lado, trata-se do erro evocado anteriormente que tende a absolutizar a distinção entre o subjetivo e o objetivo. Por outro, o criado não vê o fato de que o grande homem persegue, para além de seus interesses medíocres, uma intenção de grande porte, a saber, a mudança da história. O criado não apenas comete um erro metafísico ao reduzir o grande homem a sua dimensão subjetiva, como também recai em um erro de julgamento ao considerar unicamente a subjetividade vulgar de seu senhor, e não sua subjetividade de alto nível, justamente aquela que o define como um grande homem e lhe permite, a ele e não a outro, desempenhar na história um papel de primeiro plano. Esse erro de julgamento é explicado, exatamente, pelo fato de que quem julga não é senão um criado.

17 Ver FE (ed. fr. 2006, p. 553) (ed. alemã W, 1970, t. 3, p. 489) [ed. br. 2005, p. 452-3].
18 Ver RH (ed. fr. 1965, p. 127) (ed. alemã 1955, p. 13).

3. A consciência moral

AS CARACTERÍSTICAS PRÓPRIAS DA CONSCIÊNCIA MORAL

A terceira seção da moralidade trata da ação na qual o sujeito age ou de acordo com o "bem moral", ou contra este. Qual é o contexto de tal ação? Hegel evoca as situações históricas de corrupção dos costumes em que, na ausência de regras éticas adequadas, os homens são obrigados a extrair por si mesmos a máxima de sua ação.

> [...] quando o mundo presente da liberdade se tornou infiel a essa vontade, ela não se encontra mais nas obrigações vigentes e precisa buscar conquistar somente na interioridade ideal a harmonia perdida na efetividade.[19]

Uma observação da introdução da seção sobre a vida ética oferece um esclarecimento complementar ao afirmar que, se as regras éticas são fáceis de ser conhecidas, pode haver nelas algo de decepcionante, pois o homem também aspira a ações excepcionais. O texto então sugere opor a retidão (ou probidade, *Rechtschaffenheit*) à virtude (*Tugend*), em que a primeira exprime a observância das regras éticas, e a segunda, o agir conforme o bem moral. Não existe virtude propriamente dita, diz Hegel, salvo em circunstâncias ex-

19 FD, § 138, observação (ed. fr. 2003, p. 234) (ed. alemã W, 1970, t. 7, p. 259) [ed. br. 2010, p. 150 | 2022, p. 375-6].

traordinárias. Ou melhor, a virtude aparece quando a sociedade se encontra em um estado primitivo e grosseiro, de tal sorte que o agir depende então do "bem querer individual".[20] Tais são os exemplos propostos pelo próprio Hegel. Porém, mais simplesmente, podemos pensar nas figuras da ação que, por um lado, supõem uma máxima subjetiva e, por outro, se situam fora do contexto ético. Por exemplo, quando cumpro (ou não) uma promessa ou quando dou (ou não) dinheiro a um necessitado que me estende a mão.

Como analisar a norma moral tal como ela aparece aqui? O sujeito considerado não age mais para modificar o ser-aí simples (o propósito) ou o ser-aí complexo (a intenção), mas para se conformar ao bem. "Para a vontade subjetiva, o bem é simplesmente o essencial."[21] O bem se define como a unidade do querer universal e do querer particular;[22] em suma, ele institui um querer no qual todos os homens podem se reconhecer. Mais precisamente, a consciência (*das Gewissen*) prescreve, além do respeito ao direito comum, a preocupação com o bem-estar de cada um.[23] O bem é uma exigência que se impõe por si mesma, e não, como na intenção, a título de meio para a felicidade do sujeito. É por isso

20 FD, § 150 (ed. fr. 2003, p. 255) (ed. alemã W, 1970, t. 7, p. 298) [ed. br. 2010, p. 170 | 2022, p. 404-6].

21 FD, § 131 (ed. fr. 2003, p. 226) (ed. alemã W, 1970, t. 7, p. 244) [ed. br. 2010, p. 143 | 2022, p. 363-4].

22 Ver FD, § 129 (ed. fr. 2003, p. 225-6) (ed. alemã W, 1970, t. 7, p. 243) [ed. br. 2010, p. 143 | 2022, p. 361-2].

23 Ver FD, § 134 (ed. fr. 2003, p. 229) (ed. alemã W, 1970, t. 7, p. 251) [ed. br. 2010, p. 146 | 2022, p. 367].

que a ação é boa quando o sujeito se conforma a esse bem universal por dever.[24]

A dimensão universal do bem moral permite aproximá-lo da lei prática pura, tal como teorizada por Kant. Sua dimensão eudemonista o afasta desta última? Realmente não, na medida em que a felicidade aqui considerada não concerne apenas ao sujeito agente, mas à humanidade como um todo, em que o dever tem um valor incondicional. Enquanto a primeira figura da moralidade é uma ação impulsiva, e a segunda, uma ação interessada, a terceira é uma ação desinteressada. A cisão entre o conteúdo objetivo da ação e seu móbil subjetivo é doravante suprimida. O dever só é verdadeiramente respeitado quando em vista de si mesmo. Estamos aqui assim no "retorno a si" da moralidade.[25]

Cumprir seu dever não é alienante, mas libertador, na medida em que o agente sai de sua subjetividade particular para se elevar à "própria objetividade, em sua verdadeira significação".[26] Trata-se, afirma Hegel, de reconhecer em Kant o mérito de ter posto esse aspecto em evidência. Mais precisamente, doravante a ação supõe uma opção deliberada pró ou contra a obrigação. "O bem, assim, é posto como algo de contingente para o sujeito, de forma que pode decidir-se pelo que é oposto ao bem, ser mal."[27] Contudo, ao dever de

24 Ver FD, § 133 (ed. fr. 2003, p. 229) (ed. alemã W, 1970, t. 7, p. 250) [ed. br. 2010, p. 146 | 2022, p. 367].

25 Ver FD, § 121, adendo (ed. fr. 1989 p. 161) (ed. alemã W, 1970, t. 7, p. 229) [ed. br. 2022, p. 348-9].

26 FD, § 133, adendo (ed. fr. 1989, p. 171) (ed. alemã W, 1970, t. 7, p. 251) [ed. br. 2022, p. 367].

27 ECF III, § 509 (ed. fr. 1970-1988, p. 297] (ed. alemã W, 1970, t. 10, p. 135) [ed. br. 1995b, p. 293].

agir conforme ao bem está associada uma prerrogativa: o sujeito, na época moderna, tem o direito de tomar por bom somente aquilo que ele julga como tal. Não se pode exigir que ele se conforme a um princípio moral que não tenha o seu consentimento.

> A consciência moral expressa a autorização absoluta da autoconsciência, isto é, saber dentro de si e a partir de si o que é direito e obrigação e nada reconhecer a não ser o que ela sabe como bem [...].[28]

Analogamente, a avaliação do mérito ou da indignidade de um agente a partir de sua ação depende da consciência que ele teve da natureza moral da ação em questão.[29] Por exemplo, não se pode condenar um agente de ter agido viciosamente ao praticar tal ou qual ato, se para ele o ato em questão era virtuoso.

28 FD, § 137 (ed. fr. 2003, p. 232) (ed. alemã W, 1970, t. 7, p. 255) [ed. br. 2010, p. 148 | 2022, p. 370-4]. Ver § 132, observação (ed. fr. 2003, p. 169) (ed. alemã W, 1970, t. 7, p. 245) [ed. br. 2010, p. 144 | 2022, p. 364-6]: "O direito de nada reconhecer do que não distingo como sendo racional é o direito supremo do sujeito [...]".

29 Ver FD, § 132 (ed. fr. 2003, p. 169) (ed. alemã W, 1970, t. 7, p. 245) [ed. br. 2010, p. 144 | 2022, p. 364-6].

Entrementes, o dever moral é uma exigência abstrata. Isso é o que o distingue da norma ética, que possui um conteúdo determinado, por exemplo, contribuir para o bem de tal ou qual família, de tal ou qual Estado etc. A obrigação moral "tem como determinação a identidade desprovida de conteúdo ou o positivo abstrato, a ausência de determinação".[30] Ora, na medida em que toda particularidade se contrapõe por definição à universalidade abstrata, o conflito entre o bem como tal e a vontade particular é inevitável. Por um lado, nenhuma ação determinada pode ser julgada conforme o dever, no sentido estrito desse termo; por outro, é impossível que o dever se realize enquanto tal no mundo, pois tudo que é objetivo é particular. Isso não significa, de um ponto de vista hegeliano, que o terceiro momento da moralidade seja apenas uma quimera, mas que a experiência moral não pode escapar da contradição e do insatisfatório.

Tal análise poderia causar espanto. Afinal, uma das proposições-chave do hegelianismo é a de que o universal é capaz de se particularizar sem se perder. Porém, é preciso distinguir aqui entre dois tipos de universal, o universal concreto como princípio de totalização, capaz de se encarnar na particularidade, e o universal abstrato como exigência de não contradição, o qual, contrariamente, resta exterior à particularização. Na vida ética, momento da reconciliação do espírito objetivo, trata-se de instituições que obedecem a princípios concreta-

30 FD, § 135 (ed. fr. 2003, p. 230) (ed. alemã W, 1970, t. 7, p. 252) [ed. br. 2010, p. 146-7 | 2022, p. 368-9].

mente universais. Ao contrário, uma vez que a moralidade é a esfera do dualismo, nela o universal permanece abstrato, já que ele não pode estar em si em nenhuma ação determinada.

Desse modo, Hegel se opõe a Kant ao contestar que a universalidade do dever moral lhe permite, por si só, estabelecer o que é preciso ou não fazer. Para Hegel, se o sujeito examina duas máximas particulares opostas, a exigência de universalidade não é suficiente, por si só, para validar uma delas e eliminar a outra. Ao contrário, tanto uma como a outra máxima podem ser, ao mesmo tempo, justificadas e invalidadas em nome do mesmo bem moral abstrato. Por exemplo, é preciso manter o respeito à propriedade por uma exigência moral? Certamente, a propriedade pode ser considerada como uma condição da liberdade do espírito. Não obstante, é possível pensar sem contradição em um mundo sem homens vivos e assim sem propriedade...[31] Reapresenta-se aqui uma ideia desenvolvida em *Fenomenologia do espírito*. Hegel ali indicava o debate que opõe, em nome da moral, os partidários da propriedade desigual e aqueles que desejam que cada um se aproprie dos bens "segundo suas necessidades [ou] em partes iguais". Ora, o critério da universalidade não permite uma decisão. "A propriedade em si e para si não se contradiz [...]. A não propriedade das coisas, o fato de elas não terem senhor, ou a comunidade dos bens tampouco se contradizem".[32] Nenhuma doutrina imanente dos deveres é possível, assevera Hegel, pois, no contexto da

31 Ver FD, § 135 (ed. fr. 2003, p. 230-1) (ed. alemã W, 1970, t. 7, p. 253) [ed. br. 2010, p. 146-7 | 2022, p. 368-9].

32 FE (ed. fr. 2006, p. 376-7) (ed. alemã W, 1970, t. 3, p. 317) [ed. br. 2005, p. 297-303].

moralidade, um princípio não é capaz de se validar de maneira autônoma, dependendo inevitavelmente de hipóteses que remetem a uma situação contingente ou a uma escolha arbitrária de quem reflete.

Frente a tal crítica, Kant responderia que o sujeito certamente pensa a partir de uma situação dada e que a exigência de universalidade não é abstrata a ponto de invalidar toda máxima particular. Por exemplo, não se trataria de saber se sou favorável ou desfavorável à propriedade seja lá em qual mundo possível, mas se sou a ela favorável neste mundo presente. Porém, Hegel poderia redarguir que a dificuldade está em saber o que é "este mundo presente": é o universo físico em sua completude, o mundo humano em qualquer época, o mundo definido por minhas atividades e meus interesses? Ou ainda: o mundo no qual sou um indivíduo qualquer ou o mundo no qual possuo atributos socioeconômicos determinados? Hegel não está necessariamente equivocado em reparar que, por um lado, a exigência de pura universalidade torna impossível a validação de uma máxima definida e que, por outro, uma determinação precisa do campo da hipótese implica renunciar à universalidade como critério único de avaliação moral. Como bem observa Mai Lequan, o autor de *Filosofia do direito* parece não ter observado que o critério de universalização, sob a pluma de Kant, não é somente teórico, mas também prático. "É preciso que possamos *querer* que a máxima de nossa ação se torne uma lei universal" (Kant, 1985b, p. 288, grifo nosso).[33] Todavia, a dificuldade ressaltada por Hegel não é por isso suprimida,

33 Ver Lequan (2001, p. 194-7).

pois sempre se quer dentro de um determinado contexto e a partir de certa identidade.

Contra a afirmação antikantiana segundo a qual seria impossível determinar uma máxima moral que fosse de fato universal, Mai Lequan também objeta que Kant refletiu exatamente sobre o problema da passagem da exigência pura à máxima determinada, e isso na seção da *Crítica da razão prática* sobre "o próprio do julgamento prático puro". Para Kant, dá para saber se uma máxima determinada é verdadeiramente conforme à lei moral ao se perguntar se é possível querer erigir essa máxima em "lei universal da natureza".[34] Mas essa evocação da doutrina kantiana é suficiente para tornar obsoleta a objeção hegeliana? Isso porque a dificuldade, segundo Hegel, não é saber se há ou não uma operação intelectual por meio da qual o sujeito poderia determinar sua máxima. A dificuldade é saber, mais profundamente, se um preceito moral determinado pode se conformar à exigência de universalidade. O conflito entre Kant e Hegel não está em que Hegel teria se esquecido de ler um capítulo da *Crítica da razão prática*, mas no fato de que os dois filósofos não possuem a mesma concepção de sujeito moral. Com efeito, para Kant, o sujeito moral é capaz de se elevar à razão prática pura, a qual é *absolutamente* universal. Ao contrário, para Hegel, o sujeito moral está cativo em sua particularidade. Certamente, para o autor de *Filosofia do direito*, o homem pode se conformar a uma regra verdadeiramente universal (no sentido de um princípio de totalização) no contexto mesmo do espírito

34 Ver Kant (1985a, p. 690-4) e Lequan (2001, p. 178 e ss.).

objetivo. Mas esse é o homem da vida ética. Por que essa diferença? Na *Sittlichkeit*, o universal constitui um ponto de partida, um pressuposto. Em cada momento da vida ética, começa-se por um universal imediato (por exemplo, o espírito familiar) e, através do particular (por exemplo, o espírito "burguês"), ascende-se a um universal estabelecido por si mesmo (por exemplo, o espírito cívico). Na moralidade, em sentido inverso, começa-se pela particularidade, ou seja, pela livre escolha que o indivíduo faz da máxima de sua ação. Em razão desse ponto de partida, o acesso a um verdadeiro universal é impossível. Deparamos aqui com tal esquema que, assim como veremos mais adiante, será também encontrado na crítica do contrato social: se de início houver somente uma pluralidade, então não será possível formar a unidade. Não existe unidade *in fine* se não houver unidade *ab initio*, o que é o caso na vida ética, mas não o é na moralidade. Assim, na ordem ética, diferentes homens podem agir segundo princípios comuns. Pelo contrário, na ordem moral, homens diferentes não podem agir senão de maneira diferenciada, de tal modo que o sujeito moral, a despeito da exigência de um bem universal, é incapaz de se elevar verdadeiramente a este. Para Hegel, um indivíduo não pode, apenas com seus recursos subjetivos, elevar-se ao universal, e isso porque a experiência moral é essencialmente contraditória (Grandjean, 2003, p. 520 e ss.).

Em outras palavras, a escolha da máxima só pode ser feita com uma decisão abstratamente subjetiva do agente moral.

> Em vista do caráter abstrato do bem, o outro momento da ideia, a particularidade em geral, cai na subjetividade que, em sua universalidade refletida dentro de si, é dentro de si a cer-

> teza absoluta de si mesma, o que põe a particularidade, o que determina e o que decide, a consciência moral.[35]

Notemos que essa decisão não significa, da parte do homem que age, o abandono do dever. Na verdade, o sujeito deve fazer uma escolha entre diversas maneiras de se conformar ao dever. Não se trata, para ele, de determinar se agirá moralmente ou não, mas de determinar como agirá moralmente. Ora, uma vez que sua escolha é particular, ele se contradiz consigo mesmo. O sujeito não pode agir senão introduzindo, em sua reflexão, um princípio contingente. É por isso que ele renuncia à pureza moral exigida pelo dever.

Em suma, o princípio do dever não permite escapar da subjetividade que caracteriza a ação moral desde o início dessa seção. A subjetividade, no caso, é ainda maior nesse princípio, na medida em que a escolha, daqui em diante, não diz mais respeito a uma ação pontual nem à felicidade pessoal, mas ao próprio dever universal.

> Essa subjetividade [...] destrói igualmente toda determinidade do direito, da obrigação e do ser-aí dentro de si, assim como ela é o poder judicante de determinar, somente a partir dela, que conteúdo é bom [...].[36]

A terceira seção só intensifica a contradição geral da moralidade e sua consequência, a saber, o subjetivismo.

35 FD, § 136 (ed. fr. 2003, p. 231) (ed. alemã W, 1970, t. 7, p. 254) [ed. br. 2010, p. 148 | 2022, p. 369-70].

36 FD, § 138 (ed. fr. 2003, p. 233) (ed. alemã W, 1970, t. 7, p. 259) [ed. br. 2010, p. 150 | 2022, p. 375-6].

A consciência, além disso, é seduzida para renunciar ao bem moral. Ela pode optar pelo mal, ao atribuir ao arbitrário subjetivo uma dignidade superior a esse bem.[37] O mal assume especialmente a forma da hipocrisia, que tende a fazer passar como conforme ao dever aquilo que, na realidade, é apenas a absolutização da subjetividade particular. Ao mesmo tempo, a hipocrisia permite ao agente fazer a experiência de sua liberdade e de sua capacidade de determinar por si mesmo sua máxima frente à obrigação moral. Ela manifesta, para o sujeito em si, a grandeza e os limites da escolha moral. Na hipocrisia, o sujeito alcança plena consciência de si, de tal modo que ela constitui a última figura da moralidade.

—

Para Hegel, a ação propriamente moral, ou seja, aquela ação que repousa em uma máxima subjetiva "particular", possui assim uma originalidade única no desenvolvimento do espírito objetivo. Por um lado, ela se distingue da apropriação, que repousa em um querer indeterminado (o de ser uma pessoa em geral); por outro, ela se distingue da vida ética, que procede de um querer institucional (e, por isso, ao mesmo tempo compartilhado e autofundado). No entanto, a ação moral é essencialmente contraditória; contradição entre o propósito do sujeito e o mundo (o que produz efeitos imprevistos), entre o móbil subjetivo e a intenção objetiva (o que só assegura satisfações relativas) e, finalmente, entre a

37 Ver FD, § 139 (ed. fr. 2003, p. 234) (ed. alemã W, 1970, t. 7, p. 260-1) [ed. br. 2010, p. 150 | 2022, p. 376-9].

ação concreta e a exigência do bem (a primeira não podendo se elevar à segunda).

O texto hegeliano nada contém de militante. Ele se contenta em estabelecer quais são atualmente, isto é, no mundo cristão-germânico, os direitos do sujeito. Em primeiro lugar, o sujeito está liberado para estabelecer por si mesmo a máxima de sua ação, desde que essa ação não diga respeito à propriedade ou à vida das instituições, mas somente ao bem-estar dos homens. Em outras palavras, ele possui o direito de ser feliz à sua maneira. Em segundo, da mesma maneira que não se pode obrigar o sujeito a agir contrariamente às suas convicções, não se pode condená-lo, em se tratando dos efeitos de suas ações, salvo por aquilo que ele precisamente quis fazer. Ao modo aristotélico, Hegel insiste no fato de que a máxima da ação não pode ser determinada independentemente da experiência. O que se tem de fazer se determina apenas dentro de uma situação e se apresenta somente por meio de uma apreciação subjetiva. Contudo, essa subjetividade define igualmente o limite da atitude moral, no sentido de que a escolha feita pelo indivíduo agente jamais pode ser inteiramente justificada. Enquanto Kant vê na escolha moral o momento do absoluto, ela resta, para Hegel, completamente relativa.[38]

38 *Fenomenologia do espírito* trata da moralidade de uma maneira bem diferente. Mesmo assim, é surpreendente o caráter decepcionante desse momento, ao menos do ponto de vista hegeliano, uma vez que ele atinge seu mais alto resultado na palavra do perdão, uma simples palavra pontualmente trocada entre agentes, além da qual nada mais os une.

VIII. A família e a sociedade civil

1. Generalidades sobre a vida ética

A eticidade ou vida ética (*Sittlichkeit*) designa, na estrutura de *Filosofia do direito,* o momento da totalização. Estamos aqui frente a uma série de grupos organizados, nos quais os indivíduos interagem uns com os outros obedecendo a normas gerais. Enquanto no direito abstrato se trata apenas de indivíduos considerados em suas relações a bens apropriáveis e, na moralidade, de indivíduos determinando subjetivamente a máxima de sua ação, na vida ética encontramos instituições que reúnem uma pluralidade de membros sob normas compartilhadas. Uma vez que os indivíduos se reconhecem reciprocamente como pertencentes à mesma unidade espiritual, a vida ética é o momento de reconciliação. Ela constitui o "retorno a si" do espírito objetivo.

O todo ético opera a *Aufhebung* dos momentos anteriores, no sentido de que o comportamento dos indivíduos se universaliza. Por exemplo, a partir daqui o sujeito se conduz enquanto membro da família ou enquanto cidadão. Sem dúvida, os momentos anteriores não são, pura e simplesmente, incorporados à eticidade, mas continuam a existir de maneira autônoma. Assim, o indivíduo pode ainda se relacionar com a propriedade enquanto pessoa e pôr em ação "intenções" visando assegurar seu bem-estar. Da mesma maneira que a vida ética não esgota o processo do espírito, deixando um lugar, em seu montante, à vida contemplativa do espírito absoluto, ela permite a existência, com seu aval, de uma série de formas de vida que ficam independentes. Não obstante, em seu seio, a vida ética suprime as contradições próprias do direito abstrato e da moralidade, uma vez que, doravante, seu objeto é propriamente espiritual (diferentemente do que se observa no direito abstrato) e que ela, a vida ética, mantém com esse objeto uma relação de reconciliação (diferentemente do que se constata na moralidade).

O objeto de investigação, na vida ética, não é mais o homem singular, mas a instituição. Isso não significa que o homem singular esteja alienado na instituição, mas que a liberdade, daqui em diante, é primeiramente um fato de organização coletiva como realidade *sui generis* e não concerne aos indivíduos senão de maneira derivada. Em se tratando, por exemplo, do Estado, Hegel propõe menos uma teoria do homem no Estado do que uma teoria do Estado como realidade primordial. O elemento ético

> É a liberdade ou a vontade sendo em si e para si, [...] [o] círculo da necessidade cujos momentos são as forças éticas que regem a vida dos indivíduos e têm nestes, enquanto seus acidentes, sua representação, sua figura aparente e sua efetividade.[1]

1 FD, § 145 (ed. fr. 2003, p. 252) (ed. alemã W, 1970, t. 7, p. 294) [ed. br. 2010, p. 167-8 | 2022, p. 401].

Como assinala no adendo, não se tem de tomar o indivíduo como a base do edifício ético, mas, sim, considerar que o todo é a realidade substancial.[2]

Como Hegel concebe a relação do indivíduo com a comunidade ética? Seguramente, é possível classificá-lo como anti-individualista e antiliberal, na medida em que considera não o indivíduo, mas o todo (especialmente o Estado), como um fim em si mesmo. "Tudo o que é o indivíduo o é graças ao Estado, a essência daquele está tão somente neste."[3] Significativamente, Hegel jamais fala de direitos que o indivíduo teria a defender contra a totalidade ética (mesmo que, como veremos, ele insista sobre os direitos que nela são postos em validade). Entretanto, é a norma ética coercitiva? Estaria Hegel defendendo uma ideologia "holista" no sentido definido por Louis Dumont, de uma doutrina que valoriza a totalidade social à custa do indivíduo?[4] Na verdade, para Hegel, a relação do conjunto ético com a parte não é de dominação exterior, mas de integração. A prioridade do todo sobre o indivíduo é aquela do universal concreto sobre o particular, no sentido de que a vontade da instituição, longe de se impor ao indivíduo de modo coercitivo, se exprime nele desde o interior. A tese fundamental é a de que o indivíduo não é alienado, e sim liberado por seu pertencimento à totalidade

2 Ver FD, § 156, adendo (ed. fr. 1989, p. 197) (ed. alemã W, 1970, t. 7, p. 305) [ed. br. 2022, p. 410].

3 Ver PH 1822-1823 (ed. fr. 2009, p. 168). Ver também RH (ed. fr. 1965, p. 280) (ed. alemã 1955, p. 243) e *Cours d'esthétique* I [Curso de estética I] (CE) (ed. fr. 1995-1997, p. 244-5) (ed. alemã W, 1970, t. 13, p. 240-1).

4 Ver, especialmente, Dumont (1991, "Points").

ética, e isso porque a norma permite à vontade individual se realizar. A norma seria coercitiva se fosse particular, no sentido de que seria procedente da vontade de tal ou qual dirigente considerado no que ele tem de próprio. Nesse caso, ao se impor, ela representaria a negação finita — a alteração — da vontade original dos outros homens. Mas se a norma é universal, se ela visa ao bem do membro da totalidade ética enquanto tal, então ela não altera a vontade originária do indivíduo, pois a complementa ao reconciliá-la consigo mesma. Ela libera a vontade de sua particularidade inicial e lhe permite fundar-se interiormente. É nessa condição que a vontade ética é liberadora.

> Na obrigação [ética] o indivíduo tem antes a sua libertação, de uma parte, da dependência em que está no mero impulso natural, assim como do abatimento em que se encontra enquanto particularidade subjetiva tomada nas reflexões morais do dever-ser e do poder-ser, e, de outra parte, da subjetividade indeterminada que não chega ao ser-aí e da determinidade objetiva do agir. [...] Na obrigação, o indivíduo liberta-se para a liberdade substancial.[5]

Da mesma maneira que para Rousseau a liberdade civil é mais elevada do que a liberdade natural e para Kant a obediência à lei moral universal permite ao sujeito se autonomizar, para Hegel viver como membro da família, como "burguês" ou como cidadão permite se reconciliar consigo

5 FD, § 149 (ed. fr. 2003, p. 255) (ed. alemã W, 1970, t. 7, p. 287-98) [ed. br. 2010, p. 169-70 | 2022, p. 404].

mesmo. Certamente, a *Aufhebung* do indivíduo pela instituição implica uma subordinação do primeiro à segunda, mas essa subordinação é também uma elevação.

É a partir desse ponto que se compreendem as críticas de Hegel a respeito da moralidade e seu elogio às normas éticas. Na moralidade, o homem age a partir de um princípio que ele retira de si mesmo e, portanto, é inevitavelmente particular. Mesmo quando ele é virtuoso e decidido a promover o bem comum, seu princípio vale apenas para si. Além disso, se relaciona a um objeto que, para ele, é de uma alteridade irredutível, de tal modo que o cumprimento de sua vontade depende de circunstâncias contingentes. Ao contrário, na esfera ética, as normas exprimem o todo e assim são essencialmente legítimas. De maneira correlata, na medida em que elas se exercem sobre indivíduos que estão dispostos a lhes obedecer, são eficazes. Ademais, o direito do indivíduo de estabelecer ele mesmo o princípio de sua ação — direito reconhecido na esfera da moralidade — não é questionado na esfera ética. Isso porque a obediência à lei não é algo mecânico. Depende de mim que eu seja um esposo fiel, um agente econômico honesto e um bom cidadão... A livre escolha é aqui antes absolutizada, enquanto destinada a ser razoável, não arbitrária.

Na vida ética, o indivíduo é considerado ao mesmo tempo enquanto universal e enquanto particular. Ele é seguramente reconhecido em sua universalidade, no sentido de ser dotado de direitos e deveres enquanto membro da instituição. No entanto, ao mesmo tempo, seu status próprio no interior da instituição, e com isso os direitos e deveres associados a esse status, é igualmente reconhecido. Por exemplo, todo membro de família obedece às normas que definem o espírito familiar, mas as funções de pai, de mãe e de criança são diferentes. Da mesma maneira, no Estado, todos os homens são cidadãos e obedecem às mesmas leis, mas o príncipe, o funcionário e o parlamentar desempenham papéis diferenciados.

Todavia, a legitimidade das normas éticas não exclui que os indivíduos demonstrem egoísmo ou violência em sua vida no seio das instituições, isso porque as normas éticas constituem um simples dever-ser. Tampouco está excluído que as normas sejam elas mesmas deficientes. Contudo, sua legitimidade permanece se elas contribuem para a realização do todo. Consideremos, por exemplo, as leis romanas. Por um lado, Hegel denuncia continuamente sua desumanidade; por outro, essas leis são, para ele, expressão do espírito romano e, portanto, válidas tanto para os romanos quanto para os povos a eles submetidos. Mesmo que sejam opressivas, mesmo que estejam, consequentemente, destinadas a ser substituídas por leis liberadoras — as leis do mundo cristão-germânico —, ainda assim, para Hegel, elas são essencialmente legítimas, posto que fundadas pelo espírito romano como seu princípio imanente de organização.

Quais são as etapas da vida ética? Inicialmente existe a vida familiar, fechada sobre si mesma, que repousa sobre o amor entre seus membros. Em seguida, vem a vida econômico-jurídica da sociedade civil, que permite entrar em relação com indivíduos realmente outros e repousa sobre um raciocínio "inteligente", mas está caracterizada pela competição e pelas desigualdades. Por fim aparece o Estado, que unifica os indivíduos substancialmente diferentes e repousa sobre a deliberada decisão de obedecer às leis. A sequência família-sociedade civil-Estado pode, assim, ser compreendida como a passagem do enclausuramento sobre si em direção à luta de todos contra todos, e daí para a unidade pela obediência a uma lei comum. Isso não significa que a família e a sociedade civil desapareçam ou sejam absorvidas pelo Estado, mas que este último integra suas respectivas significações ao transformá-las. Por exemplo, existe no Estado um princípio de unidade assim como na família, mas esse princípio não é mais o de uma unidade "natural". Do mesmo modo, existe no Estado um princípio de diferença assim como na sociedade civil, mas esse não é mais o de uma diferença irredutível. No Estado, a obediência às leis não repousa nem sobre o sentimento, nem sobre o cálculo interessado, mas sobre uma vontade ao mesmo tempo refletida e desinteressada. Não se nasce cidadão; se vem a ser cidadão ao escolher agir conforme as leis por patriotismo. Além disso, o Estado é um produto da história, resultado de uma atividade de autotransformação. Em suma, se a família é algo dado, o Estado, por sua vez, é sustentado por um princípio interior que é "sabido e desejado", o que faz dele uma instituição livre.

2. A família

A família representa, no interior da vida ética, o momento da "naturalidade", sendo a naturalidade em Hegel, como já falamos no Capítulo III, uma noção ao mesmo tempo estrutural e temática, no sentido de exprimir o caráter imediato do momento considerado e também sua inscrição no sensível. Nesse caso, a família repousa sobre o sentimento inato do amor e proporciona a retomada, de um modo propriamente ético, dos processos biológicos da união sexual (no casamento) e da procriação (na educação das crianças). A família é imediata no sentido de ser o dado originário da *Sittlichkeit*, pois é nela que os indivíduos nascem para a vida ética. A inscrição na naturalidade também é marcada pela multiplicidade e pela mortalidade das famílias, que desaparecem quando da emancipação das crianças e da morte do casal. Como constatamos, ainda que inscritos em outro plano, os limites da família remetem àqueles da existência biológica.

Entretanto, a família, para Hegel, é uma instituição que precisa ser examinada do ponto de vista da vontade comum de seus membros. Existe um espírito geral da família, mesmo que não exista de forma independente dos membros (diferentemente, por exemplo, do poder estatal, que é assegurado pelos governantes, os quais se distinguem dos cidadãos comuns). Mais precisamente, cada membro da família — o pai, a mãe, cada filho, cada filha — encarna o espírito familiar segundo seu status e, dessa condição, possui os direitos e deveres que lhe são próprios. Cada um se beneficia então da felicidade ligada ao pertencimento familiar e contribui na parte que lhe cabe para a conservação do todo.

O CASAMENTO

Como relação ética, o casamento é um dever. Aliás, Hegel dirige duras palavras contra o celibato monástico, notando que ele tem como efeito hipertrofiar a importância daquilo que procura tornar secundário. O casamento é uma instituição *sui generis*, que se subordina tanto à inclinação amorosa quanto aos aspectos propriamente jurídicos do contrato de casamento. Em uma observação, o autor de *Filosofia do direito* denuncia a concepção de casamento de Kant, para quem o casamento não passa de um contrato civil,[6] assim como a concepção de Friedrich Schlegel, o qual, em sua obra *Lucinde*, apresenta o casamento fundado apenas no amor. Decerto, diz Hegel, o amor é o ponto de partida de todo casamento. Porém, no casamento, a paixão amorosa deve se elevar a uma união de mais alto nível, a saber, o "livre consentimento das pessoas e, no caso, o consentimento em constituir uma pessoa, em renunciar à sua personalidade natural e singular nessa unidade".[7] Significativamente, em outra observação, Hegel polemiza contra aqueles que consideram o ato civil do casamento supérfluo e dispensável, pois somente o sentimento amoroso importa. Não é nada disso, responde, porque o aspecto processual do casamento exprime o elemento ético do amor e o caráter subordinado da tendência natural.

Por outro lado, na medida em que o casamento se põe como o aspecto natural da vida ética, ele é frágil e pode ser anulado. Com efeito, por ter sua realidade apenas na interioridade do sentimento, mesmo se esse é um sentimento consolidado, nenhum laço jurídico pode manter unidos os esposos que se comportam de maneira hostil um em relação ao outro. "O casamento pode ser dissolvido, posto que ele repousa apenas sobre a afecção subjetiva contingente. O Es-

6 Ver Kant (1985b, p. 536-9).

7 FD, § 162 (ed. fr. 2003, p. 262) (ed. alemã W, 1970, t. 7, p. 310) [ed. br. 2010, p. 175 | 2022, p. 415-6].

tado, por sua vez, não está submetido à separação, pois ele repousa sobre a lei".[8]

O PATRIMÔNIO DA FAMÍLIA E A EDUCAÇÃO DAS CRIANÇAS

Após o momento abstratamente subjetivo da unidade interior dos esposos, passamos à inscrição da família no mundo exterior com a figura do patrimônio. Trata-se de uma propriedade, mas de uma propriedade familiar, de modo que as regras do direito abstrato são aqui objeto de uma *Aufhebung*: nenhum membro da família dispõe de alguma parte do patrimônio como se lhe fosse própria, mas cada um tem direito à propriedade comum.

O terceiro momento é o da educação das crianças. Enquanto a união formada pelos esposos, que concerne a indivíduos como tais e está fixada nos sentimentos, é abstratamente subjetiva, e enquanto o patrimônio não passa de objetividade exterior da família, as crianças, cujo espírito é, de certo modo, uma obra dos pais, constituem o momento da união do subjetivo e do objetivo. Assim, por essa educação, a família assegura a perpetuação de seu espírito e dá conta dela mesma. Enquanto a vontade familiar é, de algum modo, pressuposta nos esposos, e a gestão do patrimônio familiar está sujeita à contingência exterior, ela é aqui ativamente produzida. Certamente, a naturalidade da família implica que essa educação não produza seu completo efeito a não

8 FD, § 176, adendo (ed. fr. 1989, p. 210) (ed. alemã W, 1970, t. 7, p. 330) [ed. br. 2022, p. 430].

ser em outras famílias, aquelas em que as crianças, saindo de seu enclausuramento inicial, vão fundar a seu turno.[9] No entanto, a educação das crianças é o momento da autofundação da família.

Há direito à educação, e às crianças também cabe o direito a que o patrimônio familiar cubra as despesas ligadas à sua educação.[10] Além disso, se os pais podem impor aos filhos certos serviços, tais serviços devem se limitar ao trabalho que exige a conservação do patrimônio comum. Bem entendido, uma criança não pode, de modo algum, ser tratada como um escravizado, assim como injustamente pretendia o costume romano.[11]

Não é preciso insistir muito na importância da ideia de educação no Iluminismo e no Romantismo alemão, correntes das quais Hegel se mostra aqui como herdeiro. O desafio é o indivíduo se fazer por si mesmo. Para o autor de *Filosofia do direito*, o momento familiar não é a última palavra em termos de educação, pois na família perdura o "sentimento sem oposição". A educação familiar deve, assim, ser substituída por aquela que é assegurada pela sociedade civil (que faz do indivíduo um membro de tal ou qual "estado" socioeconômico) e depois pelo Estado (que faz do indivíduo um cidadão). Contudo, o momento familiar é seguramente o começo da

9 Ver FD, § 173 (ed. fr. 2003, p. 270) (ed. alemã W, 1970, t. 7, p. 325-6) [ed. br. 2010, p. 182 | 2022, p. 427].

10 Ver R (ed. alemã 1973-1974, v. 4, p. 457). Essa mesma lição afirma que "a sociedade civil tem o direito e o dever de obrigar os pais a enviar seus filhos para a escola", R (ed. alemã 1973-1974, v. 4, p. 602-3, *apud* Losurdo, 1992, p. 108).

11 Ver FD, § 175, observação (ed. fr. 2003, p. 271) (ed. alemã W, 1970, t. 7, p. 328) [ed. br. 2010, p. 183 | 2022, p. 429-30].

educação. A educação familiar, de sua parte, possui duas etapas: a primeira é operada integralmente no círculo familiar e dominada pela mãe, enquanto a segunda se dá na escola e procura tornar a criança independente e lhe fornecer uma personalidade livre. Como, então, pensar a instrução escolar? Na observação do § 175, Hegel se dedica a um questionamento contra a pedagogia tal como ela foi teorizada por Johann Heinrich Pestalozzi (1746-1827). Como é sabido, Pestalozzi, influenciado por Rousseau, encoraja uma prática educativa progressiva embasada no jogo. Hegel reprova essa pedagogia porque ela se compraz do pueril em vez de romper com ele. Temos, nessa polêmica, uma ilustração perfeita do pensamento hegeliano em geral: o começo de um processo, qualquer que ele seja, é insatisfatório, e o sujeito, para se completar, deve dele se afastar. Daí a necessidade de toda concepção que conduz à sua valorização ser denunciada.

Todavia, uma vez que a educação torna as crianças autônomas, ela engendra a dissolução da família.[12] Se a família fosse uma instituição concreta, isto é, completa, à semelhança do Estado, então seu princípio unificador seria capaz de unificar os membros dispondo uma liberdade refletida e fundada sobre um princípio universal. Mas, como a família repousa apenas sobre a imediatidade do sentimento, as crianças, quando atingem a completa maturidade, abandonam sua primeira família.

12 Ver FD, § 177 (ed. fr. 2003, p. 272) (ed. alemã W, 1970, t. 7, p. 330) [ed. br. 2010, p. 184 | 2022, p. 431].

3. A sociedade civil

A sociedade civil (*die bürgerliche Gesellschaft*) é um momento de multiplicidade. Aqui, um homem se relaciona com outro não pelo amor familiar, nem pelo copertencimento a um mesmo Estado, mas pela concorrência e pela defesa de seus interesses egoístas: "Os indivíduos são, enquanto cidadãos desses Estados, pessoas privadas as quais têm por fim seu próprio interesse".[13] O princípio kantiano segundo o qual se deve tratar o outro não somente como um meio, mas como um fim, é aqui claramente desconhecido:

> Na sociedade civil, cada um é o seu próprio fim, e todas as outras coisas não são nada a não ser para ele. Mas ninguém pode atingir o conjunto de seus fins sem entrar em relação com os outros; assim, estes são apenas meios em vista de fins particulares.[14]

Mais precisamente, a sociedade civil se caracteriza pela contradição entre o interesse egoísta e a dependência recíproca. Seus membros, os "burgueses",[15] se relacionam uns com os

13 FD, § 187 (ed. fr. 2003, p. 282) (ed. alemã W, 1970, t. 7, p. 343) [ed. br. 2010, p. 191 | 2022, p. 446-9].

14 FD, § 182, adendo (ed. fr. 1989, p. 215) (ed. alemã W, 1970, t. 7, p. 340) [ed. br. 2022, p. 439-40].

15 Ver FD, § 190, observação (ed. fr. 2003, p. 287) (ed. alemã W, 1970, t. 7, p. 348) [ed. br. 2010, p. 194 | 2022, p. 452]. A distinção entre o burguês (*der Bourgeois*) e o cidadão (*der Bürger*) aparece no opúsculo de 1801, "Über die wissenschaftlichen Behandlungsarten des Naturrechts" [Sobre as maneiras de tratar cientificamente do direito natural] (ed. alemã W, 1970, t. 2, p. 494).

outros não a partir daquilo que têm em comum, mas, sim, do que os distingue, especialmente suas respectivas condições socioeconômicas (*Stände*). Eles não têm preocupação com o bem comum, e não existe poder social unitário que governe o conjunto da sociedade civil. Consequentemente, a liberdade, aqui, possui apenas o sentido negativo da independência mútua — uma liberdade que está, então, inevitavelmente limitada pelo outro. Em oposição à liberdade positiva que caracteriza o Estado,

> a liberdade é concebida apenas de maneira negativa quando [...] os sujeitos justapostos limitam sua liberdade de tal modo que essa limitação comum, esse desconforto recíproco, deixa a cada um somente um pequeno espaço aonde se pode ir.[16]

Além disso, a valorização do particular termina no maior infortúnio. A satisfação das carências, na sociedade civil, é essencialmente parcial. Com efeito, como a carência é material, e assim particular, o bem-estar a ela ligado só pode ser provisório. E mais: ele é dependente de circunstâncias exteriores. Enfim, a carência humana está sujeita à desmedida. Enquanto o apetite dos animais é predefinido e fixo (e, nesse sentido, fácil de ser satisfeito), o homem vê o círculo de seus desejos se alargar na medida em que pode satisfazê-los.[17] Isso ocorre mesmo que a concorrência recíproca chegue, para alguns, na miséria e na impossibilidade de satisfazer suas carências — uma miséria que também não parece conhecer

16 RH (tr. fr. 1965, p. 135) (ed. alemã, 1955, p. 111).

17 Ver FD, § 185 e seu adendo (ed. fr. 1989, p. 217 | 2003, p. 281) (ed. alemã W, 1970, t. 7, p. 341-3) [ed. br. 2022, p. 445].

limites.[18] É por isso que "a sociedade civil-burguesa, nessas oposições e no seu emaranhamento, oferece o espetáculo igualmente do excesso, da miséria e da corrupção física e ética comuns a ambos".[19]

No entanto, isso significa que a sociedade civil seria um estado de natureza? Mesmo que as formulações de Hegel sejam às vezes radicais (como quando afirma: "A sociedade civil-burguesa é o campo de luta do interesse privado individual de todos contra todos"),[20] não é esse o caso, ou melhor, a sociedade civil não é um estado de natureza salvo em sentido analógico. De maneira geral, com efeito, para Hegel, o segundo momento é a negação do primeiro, mas não a saída do ciclo sistemático no qual aquele se inscreve. A sociedade civil permanece assim um momento ético, e os homens, nela, obedecem às suas regras. Não se trata aqui nem da violência pura, nem do livre jogo das pulsões naturais. Por exemplo, como veremos no momento do "sistema das carências", os desejos dos indivíduos provêm da própria sociedade civil e são eminentemente refinados. Decerto Hegel critica a sociedade civil, apesar de nada nela ser verdadeiramente atentatório à liberdade e à dignidade dos homens.

Face à teoria hegeliana da sociedade civil, pensamos naturalmente na tese do ajuste dos interesses egoístas de Adam Smith. Para o autor de *A riqueza das nações*, se o homem ca-

18 Ver FD, § 185, adendo (ed. fr. 1989, p. 217) (ed. alemã W, 1970, t. 7, p. 343) [ed. br. 2000, p. 19 | 2022, p. 443-5].
19 FD, § 185 (ed. fr. 2003, p. 281) (ed. alemã W, 1970, t. 7, p. 341) [ed. br. 2010, p. 190].
20 FD, § 289, observação (ed. fr. 2003, p. 388) (ed. alemã W, 1970, t. 7, p. 458) [ed. br. 2010, p. 273 | 2022, p. 615-6].

rece da ajuda de seus semelhantes, ele não espera essa ajuda pela benevolência destes, mas por seus interesses. De fato, a todo serviço prestado corresponde um serviço recebido, de tal modo que todos os homens se aproveitam do trabalho de cada um (Smith, 1991, p. 82). Não trataremos aqui do conceito de "mão invisível", nem das dificuldades de sua interpretação. Notemos simplesmente que Hegel, sem citar este último conceito, se refere explicitamente, em *Filosofia do direito*, à ideia smithiana de um equilíbrio das trocas que satisfaz o conjunto dos interesses particulares. A atividade econômica no "sistema das carências" repousa, por definição, sobre a perseguição de fins individuais. Ao mesmo tempo, algo de universal se afirma na atividade econômica. Existe aqui uma "necessidade que intervém por ela mesma".[21] Com efeito, "cada um, adquirindo, produzindo e satisfazendo para si mesmo, produz e adquire para a satisfação dos outros".[22] A atividade econômica pertence ao entendimento, no sentido do regime da diferença, porque, para torná-la eficaz, o sujeito não pode se limitar à simplicidade intelectual e à prática da economia doméstica, mas deve se inserir no mundo complexo da economia "burguesa". Contudo, o texto sublinha que não há senão uma "aparência de racionalidade" (*Scheinen der Vernünftigkeit*).[23] Efetivamente, as carências

21 FD, § 189, adendo (ed. fr. 1989, p. 220) (ed. alemã W, 1970, t. 7, p. 347) [ed. br. 2022, p. 451-2].
22 FD, § 198 (ed. fr. 2003, p. 291) (ed. alemã W, 1970, t. 7, p. 353) [ed. br. 2010, p. 197 | 2022, p. 458].
23 FD, § 189 (ed. fr. 2003, p. 285) (ed. alemã W, 1970, t. 7, p. 346) [ed. br. 2010, p. 193 | 2022, p. 450-2].

e a produção se ajustam, mas de maneira repetida e, a cada vez, apenas em parte.

No entanto, a sociedade civil se limita a assegurar a satisfação material dos indivíduos? Não, pois ela é também um lugar de formação individual.[24] O homem aqui se objetiva, no sentido de que ele não se define mais por aquilo que é naturalmente, a saber, um membro de tal ou qual família, mas por sua relação com o mundo exterior, esse mundo do trabalho e das normas civis. O homem modifica o mundo ao torná-lo conforme a si mesmo. "Ele trata somente daquilo em que põe sua marca e do que é produzido por ele".[25] Mas, em função disso, modifica a si mesmo ao adquirir um poder sobre o mundo, do mesmo modo que direitos e deveres a seu respeito.

A sociedade civil compreende três momentos: (i) "o sistema das carências", momento da constituição das carências e de sua satisfação pelo trabalho. Esse momento é unilateralmente subjetivo, porque concerne somente aos homens, independentemente de qualquer instituição; (ii) "a administração do direito", momento da lei e do tribunal. Esse momento é unilateralmente objetivo, porque concerne às instituições enquanto estas se opõem aos homens; (iii) "a polícia e a corporação", momento da organização institucional do bem-estar e da produção. Esse momento é concreto, porque a instituição, aqui, tende a assegurar a satisfação dos indivíduos.

24 Ver FD, § 187, observação (ed. fr. 2003, p. 284) (ed. alemã W, 1970, t. 7, p. 345) [ed. br. 2010, p. 192 | 2022, p. 448-9].

25 FD, § 187, observação (ed. fr. 2003, p. 284) (ed. alemã W, 1970, t. 7, p. 344) [ed. br. 2010, p. 191 | 2022, p. 448-9].

O sistema das carências é, em si mesmo, articulado em três aspectos: um aspecto unilateralmente subjetivo, a saber, a carência enquanto tal ("o tipo de carência e sua satisfação"); um aspecto unilateralmente objetivo, a saber, o trabalho especializado de cada indivíduo ("o tipo de trabalho"); e, finalmente, a unificação do subjetivo e do objetivo na organização geral da produção, a qual repousa sobre o concurso de todos os estados profissionais ("a riqueza").

No parágrafo introdutório da seção, Hegel afirma o interesse pela economia política, que assinala as leis que presidem os fenômenos múltiplos, e aparentemente caóticos, da produção e das trocas. Seguramente, ela é apenas uma ciência reflexionante, do mesmo modo que o direito dos juristas ou a história dos historiadores. Podemos sobretudo reprovar seu fascínio pelo quantitativo e, correlativamente, sua indiferença pelas verdadeiras diferenças, as quais são qualitativas. No entanto, ela constitui para a filosofia um material indispensável.

a) A carência, tal como examinada no primeiro momento, é essencialmente social. Sem dúvida, Hegel nota que a carência possui também uma dimensão natural, que procede da "contingência exterior" do corpo. Mas a carência espiritual, que procede da "representação", permite ao homem se liberar dessa contingência — e isso mesmo quando a representação em questão não passa de "opinião" e "arbítrio"[26] e, assim, só permite uma liberação incoativa. Por um lado, o homem

26 Ver FD, § 194 (ed. fr. 2003, p. 288) (ed. alemã W, 1970, t. 7, p. 350) [ed. br. 2010, p. 195-6 | 2022, p. 455].

está em uma posição menos vantajosa do que o animal, pois suas carências são mais difíceis de satisfazer. Por outro, suas carências, enquanto espiritualmente determinadas, são superiores àquelas dos animais.[27] A observação do § 194 critica a concepção de tipo rousseauniano segundo a qual, no estado de natureza, o homem teria sido livre precisamente porque suas carências eram naturais e, por isso, fáceis de saciar. Pelo contrário, responde Hegel, a liberdade procede da reflexão do espiritual sobre si mesmo e de sua distinção para com o natural. Uma ilustração contraditória dessa análise é dada por Diógenes e seu comportamento de um naturalismo provocador. Diferentemente do que se poderia acreditar, sua conduta é um efeito da vida social ateniense, da qual ela não é senão o reflexo paradoxal. O cinismo não é algo original, sendo, antes, determinado por oposição ao refinamento.[28]

O que existe então de social nas carências? Estas, na sociedade civil, se multiplicam porque são engendradas pela opinião e se dividem porque o homem, para satisfazer uma carência qualquer, age por etapas, e cada etapa corresponde a outras tantas carências a serem satisfeitas. Além disso, as carências se transformam de maneira a se ajustar às atividades de outrem, permitindo, assim, sua satisfação. Por exemplo, eu não comerei comodamente se não aceitar fazer minha refeição na mesma hora que os outros membros da família; não me vestirei facilmente se não adotar um traje-padrão etc.[29]

27 Ver FD, § 190 (ed. fr. 2003, p. 286) (ed. alemã W, 1970, t. 7, p. 347-8) [ed. br. 2010, p. 194 | 2022, p. 452].
28 Ver FD, § 195, adendo (ed. fr. 1989, p. 223) (ed. alemã W, 1970, t. 7, p. 351) [ed. br. 2000, p. 30 | 2022, p. 456].
29 Ver R (ed. alemã 1973-1974, v. 3, p. 595).

É assim que, através da carência, o indivíduo sai de sua particularidade natural para se universalizar. Por isso mesmo, ele se constitui como homem em geral: "Portanto é aqui a primeira vez e também propriamente apenas aqui que se fala do homem nesse sentido".[30] A carência é um componente da cultura, ela permite ao homem se objetivar.

b) O segundo momento trata da produção dos meios que permitem a satisfação das carências humanas. Enquanto a carência é subjetiva, o trabalho transforma objetivamente o mundo — e, mais precisamente, "o material dado de imediato pela natureza".[31] Esse é o caso do trabalho segmentado em uma multiplicidade de tarefas especializadas que se adicionam umas às outras. Estamos aqui, com efeito, no momento da cisão. Duas implicações dessa especialização são examinadas. Em primeiro lugar, Hegel sublinha o fato de que, ao formar a matéria, o homem forma a si mesmo. Ele cultiva, simultaneamente, saber, conhecimento e habilidades. Conjugando temas aristotélicos e kantianos, o texto mostra a importância da disciplina, que confere ao trabalhador competência. Em segundo, em um viés mais original, ele examina os efeitos dessa especialização sobre a própria produção. O trabalho se faz com maior rapidez, as quantidades aumentam, e a atividade passa a ser automática a ponto de o homem poder ser substituído por uma máquina. Nota-se uma crítica da parte de Hegel? Sim, no sentido de que a atividade laboral, tal como ela é aqui apresentada, não

30 FD, § 190, observação (ed. fr. 2003, p. 287) (ed. alemã W, 1970, t. 7, p. 348) [ed. br. 2010, p. 194 | 2022, p. 452-3].

31 FD, § 197 (ed. fr. 2003, p. 290) (ed. alemã W, 1970, t. 7, p. 351) [ed. br. 2010, p. 197 | 2022, p. 457].

pode ser nem completa, nem independente. Por outro lado, seria difícil ver a nostalgia de uma organização do trabalho já ultrapassada ou a antecipação de uma modificação vindoura.

c) O terceiro momento, "a riqueza", é o do trabalho organizado. Não se considera mais o trabalho isolado e fragmentado, mas a cooperação dos trabalhadores. Assim se forma uma "universalidade" do trabalho, uma "necessidade" — mesmo que essa universalidade exista aqui não por ela mesma (como existirá, mais adiante, a corporação), mas somente sob a forma de encadeamento de atividades particulares:

> O egoísmo subjetivo transforma-se em contribuição para a satisfação dos carecimentos de todos os outros — na mediação do particular pelo universal, enquanto movimento dialético.[32]

A riqueza não é outra coisa senão o emaranhado das contribuições particulares na produção dos bens. Na sociedade moderna,

> há divisão da atividade, da qual cada um tem apenas uma porção. É como em uma fábrica, onde cada indivíduo não desempenha uma tarefa em sua totalidade, mas somente uma parte, onde cada um não possui todas as habilidades, e alguns apenas fazem a montagem.[33]

32 FD, § 199 (ed. fr. 2003, p. 291) (ed. alemã W, 1970, t. 7, p. 353) [ed. br. 2010, p. 197-8 | 2022, p. 459-60].
33 LHP (ed. fr. 1971-1991, v. 3, p. 592-3) (ed. alemã W, 1970, t. 19, p. 227-8).

Essa contribuição pode ser analisada como em prol do capital e da habilidade. Hegel então insiste sobre aquilo que lhe aparece como a inevitável desigualdade de fortunas e aptidões. Essa desigualdade possui algo de natural, mas é reforçada pela cultura que conduz alguns, mais que outros, a desenvolver seus talentos e seu patrimônio. Além disso, como estamos no terceiro momento do sistema das carências, os sujeitos que intervêm na organização do trabalho não são mais indivíduos singulares, mas unidades coletivas articuladas, a saber, os estados profissionais. Hegel propõe então uma apresentação tripartite desses estados.

1. O primeiro é o estado substancial ou imediato. Trata-se daqueles que *cultivam* — proprietários e agricultores diversos —, dos quais Hegel descreve a mentalidade. O trabalho da terra não produz efeitos imediatos: cada etapa tem a sua estação própria e supõe a projeção para o futuro, de modo que não se trabalha por si próprio, mas para o patrimônio familiar. Além disso, esse trabalho depende de condições naturais contingentes, tanto que a vida agrícola supõe certa fé na benevolência da terra: os produtos do trabalho, de certa forma, não são produzidos, e sim recebidos. Assim, o mundo rural repousa sobre um modelo familiar e tem por disposição de espírito própria a confiança.[34] Isso se traduz politicamente como submissão.[35] Do ponto de vista da organização sistemática, é evidente que estamos aqui na imediatidade e na naturalidade primitiva.

34 Ver FD, § 203, adendo (ed. fr. 1989, p. 227) (ed. alemã W, 1970, t. 7, p. 356) [ed. br. 2000, p. 40 | 2022, p. 470-2].

35 Ver FD, § 204, adendo (ed. fr. 1989, p. 228) (ed. alemã W, 1970, t. 7, p. 357) [ed. br. 2000, p. 41-2 | 2022, p. 472-3].

2. O segundo estado é aquele da "empresa", que se dedica à transformação dos produtos naturais. Para Hegel, a confiança do agricultor é aqui substituída pela reflexão do empresário, que representa abstratamente o objeto finito antes de começar a produzi-lo. Distinguem-se mais precisamente os artesãos, que executam trabalhos singulares, cada um respondendo a uma demanda individual (momento da realidade imediata); os fabricantes, que produzem em massa (momento da realidade elevada à generalidade); e os comerciantes, que não produzem objetos concretos, mas se dedicam às trocas, e mais precisamente às trocas mediadas pelo dinheiro como padrão universal de valor (momento da idealidade). Enquanto os agricultores apresentam uma inclinação à submissão, os empresários tendem à liberdade.

3. O terceiro estado é o dos funcionários. Ele possui uma dimensão universal na medida em que os funcionários não trabalham para a satisfação de suas carências pessoais, mas para o bem comum. No momento da "riqueza", entretanto, eles não são considerados do ponto de vista de sua atividade a favor do Estado, mas de seu modo de subsistência. A originalidade aqui está então no fato de não serem remunerados pelos serviços prestados a quem deles se beneficia, mas de tirarem seus rendimentos ou de uma fortuna pessoal, ou de uma compensação assegurada pelo Estado.

Notemos que qualidades específicas se desenvolvem na sociedade civil moderna, a saber, a probidade e a honra profissional. Os indivíduos, com efeito, entram em um estado e nele permanecem somente por sua atividade, por sua aplicação no trabalho e por sua habilidade. A estima pública aqui não decorre de qualidades contingentes (caso oriental) ou estritamente individuais (caso grego), mas de o indivíduo assumir os deveres que incumbem aos membros de seu estado. Além disso, se os diferentes estados se negam uns aos outros, no sentido de que representam etapas opostas da progressão sistemática, por outro lado não existe conflito entre eles. Certamente, na sociedade civil, eles se relacionam uns com os outros como meios. Contudo, Hegel não teoriza aqui sobre nenhuma exploração injusta. Se, para Marx, as classes são essencialmente antagonistas, para Hegel, os estados profissionais são complementares.

A ADMINISTRAÇÃO DO DIREITO

Corresponde esta seção ao poder Judiciário? É possível pensar assim. Porém, mais fundamentalmente, ela apresenta a vida da lei, considerada nela mesma e em sua relação com os indivíduos. Esse momento leva em consideração temas já encontrados naqueles momentos do crime e do castigo. Porém, Hegel sublinha fortemente o que distingue uma e outra esfera, isto é, que a repressão dos atos delituosos, na terceira seção do direito abstrato, não é operada em nome de leis universais da sociedade, mas em nome de direitos particulares de propriedade.[36] Por outro lado, daqui em diante, não estamos mais frente à relação entre homens e bens exteriores, mas àquela entre leis e homens. Além disso, enquanto no momento do crime e castigo a lesão do bom

36 Ver FD, § 220 (ed. fr. 2003, p. 309) (ed. alemã W, 1970, t. 7, p. 374) [ed. br. 2010, p. 212 | 2022, p. 494].

direito se reverte automaticamente em represálias, a sanção é aqui livremente decidida pelo tribunal.

O ponto mais importante é assim o surgimento da lei. "Na sociedade civil, o direito em si torna-se lei."[37] Com efeito, a lei não existe senão em uma organização que reúna os homens de tal modo que, para eles, a obediência à regra não provenha do sentimento, mas de uma escolha deliberada. Ao mesmo tempo, a lei da sociedade civil é diversa, pois esposa uma multiplicidade de carências e situações. Ela não concerne ao cidadão em geral, mas ao burguês na variedade de suas ligações e de suas atividades.

Notemos que aqui não há uma reflexão sobre a origem da lei. Esta é pressuposta, e a questão incide apenas sobre seu tipo de existência e sua relação com os homens. É no momento do Estado, terceira esfera do ciclo da vida ética — e, assim, esfera da autofundação —, que a origem política da lei será tematizada. Na sociedade civil, a lei está lá, ela é pressuposta. É por isso que a ciência do direito é "histórica" e tem como seu princípio "a autoridade", no sentido de não poder ser deduzida, mas ter de ser compreendida.[38] Correlativamente, na medida em que a lei aparece em oposição aos indivíduos, ela não está completamente fundamentada.

> As leis e a administração do direito possuem, por um lado, um caráter contingente. Isso ocorre porque a lei é uma determinação geral, que deve se aplicar a um caso particular. [...] Nenhu-

37 FD, § 217 (ed. fr. 2003, p. 306) (ed. alemã W, 1970, t. 7, p. 370) [ed. br. 2010, p. 210 | 2022, p. 490-2].

38 Ver FD, § 212, observação (ed. fr. 2003, p. 302) (ed. alemã W, 1970, t. 7, p. 365) [ed. br. 2010, p. 206 | 2022, p. 483-4].

> ma determinação conceitual pode, por exemplo, fixar adequadamente o valor quantitativo de uma pena, e o que for decidido a esse respeito será sempre arbitrário. Essa parte da contingência, no entanto, é, por sua vez, necessária. Se daqui se tira um pretexto para criticar um código de leis ao se alegar que este é incompleto, esquece-se precisamente que existe aqui um aspecto que não pode ser completo e que é preciso aceitá-lo tal como ele é.[39]

Enquanto a Constituição — a organização do Estado — é essencialmente legítima na medida em que ela procede do todo do Estado, as leis da sociedade civil conservam uma relação de oposição aos homens e entre elas mesmas. É por isso que nenhuma lei é absolutamente justificada. Se nesse momento compararmos a lei tal como ela ocorre na sociedade civil com as normas da família e do Estado, duas observações podem ser feitas: (i) na família, a regra está inscrita no coração dos indivíduos. Agora, ela existe de maneira independente. Ela se torna manifesta, no sentido forte do termo; (ii) no Estado, a regra é o princípio imanente da liberdade dos homens. Aqui, ela é apenas o princípio de repressão de seus atos arbitrários.

Três momentos são sucessivamente considerados pelo texto. De início, a existência das leis enquanto tais (momento da imediatidade), depois, a manifestação pública (momen-

39 FD, § 214, adendo (ed. fr. 1989, p. 235) (ed. alemã W, 1970, t. 7, p. 367) [ed. br. 2000, p. 53-4 | 2022, p. 486]. Ver também § 212 (ed. fr. 2003, p. 302) (ed. alemã W, 1970, t. 7, p. 364) [ed. br. 2010, p. 206 | 2022, p. 483-4].

to da oposição) e, por fim, a atividade pela qual elas se impõem face ao que lhes contradita (momento da realização efetiva).

a) O primeiro momento tem como objeto o direito enquanto lei (*Gesetz*), ou seja, enquanto algo posto (*gesetzt*). Não se trata aqui de um simples jogo de palavras, mas da retomada de um esquema essencial ao hegelianismo. Com efeito, a objetivação consiste, para Hegel, na transformação pela qual uma determinação qualquer, a princípio fechada sobre si mesma e impotente, vem a se impor e a produzir efeitos exteriores. Precisamente, a lei representa a objetivação do direito em geral, no sentido de que ela não é recebida de maneira passiva (assim como o é, por exemplo, um costume), mas ativamente assumida. Por isso, ela se torna unívoca e capaz de vencer os interesses subjetivos dos indivíduos.

> Do fato que o direito é posto e conhecido pelos homens, tudo aquilo que ele tem de contingente no sentimento ou na opinião, a forma da vingança, da piedade, da busca do interesse pessoal, tudo isso desaparece, e o direito alcança então sua verdadeira destinação e pode ser exaltado.[40]

Existe lei assim que o direito é "pensado" de um modo universal, isto é, quando é conhecido de uma maneira não intuitiva e desordenada, mas discursiva e organizada. Na primeira hipótese, estamos frente a prescrições jurídicas que, em ra-

40 FD, § 211, adendo (ed. fr. 1989, p. 232) (ed. alemã W, 1970, t. 7, p. 364) [ed. br. 2000, p. 50 | 2022, p. 482-3]. Ver também FD, § 219 (ed. fr. 2003, p. 308) (ed. alemã W, 1970, t. 7, p. 374) [ed. br. 2010, p. 211 | 2022, p. 493-4].

zão de seu caráter "informe", "indeterminado" e "lacunar",[41] só são conhecidas de maneira "subjetiva" e "contingente", enquanto na segunda hipótese estamos diante de um "sistema coerente".[42] Hegel se dedica aqui a uma apologia dos códigos de leis. Estes formam um direito inteiramente almejado por si mesmo e válido enquanto tal. Certamente, o código não é um sistema especulativo. Ele é apenas um sistema do entendimento, no sentido de que não se desenvolve por si mesmo, nem em virtude de um princípio imanente de totalização. Entrementes, enquanto conjunto de regras conhecidas e explicitamente desejadas, ele é preferível às normas obscuras e simplesmente recebidas da tradição.

b) O segundo momento é o da existência pública da lei. Relativamente ao momento anterior, existe assim uma passagem da existência simplesmente interna das leis em direção à existência externa. Precisamente, o texto põe em primeiro plano a exigência de que o público disponha de um pleno acesso às leis. Encontramos aqui um tema hegeliano clássico: o que é verdadeiro se manifesta como tal na experiência; a ideia de uma realidade ao mesmo tempo efetiva e encoberta é contraditória em seus próprios termos. Ao elogio do código como sistema organizado de leis que se encontrava anteriormente, junta-se agora o elogio de seu caráter público e, correlativamente, a denúncia dos soberanos ou dos regimes que tendem a ocultar as leis ou a limitar o conhecimento que os profissionais da área têm sobre elas.

41 FD, § 211, observação (ed. fr. 2003, p. 300) (ed. alemã W, 1970, t. 7, p. 362) [ed. br. 2010, p. 205 | 2022, p. 478-81].
42 FD, § 211, adendo (ed. fr. 1989, p. 232) (ed. alemã W, 1970, t. 7, p. 364) [ed. br. 2000, p. 50 | 2022, p. 482-3].

Entretanto, no ponto em que nos encontramos, se a lei é manifesta, ela ainda não é eficaz.

c) O tribunal é a instituição que assegura a aplicação da lei, ou seja, permite que a norma geral se faça valer frente ao ato particular. Ao punir as ações ilegais, ele remedeia tanto a interioridade abstrata da lei (primeiro momento da administração do direito) quanto a oposição exterior da lei e do arbitrário dos homens (segundo momento).

Toda a análise de Hegel tende a estabelecer que a vida jurisdicional existe no elemento do universal. Os debates, no curso das audiências, têm como seu fundamento direitos que, por definição, valem para classes inteiras de indivíduos. Mais ainda: os direitos não são simplesmente reivindicados, mas devem ser provados, isto é, estabelecidos por meio de argumentos gerais. Da mesma maneira, os fatos reprovados devem ser apreendidos a partir de categorias gerais. Finalmente, o acusado, quando condenado, deve poder estar de acordo com a sentença. Para tanto, observa Hegel, a linguagem do tribunal não deve ser esotérica, e é desejável que alguns membros do júri pertençam à mesma condição social do acusado.

O autor de *Filosofia do direito* insiste então sobre a importância da acessibilidade ao tribunal (todo homem deve poder acessá-lo) e, correlativamente, sobre a obrigação da obediência às suas imposições e da renúncia a qualquer justiça em privado.[43] Indo mais adiante: naquele contexto, o príncipe deve reconhecer a prevalência do tribunal sobre o que diz respeito a seus negócios privados. Decerto, essa

43 Ver FD, § 221 (ed. fr. 2003, p. 309) (ed. alemã W, 1970, t. 7, p. 375) [ed. br. 2010, p. 213 | 2022, p. 495].

prevalência só tem sentido em relação a litígios referentes à sociedade civil, uma vez que, como veremos, em matéria política, um poder não é limitado por outro poder. Contudo, é admirável que Hegel, tão ligado à presença do rei, enfatize este ponto: "Geralmente, nos Estados livres, [o príncipe] perde os seus processos".[44]

Entretanto, o autor de *Filosofia do direito* sublinha que a certeza quanto aos fatos repousa apenas sobre o juramento prestado pelos indivíduos envolvidos nos assuntos judiciários e que a decisão do juiz se apoia unicamente sobre uma convicção subjetiva. A decisão do tribunal, assim, é frágil: "O método [do tribunal] [...] conduz a meias provas".[45] Da mesma maneira, o fato de estarmos na sociedade civil implica o fracionamento da atividade jurisdicional. Em particular, Hegel observa que essa atividade está ameaçada pelo formalismo, no sentido de que os argumentos utilizados pelas partes podem não ter relação verdadeira com a coisa mesma.

44 FD, § 221, adendo (ed. fr. 1989, p. 240) (ed. alemã W, 1970, t. 7, p. 375) [ed. br. 2000, p. 62 | 2022, p. 495]. Pensamos aqui na anedota do conflito entre Frederico II e um moleiro, ao qual o rei da Prússia solicitou que destruísse seu moinho para aumentar a vista da paisagem pelas janelas de seu palácio de Sans-Souci. O homem advertiu o rei de que ele poderia entrar com um processo no tribunal de Berlim para obter o reconhecimento de seu bom direito, de modo que, dizem, o rei renunciou à sua exigência.

45 FD, § 227, observação (ed. fr. 2003, p. 313) (ed. alemã W, 1970, t. 7, p. 379) [ed. br. 2010, p. 215 | 2022, p. 501-2].

A terceira grande seção do texto sobre a sociedade civil apresenta a intervenção do poder público na atividade econômico-social e o surgimento das organizações profissionais. No primeiro momento, o do "sistema das carências", os agentes econômicos produziam e cambiavam de maneira puramente horizontal, sem nenhuma instância de regulação de sua atividade. Ao contrário, no segundo momento, o da "administração do direito", a instituição jurisdicional se opunha frontalmente aos indivíduos tentados pela atividade delituosa. Agora, vemos aparecer instituições que organizam e conduzem a atividade econômico-social.

a) A noção de "polícia" (*Polizei*), que pertence ao vocabulário administrativo alemão clássico, designa, em primeiro lugar, as atividades de vigilância e de repressão às atividades potencialmente prejudiciais à ordem pública (Hegel insiste na dificuldade de determinar quais devem ser precisamente as tarefas e os poderes da polícia: seu caráter arbitrário possui, por vezes, algo de odioso, reconhece ele, mas, como não é possível fixar com segurança a linha de demarcação entre o que é prejudicial e o que é inofensivo nas atividades dos membros da sociedade, fica bastante difícil traçar uma linha-limite ao poder da polícia).[46]

Porém, a noção extrapola esse registro repressivo para avançar em direção à regulação da vida econômica e social: controle das mercadorias, condução das obras públicas,

46 Ver FD, § 234, adendo (ed. fr. 1989, p. 247) (ed. alemã W, 1970, t. 7, p. 383-4) [ed. br. 2000, p. 74 | 2022, p. 510].

organização do sistema de saúde etc. Não se trata, para a autoridade, de planificar a economia em seu conjunto, mas de corrigir alguns de seus maus funcionamentos e assegurar pontualmente iniciativas de interesse geral. O debate relativo ao que hoje em dia chamaríamos de intervencionismo e liberalismo é explicitamente mencionado, sem uma nítida separação entre eles:

> Dois pontos de vista prevalecem sobre esse assunto. De acordo com o primeiro, a polícia deve poder tudo. Já pelo segundo, ela nada tem a decidir, pois cada um determina suas carências em função daquelas dos outros. É certo que cada indivíduo tem o direito de ganhar a vida de uma maneira ou outra, mas, por outro lado, o público tem igualmente o direito de exigir que as tarefas necessárias sejam efetuadas da maneira mais adequada. É preciso levar em conta esse duplo aspecto, e a liberdade de empreendimento não deve ser concebida de modo que ponha em risco o bem geral.[47]

Hegel observa em particular o problema do aumento da pobreza e considera que isso requer uma intervenção do poder público. Por um lado, o poder público deve obrigar os desocupados a trabalhar e a se preocupar com sua subsistência, mas, por outro, o aumento das mercadorias, decorrente do excesso da atividade, pode produzir desequilíbrio se ampliar o número de necessitados. Encontramos aqui a contradição própria da sociedade civil:

47 FD, § 236, adendo (ed. fr. 1989, p. 248) [ed. br. 2000, p. 76 | 2022, p. 512].

> A sociedade civil-burguesa, apesar do seu excesso de riqueza, não é suficientemente rica, isto é, não possui, em seu patrimônio próprio, o suficiente para governar o excesso de miséria e a produção da populaça.[48]

A colonização de países estrangeiros pode ser um remédio para a pobreza, mesmo que se trate tão somente de uma solução parcial.

b) Em segundo lugar, a corporação (*die Korporation*) designa uma associação de trabalhadores. Ela tem como tarefa recrutar membros e defender seus interesses. Fundamenta-se sobre um estado de espírito determinado, a honra profissional. A corporação constitui um todo, mas um todo pontual. Diferentemente da família quanto ao seu aval, ela não se funda sobre o sentimento, mas sobre a reflexão. Não mais repousa sobre os interesses estritamente privados, mas sobre os interesses comuns de seus membros. Por sua vez, diferentemente do Estado em seu todo, ela não transcende nem um pouco aqueles interesses.

c) A terceira seção da sociedade civil acentua os direitos que o indivíduo possui frente à sociedade:

> Se o homem assim se tornou um membro da sociedade civil, ele não deixou de ter direitos em relação a ela, assim como tinha no seio da família. É preciso que a sociedade civil proteja seus mem-

48 FD, § 245 (ed. fr. 2003, p. 324) (ed. alemã W, 1970, t. 7, p. 390) [ed. br. 2010, p. 223 | 2022, p. 518].

bros, que defenda os seus direitos, assim como o indivíduo também tem de respeitar os direitos da sociedade civil.[49]

Dois pontos devem ser aqui destacados. Primeiro, na época pós-antiga existe um acordo de princípio entre a exigência geral e a felicidade particular, de tal modo que toda instituição deve favorecer a satisfação dos indivíduos. Segundo, se o Estado é a instituição da liberdade ideal (ou seja, da autodeterminação do todo), a sociedade civil, ao contrário, é a instituição do bem-estar real dos indivíduos (isto é, de sua prosperidade). A sociedade civil é um meio a serviço dos indivíduos particulares, do mesmo modo como estes são meios para ela.[50] Aqui estamos circunscritos a relações de instrumentalização e a objetivos finitos.

—

As regras da sociedade civil nunca concernem ao conjunto dos membros de um povo, mas sempre a apenas alguns dentre eles. Essas regras são aquelas da associação (*Gemeinsamkeit*) dos indivíduos em um empreendimento comum (precisamente, diz Hegel, quando se representa o Estado como uma "união tal como uma simples associação" entre diferentes pessoas, confunde-se o Estado com a sociedade

49 FD, § 238, adendo (ed. fr. 1989, p. 249) (ed. alemã W, 1970, t. 7, p. 386) [ed. br. 2000, p. 78 | 2022, p. 513].
50 Ver FD, § 238 (ed. fr. 2003, p. 320) (ed. alemã W, 1970, t. 7, p. 386) [ed. br. 2010, p. 220-1 | 2022, p. 512-3].

civil).[51] A totalidade social é somente relativa. Pode-se também dizer que a necessidade, na sociedade civil, é apenas abstratamente interior, no sentido de que a regra não produz efeitos por ela mesma em virtude de sua autoridade sobre a consciência cívica dos homens, mas pela intervenção de seus interesses bem compreendidos, por exemplo, em nome da prosperidade que ela torna possível.[52] A lógica da sociedade civil é, assim, essencialmente iterativa. Cada indivíduo forma um elo em uma cadeia; sem consciência de alguma finalidade de conjunto, mas desempenhando um papel particular, ele contribui para o bem comum.[53]

51 Ver FD, § 182, adendo (ed. fr. 1989, p. 215) (ed. alemã W, 1970, t. 7, p. 340) [ed. br. 2000, p. 15-6 | 2022, p. 439-40].
52 Ver FD, § 184 e seu adendo (ed. fr. 1989, p. 216 | 2003, p. 184) (ed. alemã W, 1970, t. 7, p. 340) [ed. br. 2000, p. 17 | 2010, p. 189 | 2022, p. 441-2].
53 Ver FD, § 187 (ed. fr. 2003, p. 282-3) (ed. alemã W, 1970, t. 7, p. 343) [ed. br. 2010, p. 191 | 2022, p. 446-9].

IX. O direito público interno

1. Observações introdutórias

O ESTADO COMO RECONCILIAÇÃO ENTRE INSTITUIÇÃO E HOMENS

O Estado é o momento *efetivo* da vida ética na medida em que, composto de indivíduos realmente diferentes uns dos outros (ao contrário da família, mas como na sociedade civil), ele assegura a unidade destes (ao contrário da sociedade civil, mas como na família). Com efeito, ele confere a seus membros a vontade de se comportar como cidadãos: o Estado é "a efetividade da vontade substancial, que ele tem na autoconsciência particular elevada à sua universalidade".[1] Contudo, a unidade estatal não repousa, como na família, sobre a naturalidade do sentimento do amor, mas sobre a vontade refletida de se conformar às exigências da instituição: a vontade cívica é uma vontade "manifesta, nítida a si mesma, que se pensa e se sabe".[2] Ela também não consiste em um cálculo

1 FD, § 258 (ed. fr. 2003, p. 333) (ed. alemã W, 1970, t. 7, p. 399) [ed. br. 2010, p. 230 | 2022, p. 534-43].

2 FD, § 257 (ed. fr. 2003, p. 333) (ed. alemã W, 1970, t. 7, p. 398) [ed. br. 2010, p. 229 | 2022, p. 532-3].

interessado, como na sociedade civil, mas em uma decisão cuja finalidade é imanente.

A universalidade da vontade cívica significa então que todos os cidadãos de um mesmo Estado teriam, pura e simplesmente, o mesmo querer? Não, de modo algum, pois esse querer se particulariza. Assim, o agir do príncipe, de um funcionário, de um deputado, de um soldado ou de um simples cidadão não pode ser o mesmo. De todo modo, ainda que as ações sejam distintas segundo o status e o papel de cada um, todos os cidadãos de um Estado determinado estão animados pela mesma preocupação de obedecer às leis e promover o bem comum. É nesse sentido que a vontade do Estado é universal.

O Estado do qual Hegel fala não se define, pois, a partir de suas funções (por exemplo, assegurar a ordem e a segurança, estabelecer os meios para a prosperidade geral, promover a justiça, defender a independência nacional etc.), mas por sua disposição de espírito (*Gesinnung*, por sua "intenção", poderíamos dizer em termos kantianos), e mais precisamente por sua vontade de se conservar enquanto Estado unitário. Na observação do § 258, Hegel introduz uma viva polêmica contra os filósofos que confundem o Estado e a sociedade civil, ou seja, que atribuem ao Estado a função de assegurar o bem-estar privado dos homens. Isso porque o Estado, de fato, não tem outro fim senão a si mesmo: "A união enquanto tal é, ela mesma, o conteúdo verdadeiro e o fim, e a determinação dos indivíduos é levar uma vida universal".[3] Certamente pode acontecer de os homens utilizarem o Estado como

3 FD, § 258, observação (ed. fr. 2003, p. 334) (ed. alemã W, 1970, t. 7, p. 399) [ed. br. 2010, p. 230 | 2022, p. 535-9].

um meio ou então de se comportarem em sua vida cidadã como se se tratasse de sua vida na sociedade civil (por exemplo, poderíamos acrescentar, quando fazem de suas funções políticas um meio para enriquecer em vez de se contentar com a satisfação imanente que se encontra na vida política ativa). Mas essa é uma atitude perversa, que o Estado tem de combater.[4]

Dado que o Estado é unificador, ele pode ser dito racional.[5] Ao se abordar essa afirmação, algumas confusões devem ser evitadas.

a) "Racional" não significa, na escrita hegeliana, estar "conforme uma razão calculadora", uma razão que ajuste perfeitamente os meios aos fins perseguidos. A noção de racionalidade não remete a um modelo de otimização entre escolhas e meios, mas a um modelo de unificação entre diferentes componentes. No caso do Estado, trata-se, mais precisamente, da unificação entre o todo e os indivíduos particulares:

> A racionalidade, considerada abstratamente, consiste, em geral, na unidade em que se compenetram a universalidade e a singularidade e aqui, concretamente, segundo o conteúdo, consiste na unidade da liberdade objetiva, isto é, da vontade substancial universal e da liberdade subjetiva, enquanto saber individual e da vontade buscando seus fins particulares [...].[6]

4 Ver RH (ed. fr. 1965, p. 135-6) (ed. alemã 1955, p. 111).

5 Ver FD, § 258 (ed. fr. 2003, p. 333) (ed. alemã W, 1970, t. 7, p. 399) [ed. br. 2010, p. 230 | 2022, p. 534].

6 FD, § 258, observação (ed. fr. 2003, p. 334) (ed. alemã W, 1970, t. 7, p. 399) [ed. br. 2010, p. 230 | 2022, p. 535].

b) O segundo erro consiste em acreditar que "racional" significa "isento de toda irracionalidade". A racionalidade corresponderia então a uma perfeição cristalizada. Na verdade, para Hegel, o racional não é obtido pelo descartar do irracional, mas submetendo-o, de tal modo que o irracional é o pressuposto e o terreno de seu desenvolvimento. Assim, a vontade unitária do Estado é obtida pela *Aufhebung* da vontade apenas "burguesa" de seus membros — a qual, por sua vez, resulta da negação de sua vontade "familiar". Contudo, essas vontades pré-cívicas sempre ameaçam se tornar preponderantes. Isso porque o Estado é continuamente ativo e não cessa de engendrar continuamente sua vontade unitária de encontro às forças da dispersão e do fechamento sobre si mesmo.

c) Por fim, seria errôneo considerar a racionalidade como uma situação de acabamento estável, como uma perfeição alcançada de uma vez por todas. Se o Estado é unitário, ele o é, entretanto, como um vir-a-ser. Por exemplo, ele se desenvolve na história ao edificar suas instituições e seu império. Em Hegel, é racional aquilo que se produz por si mesmo. Por último, um Estado é racional por possuir uma vontade própria, que o faz agir como um todo: a racionalidade "consiste quanto à forma em um agir que se determina conforme leis e princípios pensados, ou seja, universais".[7]

7 FD, § 258, observação (ed. fr. 2003, p. 334) (ed. alemã W, 1970, t. 7, p. 399) [ed. br. 2010, p. 230 | 2022, p. 535].

A liberdade dos homens, no Estado, não deve ser concebida de maneira negativa, como se a liberdade de cada um tivesse, por condição, a limitação da liberdade dos outros[8] (tal como na tese de Kant,[9] dentre outros). Se adotássemos tal visão, haveria uma contradição essencial entre a existência cívica e a liberdade, de modo que o verdadeiro lugar de realização do homem seria o estado de natureza. Mas essa tese tem como defeito identificar liberdade e independência, que não é senão a forma "reflexiva" da liberdade. Em vez disso, como foi dito, a verdadeira liberdade, para Hegel, consiste em estar consigo em seu outro, ou seja, manter com ele uma relação de *Aufhebung* e, assim, nele se reconhecer. Ora, os indivíduos "estão neles" na lei estatal, pois ela é obra de sua vontade.[10] Precisamente, diz Hegel, em nossa época, os homens se recusam a ser joguetes da instituição, mas exigem que ela corresponda à sua concepção da justiça:

> O homem não se atém àquilo que é dado na existência, mas, pelo contrário, afirma ter nele a medida do que é justo. Ele pode, sem dúvida, estar submetido à necessidade e à dominação de uma autoridade exterior, mas não o está como no caso da necessidade natural, pois sua interioridade lhe diz sempre

8 Ver RH (ed. fr. 1965, p. 135-6) (ed. alemã 1955, p. 111).

9 Ver Kant (1985b, p. 479).

10 Ver FD, § 268 (ed. fr. 2003, p. 350) (ed. alemã W, 1970, t. 7, p. 413) [ed. br. 2010, p. 240 | 2022, p. 556-7].

como as coisas devem ser, e é nele mesmo que ele encontra a confirmação ou a desaprovação daquilo que está em vigor.[11]

A adesão à lei não pode ser coercitiva. Ela deve corresponder a uma aprovação interior, que aceite a possibilidade da divergência e da contestação.[12]

No entanto, no Estado pós-antigo, a integração não se reduz ao patriotismo dos cidadãos que assentem livremente às leis. Ela significa, além disso, que o Estado reconhece aos homens o direito de perseguir seus objetivos individuais: "O direito dos indivíduos à sua particularidade está igualmente contido na substancialidade ética, pois a particularidade é o modo exterior aparecendo, no qual o ético existe".[13] O Estado não proíbe de modo algum a defesa dos interesses pessoais dos indivíduos. Em primeiro lugar, o Estado admite a promoção desses interesses fora dele mesmo, por exemplo, na vida familiar ou burguesa. Em segundo, porém, o Estado admite a defesa de interesses pessoais nele mesmo, quando, por exemplo, os homens se opõem uns aos outros para se alçar a postos políticos. Contudo, os concorrentes devem compartilhar a mesma disposição patriótica de espí-

11 FD, prefácio (ed. fr. 1989, p. 48) (ed. alemã W, 1970, t. 7, p. 16).

12 Ver *Propédeutique philosophique*, premier cours [Propedêutica filosófica, primeiro curso], §§ 56-57 (ed. fr. 1963, p. 75-6) (ed. alemã W, 1970, t. 4, p. 266).

13 FD, § 154 (ed. fr. 2003, p. 258) (ed. alemã W, 1970, t. 7, p. 304) [ed. br. 2010, p. 173 | 2022, p. 409]. Devemos a J.-F. Kervégan o fato de esse ponto ter sido tão evidenciado. Ver, em especial, a quarta parte de Kervégan (2007, p. 309 e ss.).

rito. A luta, ainda que bastante real, ocorre sobre um fundo compartilhado pela preocupação com o bem comum.[14]

Poderíamos, entretanto, nos espantar com o fato de a extraordinária valorização por Hegel da liberdade política ser acompanhada, por sua vez, da rejeição da democracia grega. Por que ela não convém aos homens atuais e por que a monarquia pós-antiga é superior a ela? A democracia grega, para o autor de *Filosofia do direito*, está ligada a condições antropológicas precisas e acarreta certo número de inconvenientes. Ele a vê como um regime no qual os indivíduos concordam imediatamente sobre o bem comum e a este se conformam de maneira também espontânea. Para os gregos, "as leis existem ao modo de uma necessidade natural".[15] Essa situação é factível pela excelência própria dos homens, mas tem por corolário sua dependência dos oráculos (o qual dispensa os gregos de encontrar livremente neles mesmos o princípio de sua ação) e do trabalho servil (que lhes permite se manter acima de toda atividade prosaica, mas que também os impede de se constituir em uma sociedade civil diferenciada): "Os cidadãos ainda não possuem consciência do particular, nem, consequentemente, do mal; neles, não está quebrada a vontade objetiva".[16] Em oposição, a liberdade concreta dos europeus da época pós-antiga significa que seu patriotismo deve concordar com a preocupação com seus interesses particulares. Um patriota moderno é um indivíduo que defende seus interesses, ao mesmo tempo que se

14 Ver FD, § 302, observação (ed. fr. 2003, p. 401) (ed. alemã W, 1970, t. 7, p. 472) [ed. br. 2010, p. 283 | 2022, p. 635-7].

15 LPH (ed. fr. 1967, p. 194) (ed. alemã W, 1970, t. 12, p. 308).

16 LPH (ed. fr. 1967, p. 194) (ed. alemã W, 1970, t. 12, p. 308).

conforma com os princípios gerais de seu Estado e, por isso mesmo, assegura o desenvolvimento deste último.[17] Por isso, a decisão política supõe etapas, pois ela deve integrar o bem comum do Estado e os interesses particulares dos indivíduos, sem, entretanto, se reduzir nem a um, nem aos outros.

É isso que exprime o caráter "concretamente subjetivo" da Constituição moderna. A lei, então, nada tem de "natural", mas é engendrada pela negação da vontade unilateral do Estado e das tendências egoístas dos indivíduos em prol de uma vontade ao mesmo tempo cívica e integradora das diferenças individuais. Seria preciso, pois, lamentar a perda da excelência grega e, com ela, da democracia? Não, responde Hegel. Pois é melhor se tornar virtuoso por uma decisão deliberada e por conformidade aos princípios de um Estado aberto à diferença do que ser virtuoso simplesmente por instinto e por conformidade aos princípios de uma cidade "naturalmente" homogênea.[18]

A CRÍTICA DO CONTRATO SOCIAL

A observação do § 75, no direito abstrato, contém uma denúncia das teorias políticas do contrato. Ao passo que inúmeros autores modernos fazem da passagem do estado de natureza ao estado civil — quaisquer que sejam, aliás, seu contexto histórico e seu conteúdo preciso — o ponto-chave

17 Ver ECF III, § 395, adendo (ed. fr. 1970-1988, p. 438-9) (ed. alemã W, 1970, t. 10, p. 84-5) [ed. br. 1995b, p. 67-71].

18 Ver LPH (ed. fr. 1967, p. 195-6) (ed. alemã W, 1970, t. 12, p. 311-2).

da evolução histórica, ou ao menos o conceito essencial a partir do qual se pensa o político, Hegel rejeita toda ideia de contrato no que se refere ao Estado. Essa teoria lhe parece inaceitável tanto do ponto de vista normativo da política quanto da perspectiva factual da história: o Estado não deve repousar sobre uma simples conjunção de vontades particulares, e por isso alguma coisa tal como a passagem do estado de natureza ao estado civil jamais existiu, de modo que todo povo inscrito na história possui, desde sua origem, uma organização política.

Hegel endereça, principalmente, duas críticas à teoria do contrato social: em primeiro lugar, de que ela não vê o fato de a unidade política não proceder de uma massa, mas de um querer comum pressuposto; em segundo, de que ela não reconhece o fato de a passagem, no Estado, não conduzir de uma ausência de Estado a um Estado presente, mas de um Estado "imediato" a um Estado "efetivo". Essas duas críticas repousam sobre um mesmo princípio teórico, a saber, que o começo já é a "coisa mesma", ainda que de um modo imediato.

a) Em relação ao primeiro ponto, na teoria do contrato social tal como Hegel a interpreta, a unidade procede do múltiplo: o *vulgus* múltiplo renunciaria espontaneamente a si mesmo para se constituir em um *populus* unificado.[19] Contra isso, Hegel objeta que, se o múltiplo fosse realmente como tal, ele só poderia produzir uma unidade *aparente*.

19 Ver FD, § 29, observação (ed. fr. 2003, p. 138) (ed. alemã W, 1970, t. 7, p. 30-1) [ed. br. 2010, p. 72 | 2022, p. 211-2] e ECF III, § 544, observação (ed. fr. 1970-1988, p. 321-2) (ed. alemã W, 1970, t. 10, p. 341) [ed. br. 1995b, p. 67-71].

Pois é impossível constituir uma identidade apenas a partir da alteridade. Uma vez que, hipoteticamente, o estado civil provém de um acordo entre indivíduos, sua coerência somente poderia indicar um mal infinito.[20]

Isso significa então que o Estado não teria uma gênese? Seria surpreendente tal consequência, considerando que o hegelianismo, em seu todo, é uma teoria da formação da ideia. Contudo, para Hegel, o Estado não se enraíza em uma multiplicidade de vontades egoístas, mas em uma forma imediata dele mesmo, isto é, em uma vontade universal ainda inefetiva. Por exemplo, se consideramos o momento da vontade política interior, constatamos que ele possui, como ponto de partida, o príncipe. Certamente, o príncipe não passa de uma figura incoativa do Estado; na medida em que ele é, por definição, um mero indivíduo singular, é desprovido de competência (diferentemente dos funcionários) e deve seu título apenas à sua posição familiar (diferentemente dos membros do Parlamento). Todavia, como tal, ele institui o Estado como um todo. O príncipe encarna a vontade universal, ainda que seja somente uma universalidade indeterminada. Para Hegel, o todo — e, consequentemente, o Estado — não possui como ponto de partida a multiplicidade, e sim a unidade abstrata. Como ele já escrevia no período de Jena: "A vontade universal é o que vem primeiro, ela é a essência, e os [indivíduos] singulares precisam se tornar universais [...] ao se formar [conformes a ela]. Ela lhes é anterior".[21]

20 Ver FD, § 258, observação (ed. fr. 2003, p. 335-6) (ed. alemã W, 1970, t. 7, p. 400-1) [ed. br. 2010, p. 231-2 | 2022, p. 535-9].

21 *Jenaer Systementwürfe (1805-1806)* [Esboço de sistema de Jena (1805-1806)] (ed. alemã, GW, 1968, v. 8, p. 257).

Paradoxalmente, Hegel vem aqui evocar um princípio rousseauniano para denunciar a incapacidade do autor de *Do contrato social* de pensar verdadeiramente o universal:

> A diferença antes mencionada entre o que é simplesmente comum e o que é verdadeiramente universal (*zwischen dem bloß Gemeinschaftlichen und dem wahrhaft Allgemeinen*)[22] se encontra expressa de uma maneira pertinente em *Do contrato social* [...] de Rousseau, quando diz que as leis de um Estado deveriam necessariamente emanar da vontade universal, mas não teriam absolutamente necessidade para tanto de ser a vontade de todos. Rousseau teria, em relação à teoria do Estado, elaborado algo de mais profundo se sempre tivesse estabelecido diante de seus olhos essa diferença. A vontade universal é o conceito da vontade, e as leis são as determinações particulares da vontade fundadas no conceito.[23]

Aos olhos de Hegel, o erro de Rousseau, aliás, infiel à sua própria exigência, é ter pensado a vontade geral a partir do acordo interindividual. A isso, ele opõe, como origem da vontade universal efetiva, uma vontade universal imediata, o "conceito da vontade".

22 Hegel utiliza o mesmo termo, *allgemein*, para o que o francês [e o português] trata alternadamente por "universal" e "geral".

23 ECF I, § 163, adendo (ed. fr. 1970-1988, p. 593) (ed. alemã W, 1970, t. 8, p. 312-3) [ed. br. 1995a, p. 297-8]. Ver Rousseau (1992, p. 66): "Frequentemente existe uma diferença entre a vontade de todos e a vontade geral; esta não visa senão ao interesse comum; aquela visa ao interesse privado, e é só uma soma das vontades particulares".

b) Em segundo lugar e correlativamente, para Hegel, a temática da passagem histórica do estado de natureza ao estado civil — como se o segundo fosse efeito do primeiro — é inaceitável, pois o Estado não pode resultar da ausência do Estado. Se, por exemplo, em nossos dias, existe um Estado no mundo germânico, é preciso admitir que ele existiu desde seu começo. Certamente, a forma política originária era deficiente por todos os ângulos, e a forma atual é a negação daquela forma originária. Porém, em termos gerais, não se pode pensar em um processo sem admitir que seu ponto de partida é o "conceito" da coisa mesma, no sentido de sua forma abstrata. Estamos aqui diante de uma das explicações do (mau) diagnóstico de Hegel sobre a África. De certa maneira, diz ele, os povos africanos são sem Estado: privados da condição primeira da história, estão destinados a ficar fora dela.[24]

Ao mesmo tempo, o tema da oposição entre espírito e natureza — e assim, de certa maneira, do estado civil ao estado de natureza — é, como foi dito no Capítulo III, uma das chaves do pensamento hegeliano. O autor de *Lições sobre a filosofia da história* cita regularmente a fórmula *exeundum est e statu naturae*, "é preciso sair do estado de natureza", que ele atribui, aqui e ali, a Espinosa.[25] No entanto, como foi dito, a noção de natureza para Hegel possui uma significação estrutural e não pode designar uma fase determinada da história, uma fase da qual, de algum modo, poderíamos nos livrar graças a um con-

24 Ver RH (ed. fr. 1965, p. 249) (ed. alemã 1955, p. 216).

25 Ver PH 1822-1823 (ed. alemã 1996, p. 33) (ed. fr. 2009, p. 136). Essa ideia é defendida por Espinosa principalmente no capítulo 16 de *Tratado teológico-político*. Mas a expressão não é literalmente encontrada.

trato social. A natureza, ou a naturalidade, designa essa alteridade contra a qual o espírito se encontra em luta incessante e que, por sua *Aufhebung*, ele se constitui como tal. Por um lado, não existe um "puro" estado de natureza ao qual o Estado político poderia suceder. Por outro, a negação da "naturalidade" (como alteridade, e assim multiplicidade, e assim contradição) pela "espiritualidade" (como identidade concreta consigo, e assim unidade, e assim racionalidade) é o esquema fundamental do desenvolvimento do espírito. Se, por exemplo, considerarmos a eticidade, podemos dizer que a sociedade civil é, em relação ao Estado, uma forma de estado de natureza. Ou então, se considerarmos o ciclo do Estado, podemos dizer que o direito político exterior é um estado de natureza em relação à história dos reinos. Da mesma maneira, no mundo germânico, o momento feudal (dividido) é um estado de natureza em relação ao momento protestante (unificado) etc. Aquilo que nos autores contratualistas é a passagem histórica — ou hipoteticamente histórica — do estado de natureza ao estado civil se torna, para Hegel, a *Aufhebung* sempre renovada da naturalidade pelo espírito. A naturalidade não é uma fase pré-política do espírito, mas, sim, como momento estrutural, o obstáculo que o espírito deve superar em cada uma de suas figuras para que seja efetivo.

Em outras palavras, o autor de *Filosofia do direito* recusa a teoria do contrato uma vez que, para ele, o Estado não se constitui *a partir* do estado de natureza, mas *contra* ele, ou seja, na medida em que jamais acaba com ele, mas está sempre a vencê-lo. Não se pode, assim, admitir a análise ao mesmo tempo cronológica e etiológica, segundo a qual o estado de natureza teria precedido e causado o estado civil. Em vez disso, é preciso dizer que a vontade (política) unificadora é primeira e se torna soberana a despeito das vontades (particulares) e originariamente insubordinadas. Mais precisamente, o confronto entre uma vontade unificadora abstrata e uma série de vontades particulares resulta, graças à vitória da primeira, no Estado concreto. Na história, o Estado sempre já está presente, mas é originariamente inapropriado: é por isso que o desafio não é cessar o estado de natureza, mas fazer surgir instituições adequadas.[26]

TEORIA DA CONSTITUIÇÃO

A teoria hegeliana do Estado, tal como foi visto e tal como ela aparece no capítulo sobre o "direito estatal interno", concerne, sobretudo, ao Estado moderno. Podemos questionar essa escolha. Não teria sido mais judicioso apresentar a forma do Estado em geral, sem inscrevê-lo desde o início em uma figura histórica particular? Hegel poderia então consagrar à Constituição moderna um capítulo de *Lições sobre a filosofia da história*, mesmo que a história, na verdade, não tenha como alvo primeiro a Constituição interior dos Estados, mas suas relações mútuas na edificação de seus impérios. Ao mesmo tempo, Hegel possui o hábito de, quando a figura que está sendo estudada compreende diversos graus, estabelecer à frente aquele que é o mais concreto. Em todo caso, quando lemos o

26 Ver as análises de Kervégan (2007, p. 124 e ss.), que insistem especialmente no fato de que, para Hegel, a doutrina do contrato social conduz a subordinar a ligação política aos interesses privados. Sobre o significado "progressista" do anticontratualismo hegeliano, ver Losurdo (1992, p. 79 e ss.).

capítulo sobre a Constituição interior, é preciso vê-lo concernindo ao Estado em geral, que, no entanto, é exemplificado com a figura do Estado moderno.

Ora, esse Estado se caracteriza, diz Hegel, por uma Constituição (*Verfassung*). Essa noção designa, antes de tudo, a organização dos poderes.

> O Estado é um organismo, ou seja, é o desenvolvimento da ideia em suas diferenças. Esses diferentes aspectos constituem os diversos poderes, suas respectivas funções e sua eficácia, graças ao que o universal se produz por si mesmo sem cessar [...]. Esse organismo é a Constituição política.[27]

A noção de Constituição, como se nota, nomeia a estrutura fundamental do Estado; ela equivale, de certo modo, ao "regime" político — em grego, *politeia*.[28] Ela não conduz, pois, nem a uma lei fundamental que limitaria a ação do poder político, nem à existência de um estado de direito. De fato, para Hegel, China e Atenas, tanto quanto o império de Carlos Magno e a Idade Média feudal, se caracterizam, cada um deles, por uma Constituição. É por isso que o sintagma de "monarquia constitucional", regularmente encontrado sob a pluma de Hegel a propósito do Estado germânico moder-

27 FD, § 269, adendo (ed. fr. 1989, p. 270) (ed. alemã W, 1970, t. 7, p. 415) [ed. br. 1998, p. 44 | 2022, p. 558].

28 Ver também ECF III, § 540, observação (ed. fr. 1970-1988, p. 317) (ed. alemã W, 1970, t. 10, p. 336) [ed. br. 1995b, p. 311-2]. Sobre a rica história do conceito de Constituição no início do século XIX no meio germanófono, ver Brunner, Conze & Koselleck (1972-1997, VI, p. 863 e ss.).

no,[29] não autoriza por si só a fazê-lo um pensador progressista. Com efeito, o que frequentemente se faz é o seguinte raciocínio: na Prússia da época de Hegel, não havia Constituição no sentido de uma organização política que limitasse o poder do rei; ora, Hegel fala da Constituição como um aspecto do Estado racional; logo, Hegel critica o Estado de sua época. Na verdade, se tomarmos a Constituição no sentido hegeliano da organização estatal, a Prússia de Frederico Guilherme III possui, de fato, uma Constituição.

Ao mesmo tempo, assim como em toda noção estrutural, a de Constituição apresenta diferentes níveis de realização. Fala-se de Constituição em seu sentido mais forte quando o regime político exprime adequadamente o espírito do povo: o que não é verificado, por exemplo, no caso da Constituição carolíngea (porque ela tem como defeito, segundo Hegel, não repousar sobre o espírito do povo, mas somente sobre a energia de Carlos Magno), nem no caso da Constituição espanhola imposta por Napoleão (que era *a priori*, e logicamente colapsou quando da retirada das tropas francesas). Da mesma maneira, na China, a Constituição não é autêntica, diz Hegel, dado que os indivíduos e as corporações não podem fazer valer seus direitos. A Constituição, por excelência, na verdade é liberadora e mediada pelo querer refletido dos cidadãos.[30] Finalmente, Hegel é um pensador da liberdade política, não por sua insistência na noção de Constituição,

29 Ver, por exemplo, FD, § 286, observação (ed. fr. 2003, p. 385) (ed. alemã W, 1970, t. 7, p. 456) [ed. br. 2010, p. 271 | 2022, p. 612-3].

30 Ver FD, § 302, adendo (ed. fr. 1989, p. 309) (ed. alemã W, 1970, t. 7, p. 472) [ed. br. 1998, p. 109-10 | 2022, p. 637].

mas pela distinção que ele opera entre as Constituições inadequadas e as Constituições adequadas: "As formas de todas as Constituições são incompletas, se nelas não se pode admitir o princípio da subjetividade livre e se elas não sabem se conformar às exigências de uma razão cultivada".[31]

Ora, o Estado moderno compreende uma pluralidade de poderes, a saber, os do príncipe, do governo e do Parlamento. Hegel reconhece o caráter necessário da "divisão" (*Teilung*) dos poderes e faz dela a garantia da liberdade pública. Ao mesmo tempo, critica a representação segundo a qual os poderes deveriam se limitar uns aos outros. Como compreender tal concepção?

É reconhecida, na posição denunciada por Hegel, aquela de Montesquieu, a saber, a balança dos poderes. Para o autor de *O espírito das leis*, como sabido, "para que não se possa abusar do poder, é preciso que, pela disposição das coisas, o poder pare o poder" (Montesquieu, 1979, p. 293). Os órgãos que compõem o Estado devem ter os meios para se opor uns aos outros. Para Montesquieu, trata-se, antes de tudo, de assegurar o entre-impedimento dos órgãos políticos, de maneira a obrigá-los ao compromisso e, assim, obter uma legislação moderada. Ora, essa visão da política, para Hegel, é inaceitável por duas razões. Inicialmente, porque ela repousa sobre uma concepção negativa da liberdade e depois porque ela organiza o conflito no Estado e, com isso,

31 FD, § 273, adendo (ed. fr. 1989, p. 283) (ed. alemã W, 1970, t. 7, p. 440) [ed. br. 1998, p. 73 | 2022, p. 588].

sua corrupção.[32] Em que o organismo político hegeliano se opõe a essa solução? Para Hegel, os momentos do poder não interagem, pois cada um deles possui uma função própria. O príncipe decide de maneira geral, o governo resolve os problemas particulares, e o Parlamento define o conteúdo da lei no que concerne aos indivíduos e assegura a elevação destes a um querer conforme as leis. Dessa forma, por um lado, cada um dos poderes é seu único senhor, e, por outro, cada um não é ativo senão em seu domínio próprio.

Logo, Hegel não defende nem uma concepção absolutista do poder, nem uma concepção na qual os diferentes poderes se tomassem como obstáculos uns aos outros. Na verdade, para ele, o Estado é racional quando cada um dos seus componentes realiza, no nível — mas somente nesse nível — que é o seu, o poder político completo. Uma instituição particular não é uma parte do poder que poderia se juntar ou se subtrair às outras, mas uma encarnação determinada do todo. É por isso que sua vontade não vale apenas para certos cidadãos (por exemplo, para aqueles que dispusessem do poder em questão), mas para todos. Reencontramos aqui a concepção da liberdade política como vontade universal. O Estado é livre não quando a nocividade que pode representar um órgão político qualquer é limitada, mas quando cada órgão exerce plenamente sua atividade própria.[33]

32 Ver FD, § 272, observação (ed. fr. 2003, p. 365-6) (ed. alemã W, 1970, t. 7, p. 434) [ed. br. 2010, p. 255 | 2022, p. 577-80]. Ver também § 300, adendo (ed. fr. 1989, p. 307) (ed. alemã W, 1970, t. 7, p. 468) [ed. br. 1998, p. 105 | 2022, p. 630-1].

33 Ver FD, § 272, adendo (ed. fr. 1989, p. 280) (ed. alemã W, 1970, t. 7, p. 435) [ed. br. 1998, p. 67-8 | 2022, p. 580-1].

Como se desenvolve a esfera estatal? O direito público interno é o momento da pura relação consigo mesmo do Estado individual, o direito público externo é aquele da relação do Estado individual com o mundo exterior, e a história do mundo é aquela na qual um princípio geral ("o espírito do mundo") se incorpora nos Estados particulares e assim os unifica. Mais precisamente:

a) De início, o Estado está dado, e a questão de sua origem não é tematizada. Como já foi dito, para Hegel o ponto de partida é sempre imediato, pressuposto. Não se trata do nascimento do Estado, nem do nascimento de suas instituições, mas somente de seu funcionamento normal, que assegura sua conservação. Além disso, a vida política é operada entre poderes já constituídos, sem fazer verdadeiramente intervir o povo enquanto tal.

b) Em segundo lugar, o Estado individual se relaciona com uma alteridade irredutível: o outro Estado. Essa é uma relação negativa, de espécie belicosa. Porém, por isso mesmo, cada um deles aparece sobre a cena internacional.

c) Por fim, na história do mundo, vem-se a considerar a totalidade dos Estados. Enquanto no segundo momento só se trata ainda do mal infinito das relações particulares entre Estados, doravante se considera o sistema geral das potências estatais, que tendem, todas elas, a se constituir em impérios e, assim, dominar as outras.

Como justificar essa sequência? Não teria sido mais coerente começar pela história, para então passar às relações internacionais particulares e, enfim, terminar pela vida estatal interna? Em outras palavras, não seria preciso admitir que a ordem do texto é apenas uma ordem "pedagógica" de apresentação e que a gênese real conduz da história à vida estatal interna? Não é esse o caso. Para Hegel, o Estado não é resultado da história, mas o seu sujeito. Ele começa pelo estar dado em si mesmo e, em seguida, deve se formar de maneira a ser capaz de desempenhar um papel na história. A princípio, ele é só imediato, por isso sua concentração apenas sobre a vida interior. Em sentido inverso, demanda certo poder — certa universalidade — para se relacionar com o exterior de um modo belicoso (segundo momento) e um poder ainda maior para se relacionar com o exterior ao modo de um império (terceiro momento). A existência em um sistema não pode ser imediata, ela pode resultar somente na negação infinita da imediatidade. Do mesmo modo que o animal, na filosofia da natureza, começa por sua atividade fisiológica interior (estruturalmente análoga ao direito público interno) e depois passa à relação de nutrição (análoga ao direito público externo) antes de encarnar o interesse da espécie em seu comportamento sexual (análogo à história do mundo), é somente *in fine* que o Estado é capaz de construir, fora de si mesmo, um império que ele domina.

2. O príncipe hegeliano

A teoria do príncipe é uma peça essencial do pensamento político de Hegel. Mas sofremos com as dificuldades dessa teoria. Por um lado, o príncipe é apresentado como "o ápice e o começo do todo",[34] por outro, ele se contenta, pelo menos assim parece, em pôr sua assinatura sob os textos das leis.[35] Além disso, ainda que considerado em sua inscrição dentro de uma Constituição racional, seu poder advém apenas de seu pertencimento à dinastia reinante, de tal modo que suas qualidades pessoais pouco importam.

> O governo repousa sobre o mundo dos funcionários, tendo no topo a decisão pessoal do monarca, pois uma decisão suprema é [...] absolutamente necessária. Entretanto, com leis firmemente estabelecidas e uma organização bem definida, o que foi reservado exclusivamente à decisão do monarca deve ser considerado como pouca coisa face ao que é substancial. É preciso considerar seguramente que é uma felicidade quando um nobre monarca está em sintonia com um povo [*est échu*]; no entanto, isso, mesmo em um grande Estado, não possui importância assim tão considerável.[36]

Estamos aqui frente a uma inconsequência da parte de Hegel, ou esses paradoxos estão implicados pela situação e pelo papel do príncipe no organismo estatal? Examinemos o problema passo a passo.

a) Por que o Estado tem apenas um homem à sua frente? Aos olhos de Hegel, a vontade estatal, para ser única, deve

34 FD, § 273 (ed. fr. 2003, p. 366) (ed. alemã W, 1970, t. 7, p. 435) [ed. br. 2010, p. 255 | 2022, p. 581].

35 Ver FD, § 279, adendo (ed. fr. 1989, p. 291) (ed. alemã W, 1970, t. 7, p. 449) [ed. br. 1998, p. 83 | 2022, p. 603].

36 LPH (ed. fr. 1967, p. 346) (ed. alemã W, 1970, t. 12, p. 539).

estar encarnada em um único indivíduo.[37] Certamente, isso não exclui uma pluralidade de instituições e de governantes, pois a verdadeira unidade não se conquista senão pela multiplicidade. Assim, a Constituição moderna compreende, além do poder do príncipe, o poder governamental e o poder legislativo, os quais são postos em ação por uma multiplicidade de funcionários e deputados. Contudo, o conjunto deve estar subordinado a um monarca único. Esse não é o todo do Estado, mas é o pressuposto — a totalidade imediata e abstrata — graças ao qual o Estado se constitui como um todo concreto.

A importância dessa unicidade é mais bem compreendida quando se consideram as críticas endereçadas por Hegel ao feudalismo — tipo de regime no qual, a seus olhos, o poder é essencialmente dividido. Na monarquia feudal, nem o monarca, nem mesmo o Estado são soberanos. Isso porque os poderes são considerados propriedade privada de alguns indivíduos, de tal maneira que aquilo que pertence ao interesse geral depende de fato do seu bel-prazer.[38] Enfim, trata-se de opor o feudalismo enquanto "poliarquia", em que existem apenas senhores e servos, à monarquia moderna, na qual "apenas um é o senhor e ninguém é servo, pois a servidão é

37 Ver FD, § 279 (ed. fr. 2003, p. 376) (ed. alemã W, 1970, t. 7, p. 444) [ed. br. 2010, p. 262 | 2022, p. 596-7].

38 Ver FD, § 278, observação (ed. fr. 2003, p. 374) (ed. alemã W, 1970, t. 7, p. 443) [ed. br. 2010, p. 261 | 2022, p. 594-6].

por ela rompida, nela prevalecendo o direito e a lei, [de tal modo que] é dela que nasce a real liberdade".[39]

b) Qual é então o papel do príncipe? Ele aceita ou recusa sua graça aos criminosos, estabelece o conteúdo geral das leis e legitima a Constituição.[40] A questão, porém, é saber qual a sua autonomia e qual a realidade de seu poder.

Conforme uma primeira hipótese, o príncipe hegeliano reina, mas não governa, no sentido de ele se contentar em homologar as decisões que lhes são apresentadas por seu gabinete. A favor dessa interpretação, podemos citar a seguinte passagem: "Em uma organização completa [do Estado], trata-se somente de ter diante de si o [princípio do] decidir formal, e é preciso, como monarca, apenas um homem que diga sim e ponha os pingos nos is".[41] O príncipe não teria um poder verdadeiro e se contentaria em subscrever os decretos que, na realidade, são desejados e preparados pelo governo.[42]

39 LPH (ed. fr. 1967, p. 307) (ed. alemã W, 1970, t. 12, p. 478). Ver FD, § 286, observação (ed. fr. 2003, p. 385-6) (ed. alemã W, 1970, t. 7, p. 456-7) [ed. br. 2010, p. 270-2 | 2022, p. 612-3].

40 Ver FD, §§ 282-285 (ed. fr. 2003, p. 383-5) (ed. alemã W, 1970, t. 7, p. 454-6) [ed. br. 2010, p. 269-70 | 2022, p. 609-12].

41 FD, § 280, adendo (ed. fr. 1989, p. 294) (ed. alemã W, 1970, t. 7, p. 451) [ed. br. 1998, p. 85 | 2022, p. 605].

42 Essa é a interpretação defendida por Weil (1950, p. 62) e por Fleischmann (1964, p. 302). Ver a crítica dessas interpretações em Bourgeois (1992, p. 211 e ss.).

Entretanto, conforme outra hipótese, o príncipe possui papel central como garantidor da unificação e, por fim, da existência do Estado. Essa interpretação pode, por sua vez, invocar afirmações precisas, tais como: "A vontade estatal que tudo porta, tudo detém, o cimo supremo do Estado como também a unidade penetrante do todo é o poder governamental do príncipe".[43] Na mesma direção: "O nome do monarca aparece como o laço exterior e a sanção sob a qual, em geral, tudo se faz no governo".[44] A dificuldade, portanto, é conciliar essas últimas citações com aquelas anteriormente referidas.

A título de síntese, podemos propor a seguinte interpretação. A única tarefa do monarca é querer. Esse ato de volição é, contudo, indispensável, pois ele engendra a vontade do Estado enquanto tal. É em virtude de sua assunção pelo monarca que uma lei possível se torna efetiva. Não se trata, para o príncipe, de simplesmente conduzir o procedimento legislativo a seu termo ao referendar aquilo que foi desejado por outros. Isso porque, pelo contrário, a validade da lei repousa sobre sua vontade própria. Hoje em dia, teríamos a tendência de dizer que a assinatura do chefe de Estado é indispensável para assegurar a validade jurídica da lei, mas que ele pode validamente promulgar uma lei mesmo estando em desacordo com ela. Do ponto de vista hegeliano, por outro lado, a lei só é efetiva quando está integrada na vontade dos cidadãos enquanto tais — e, preliminarmente, naquela

43 ECF III, § 542 (ed. fr. 1970-1988, p. 319) (ed. alemã W, 1970, t. 10, p. 338) [ed. br. 1995b, p. 313-4].

44 ECF III, § 542, observação (ed. fr. 1970-1988, p. 320) (ed. alemã W, 1970, t. 10, p. 339) [ed. br. 1995b, p. 314].

do primeiro dentre eles. É por isso que o querer pessoal do monarca desempenha papel indispensável.

Todavia, essa vontade é abstrata no sentido de que não traz consigo o detalhe da lei relativamente aos indivíduos (que deve ser determinado pelo Parlamento), nem sua aplicação aos negócios particulares (que pertence ao governo), mas, sim, seu conteúdo relativo ao Estado em geral. A vontade principesca se interessa somente pelo Estado como um todo, e não pelas vontades singulares dos cidadãos. É por isso que, se fosse unicamente o príncipe a dirigir o Estado, então o Estado não corresponderia à liberdade concreta dos homens.

A vontade principesca é também abstrata em outro sentido. O príncipe deve optar entre vários conteúdos gerais que lhe são apresentados por seu gabinete, os quais, hipoteticamente, são igualmente bons. Como ele escolheria? *Grundlos*, responde Hegel, isto é, sem fundamento.[45] Mais uma vez, a temática da imediatidade se impõe.

c) Qual é a identidade do príncipe? Assim como para todos os atores da vida política, existem "qualidades universais e objetivas"[46] de cidadão e, consequentemente, de patriota. Por outro lado, ele não precisa possuir nem a educação do funcionário, nem a habilidade ou o conhecimento das instituições que são próprios do deputado. Portanto, é também do ponto de vista de sua formação que o príncipe representa

45 Ver FD, § 279 (ed. fr. 2003, p. 376) (ed. alemã W, 1970, t. 7, p. 444) [ed. br. 2010, p. 262 | 2022, p. 596-603].

46 FD, § 277 (ed. fr. 2003, p. 372) (ed. alemã W, 1970, t. 7, p. 442) [ed. br. 2010, p. 260 | 2022, p. 592-3].

um momento de imediatidade, posto que ele apenas se dá ao trabalho de nascer em uma família reinante.

Qual é então a justificativa do caráter hereditário de sua função principesca? Negativamente, primeiro, o fato de o príncipe não ser dependente de uma eleição ou de uma escolha operada por outros permite que ele não seja o representante de nenhuma facção. Seu pertencimento à dinastia reinante é a garantia de sua imparcialidade. Positivamente, em seguida, o respeito que ostenta em virtude de sua hereditariedade o eleva para além das paixões mesquinhas. Assim como escreve a lição de 1817-1818:

> O príncipe é o primeiro por natureza e, assim, domina todos os fins da particularidade — acima do orgulho, da presunção, da inveja, do ódio e de todas as coisas desse gênero; o príncipe, enquanto imediatamente reconhecido por todos como o primeiro, não pode conhecer o orgulho; esse respeito lhe cabe pelo fato de ele ser reconhecido; todas as paixões do estado médio no príncipe desaparecem.[47]

Podemos assim constatar: se as virtudes específicas do príncipe são de tipo ético, elas estão, ao mesmo tempo, diretamente ligadas à hereditariedade e, assim, são naturais e não adquiridas, graças a um processo de formação espiritual. Existe, pela pluma de Hegel, uma mistura de exaltação do monarca e de reserva em relação a ele. Seguindo-se a inclinação da letra em si mesma, podemos dizer que se reencontra, na teoria do príncipe, toda a ambivalência da

47 NS (ed. alemã, 1983, p. 206).

teoria hegeliana do princípio, deste como um momento indispensável, mas somente imediato. Observemos, ademais, que o rei Frederico Guilherme III evidenciou seu descontentamento quando lhe fizeram menção à expressão "pôr os pingos nos is", considerada como definidora de seu papel (Rosenzweig, 2010, p. 413). Certamente Hegel, aqui como em outras partes, tem a tendência de valorizar o chefe, instância da *Aufhebung* da multiplicidade e da constituição do povo enquanto tal.[48] Não obstante, seu estatuto natural e formal é constantemente sublinhado:

> As mais importantes ações dos governantes, os monarcas de nossa época delas se desembaraçaram. Estes não mais enunciam por si mesmos o direito. As finanças, a ordem e a segurança civis não são mais assuntos específicos seus, e a guerra e a paz são determinadas pelas relações políticas exteriores gerais, as quais não sobressaem em sua direção nem a seus poderes particulares. E, mesmo que a eles se volte a decisão última e suprema a respeito de todas essas relações, o conteúdo propriamente dito dos editais pertence, no entanto, em seu conjunto, cada vez menos à individualidade de suas vontades, as quais não são mais firmemente fixadas por eles mesmos, de tal modo que, em relação ao geral e ao público, o ponto cul-

48 Notemos de passagem que, mesmo se as qualidades do monarca diferem daquelas do grande homem, existe, contudo, uma analogia entre os dois personagens, na medida em que um e outro querem, em virtude de suas disposições imediatas, aquilo que o Estado ou o seu tempo demandam.

minante do Estado, a vontade monárquica subjetiva própria é apenas de natureza formal.[49]

3. O poder governamental

Se o monarca decide, o governo — no sentido da administração do Estado — prepara as leis e as põe em ação. Sua função de deliberação está ligada ao conhecimento dos múltiplos aspectos do Estado.[50] Sua função de aplicação consiste em

49 CE (ed. fr. 1995-1997, t. 1, p. 259) (ed. alemã W, 1970, t. 13, p. 254). A interpretação de Bourgeois (1992, p. 228), segundo a qual "o Estado em sua verdade se recolhe totalmente na decisão única do príncipe constitucional, [que] é, de alguma maneira, o alfa e o ômega do Estado hegeliano", se apoia sobre a incontestável valorização por Hegel do papel do príncipe — uma valorização que tem por corolário uma diminuição do papel do Parlamento. Mas essa exegese tem como defeito silenciar sobre a naturalidade e a indeterminação do momento principesco. O texto hegeliano é certamente atravessado de tensões, de tal modo que a interpretação segundo a qual o poder do príncipe não possui senão um estatuto incoativo não deve ser absolutizada, tanto quanto aquela interpretação segundo a qual ele teria um estatuto conclusivo. Porém, para nós, é mais conforme à ordem e ao conteúdo temático do texto admitir que o poder do príncipe, sendo um verdadeiro poder, resta afetado pela imediatidade.

50 Ver FD, § 300 (ed. alemã W, 1970, t. 7, p. 468) [ed. br. 2010, p. 279-80 | 2022, p. 629-31].

submeter os assuntos particulares sob o universal da lei.[51] Contudo, de um ponto de vista hegeliano, essa subsunção não pode implicar sua uniformização. Pelo contrário, a atividade da administração é essencialmente diversificada. Trata-se especialmente de proceder de tal modo que as diferentes atividades da sociedade civil concorram ao interesse geral.

Hegel propõe certo número de considerações sobre a organização da administração. Ele insiste na necessária especialização das tarefas, assim como na organização piramidal, que conjuga o centralismo a um significativo poder atribuído às comunas.[52] Encontramos aqui as duas constantes preocupações do filósofo: reconhecer o direito do particular e proceder de tal modo que ele se integre ao universal. Assim, "a verdadeira força do Estado reside nas comunas" e "a administração só pode ser favorável a [seus] interesses". Ao mesmo tempo, devem se organizar de modo a impedir que formem "um agregado, uma multidão de átomos espalhados".[53] Todavia, não deixamos de estar aqui diante de uma organização "exterior", típica dos momentos medianos dos ciclos sistemáticos.

51 Ver FD, § 288 (ed. alemã W, 1970, t. 7, p. 457-8) [ed. br. 2010, p. 272 | 2022, p. 614].

52 Napoleão é louvado por Hegel por sua obra organizacional. É desejável, segundo este, que o governo seja dotado de um chanceler ou de um primeiro-ministro, ou pelo menos de um conselho de ministros. Mas também é preciso evitar um excessivo centralismo, pois é nas comunas "que o Estado encontra interesses legítimos que ele deve respeitar". FD, § 290, adendo (ed. fr. 1989, p. 300-1) (ed. alemã W, 1970, t. 7, p. 460) [ed. br. 1998, p. 96 | 2022, p. 617-8].

53 FD, § 290, adendo (ed. fr. 1989, p. 300-1) (ed. alemã W, 1970, t. 7, p. 460) [ed. br. 1998, p. 96 | 2022, p. 617-8].

A obra do governo se faz sobre a vontade de seus administrados. A questão é também aquela da identidade, do estado de espírito e da independência de seus agentes. Como seria de esperar, os atributos do funcionário são diretamente opostos àqueles do monarca. Em primeiro lugar, enquanto apenas um indivíduo pode ser rei, a saber, o filho primogênito do rei precedente, todo homem possui o direito de ter acesso ao cargo de funcionário. Além disso, enquanto as qualidades pessoais do monarca importam pouco, o funcionário deve ter uma competência adquirida pela educação. Por fim, enquanto o monarca é irresponsável, um controle é exercido sobre os agentes da administração.

Poderia o poder estatal reduzir-se ao seu momento governamental? Evidentemente que não, na medida em que este último se concentra apenas sobre os assuntos particulares e não tem interesse pelo Estado como um todo. Além disso, ele só recorre a alguns funcionários e deixa inativos os membros do povo enquanto tais. Um novo momento é, portanto, indispensável: um momento no qual os cidadãos, em seu conjunto, possam se produzir enquanto atores da vida política e façam valer concretamente o seu patriotismo.

4. O poder legislativo

O Parlamento é a emanação política dos grupos socioprofissionais (*Stände*). Hegel, aliás, utiliza frequentemente essa mesma palavra — *Stände* — para designar o Parlamento, pois a língua alemã compartilha um traço do francês clássico no qual os *états* (Estados) nomeiam ao mesmo tempo as diferentes categorias sociais e as assembleias que as devem representar. Estamos aqui, assim podemos dizer, diante do momento democrático do Estado: após o momento propriamente monárquico encarnado pelo príncipe e o momento aristocrático encarnado pela administração, o Parlamento exprime os interesses do maior número:

> O elemento estamental tem a determinação de que o assunto universal não é apenas em si, mas também para si, isto é, de que o momento da liberdade formal subjetiva, a consciência pública, enquanto universalidade empírica das maneiras de ver e dos pensamentos da maioria, chegue ali à existência.[54]

Assim o terceiro poder permite ao povo entrar na vida pública.

No entanto, como se observa, o povo não acessa diretamente a atividade política, mas somente através dos membros do Parlamento. Certamente, para Hegel, todo o povo é afetado pela vida do Estado e constitui uma "opinião pública" que é preciso que se esclareça. Mas a opinião pública não influencia o poder político. Essa limitação está ligada à abstração da vida política interior: enquanto tal, ela apenas intervém sobre a margem dos cidadãos que são sempre já qualificados para tal vida. Ao contrário, como veremos, o corpo político na história é mobilizado como um todo.

54 FD, § 301 (ed. fr. 2003, p. 398) (ed. alemã W, 1970, t. 7, p. 468-9) [ed. br. 2010, p. 280 | 2022, p. 631-3].

Qual é então a tarefa dos parlamentares? Eles tratam das leis, na medida em que essas lhes concernem enquanto indivíduos movidos pelo interesse geral. O Parlamento, assim, se distingue do poder do príncipe, que se refere apenas ao todo abstrato do Estado, e do poder governamental, que não se ocupa senão de negócios que lhes são exteriores. Mais precisamente, a função do Parlamento é dupla: objetivamente, ele acerta o conteúdo da lei (essa função é expressa no § 314 pelos verbos *mitberaten* e *mitbeschliessen*: participar na deliberação e na decisão); subjetivamente, assegura a formação da disposição de espírito dos seus membros e, finalmente, do povo em geral (*mitwissen*, participar no saber).[55]

Em relação ao primeiro ponto, o Parlamento tem como tarefa aperfeiçoar as leis, ao definir a relação dos indivíduos com o Estado. Ele estabelece principalmente o que eles podem esperar do Estado em matéria de proteção de seus direitos e as contribuições que eles lhe devem.[56] É assim que o Parlamento vota a lei da finança.[57]

55 Ver FD, § 314 (ed. fr. 2003, p. 411) (ed. alemã W, 1970, t. 7, p. 482) [ed. br. 2010, p. 290 | 2022, p. 653].

56 Ver FD, § 299 (ed. fr. 2003, p. 396) (ed. alemã W, 1970, t. 7, p. 466) [ed. br. 2010, p. 278 | 2022, p. 626-8]. No que diz respeito ao imposto, Hegel insiste no fato de que ele deve ser em dinheiro e não em natureza (o serviço militar constitui aqui uma exceção), de modo a assegurar um cálculo justo e equitativo das contribuições, e não obrigar o indivíduo a pagá-la de uma maneira determinada. Com efeito, o dinheiro não é uma riqueza particular, mas a forma indeterminada, abstratamente universal, da riqueza.

57 Ver ECF III, § 544, observação (ed. fr. 1970-1988, p. 324) (ed. alemã W, 1970, t. 10, p. 343-4) [ed. br. 1995b, p. 315-9].

Em relação ao segundo ponto, o Parlamento é um lugar de deliberação, no qual as convicções dos estados se manifestam e se transformam. Não se trata de o Parlamento se opor ao governo, mas de permitir a expressão dos interesses dos grupos sociais e, reciprocamente, de assegurar sua informação e, assim, sua elevação a um querer universal: "[...] a reunião [dos deputados] tem a determinação de ser uma assembleia viva, em que se delibera em comum, se instrui e convence reciprocamente".[58] O Parlamento é o lugar por excelência em que se opera a *Aufhebung* das consciências privadas em consciências cívicas e, assim, da formação do *populus* em oposição ao *vulgus*: "O que constitui, propriamente dito, o significado dos estados é que, por eles, o Estado penetra na consciência subjetiva do povo e este começa a participar na vida do Estado".[59] Significativamente, os deputados, mesmo que eleitos por seus estados, não defendem apenas os interesses únicos de seus eleitores, mas o interesse geral da população. É por isso que seus mandatos não são imperativos, mas livres.[60]

58 FD, § 309 (ed. fr. 2003, p. 407) (ed. alemã W, 1970, t. 7, p. 478) [ed. br. 2010, p. 287 | 2022, p. 647-8]. Ver igualmente o § 309, adendo (ed. fr. 1989, p. 315) (ed. alemã W, 1970, t. 7, p. 478) [ed. br. 1998, p. 116 | 2022, p. 647-8]. "Não se trata de o indivíduo poder se exprimir enquanto indivíduo, o que importa é que seus interesses se façam entender no seio de uma assembleia na qual se tenha em conta o interesse geral".

59 FD, § 301, adendo (ed. fr. 1989, p. 308) (ed. alemã W, 1970, t. 7, p. 471) [ed. br. 1998, p. 108 | 2022, p. 633]. Ver também o § 302 (ed. fr. 2003, p. 401) (ed. alemã W, 1970, t. 7, p. 471-2) [ed. br. 2010, p. 282-3 | 2022, p. 634-7].

60 FD, § 309 (ed. fr. 2003, p. 407) (ed. alemã W, 1970, t. 7, p. 478) [ed. br. 2010, p. 287 | 2022, p. 647-8].

O Parlamento assegura, assim, o "retorno a si" do direito público interno, o qual, desse modo, dá conta de si mesmo.

a) A lei, no momento do príncipe, está, por assim dizer, dada, no sentido de que o príncipe não faz senão optar arbitrariamente entre os diferentes conteúdos gerais que lhe são apresentados por seu conselho. Quanto ao governo, esse tem como tarefa apenas refletir sobre a aplicação da lei, e não sobre seu teor geral. Ao contrário, no momento parlamentar, o conteúdo detalhado da lei é produzido pelo Parlamento graças a uma deliberação organizada. Nesse sentido, é possível dizer que é o Parlamento que torna o conteúdo da lei propriamente necessário.

b) Os debates parlamentares permitem a formação da opinião pública. Esta, afirma Hegel, é originariamente deficiente e se caracteriza pela ignorância e pelas opiniões arbitrárias.[61] Em compensação, graças à atividade parlamentar, os cidadãos podem se informar e adquirir uma visão adequada dos negócios do Estado. Hegel se faz advogado da publicidade dos debates, sublinhando que este "grande espetáculo" é "iminentemente formador para os cidadãos".[62] As sessões das assembleias são certamente penosas para os ministros, obrigados a fazer uso da eloquência. Contudo, elas são o melhor meio para fazer os cidadãos se interessarem

61 Ver FD, § 317 (ed. fr. 2003, p. 413) (ed. alemã W, 1970, t. 7, p. 484) [ed. br. 2010, p. 291 | 2022, p. 656-9].

62 FD, § 315, adendo (ed. fr. 1989, p. 317) (ed. alemã W, 1970, t. 7, p. 482) [ed. br. 1998, p. 120 | 2022, p. 654].

pela coisa pública. O poder legislativo é, assim, o momento da autoformação do povo.[63]

Cabem aqui, entretanto, ainda duas observações: (i) Mesmo se o povo, originariamente, "não sabe o que quer",[64] não é preciso considerar sua vontade como insignificante, pois ela é essencialmente reta: "A opinião pública contém dentro de si os princípios substanciais eternos da justiça, o conteúdo verdadeiro e o resultado de toda Constituição [...] assim como carecimentos verdadeiros e as tendências corretas da efetividade".[65] Encontramos aqui um ponto já evocado no Capítulo IV: o querer essencial do povo é, em uma determinada época, o fundamento de toda legitimidade, pois ele é o princípio da unidade de suas obras. (ii) Hegel apresenta eventualmente a formação da opinião pública como um simples meio destinado a assegurar, para os cidadãos, um patriotismo útil à estabilidade do Estado. Porém, mais profundamente, essa *Bildung* permite atualizar uma exigência interior e, assim, honrar um direito.[66] Dessa maneira, a formação da opinião pública é um fim em si mesmo. Ela tem

63 Mesmo que a autoformação seja aqui formal (ela consiste, para o povo, apenas em tomar consciência de sua vontade) e seja efetiva somente na história (em que cada povo modifica sua concepção de homem).

64 Ver FD, § 301, observação (ed. fr. 2003, p. 399) (ed. alemã W, 1970, t. 7, p. 469) [ed. br. 2010, p. 280 | 2022, p. 631-3].

65 FD, § 317 (ed. fr. 2003, p. 412) (ed. alemã W, 1970, t. 7, p. 483-4) [ed. br. 2010, p. 291 | 2022, p. 656].

66 Ver FD, § 314 (ed. fr. 2003, p. 411) (ed. alemã W, 1970, t. 7, p. 482) [ed. br. 2010, p. 290 | 2022, p. 653].

por corolário uma larga liberdade de comunicação pública, ou seja, de imprensa e de discurso oral.[67]

5. A soberania frente ao exterior

Em uma segunda entrada do "direito público interno", Hegel evoca a independência do Estado em relação ao exterior. A questão, aqui, não se apresenta sobre as regras das relações internacionais, mas sobre a solidez do Estado e sua vontade de preservar sua individualidade face ao exterior. Existe aqui um dever, afirma Hegel: os Estados têm a obrigação de manter a individualidade, a independência e a soberania, sem temer os perigos e os sacrifícios. Assim se confirma que o Estado, para o autor de *Filosofia do direito*, é um fim em si mesmo e, se for o caso, prima sobre a felicidade particular dos cidadãos. Ele não tem por finalidade a proteção da vida e da propriedade dos indivíduos, mas a autoconservação como instância autônoma.

67 Ver FD, § 319 (ed. fr. 2003, p. 414) (ed. alemã W, 1970, t. 7, p. 486) [ed. br. 2010, p. 293 | 2022, p. 660]. Certamente, ao se tratar da imprensa, não se pode admitir, diz Hegel, a incitação ao roubo, ao assassinato, à revolta, tampouco à difamação e ao não civismo assumidos... Hegel não se põe, assim, do lado da defesa incondicional da liberdade de imprensa, e podemos lamentar não encontrar sob sua pluma nenhuma denúncia dos decretos de Carlsbad. Contudo, ele realmente estabelece a liberdade de comunicação como sendo o principal.

É por isso que não é preciso considerar a guerra como um mal absoluto. Isso porque é nela que, de algum modo, o Estado assume otimamente sua natureza própria. Com efeito, a guerra reaviva o patriotismo e permite subordinar os diferentes momentos da vida ética ao Estado. Ao contrário, quando a paz reina por um tempo demasiado longo, os interesses da sociedade civil tendem a se impor, daí um afundamento e uma esclerose da vida ética. Na observação do § 324, Hegel cita seu artigo escrito na juventude sobre o *direito natural*:

> [na guerra] a saúde ética dos povos é mantida, e sua indiferença frente ao solidificar das determinidades finitas, como o movimento dos ventos preserva os mares da podridão, em que uma calma duradoura os mergulharia, como faria para os povos uma paz durável ou inclusive uma paz perpétua.[68]

Dessa forma, a vitalidade interior e um relacionar-se livre com o exterior são correlativos. Existe uma relação essencial entre a força interna do Estado e sua independência face às outras potências estatais. É por isso que os povos que recusaram uma verdadeira soberania em seu interior caíram sob a influência de povos estrangeiros, enquanto aqueles que foram capazes de lutar por sua liberdade de encontro a outros povos possuíram grandes instituições.

68 FD, § 224, observação (ed. fr. 2003, p. 420) (ed. alemã W, 1970, t. 7, p. 493) [ed. br. 2010, p. 298 | 2022, p. 498]. Ver "Über die wissenschaftlichen Behandlungsarten des Naturrechts" [Sobre as maneiras de tratar cientificamente do direito natural] (ed. alemã W, 1970, t. 2, p. 482).

Como se vê, Hegel rompe com a tradição que faz da paz um bem supremo no elemento próprio da política. Ao mesmo tempo, a guerra é claramente um índice da finitude do espírito objetivo.

A essa análise se associa um estudo da classe dos soldados, encarregados da defesa exterior do Estado (Hegel se pronuncia a favor dos exércitos permanentes, mas admitindo a convocação em massa quando o Estado é ameaçado). A disposição de espírito própria aos soldados é a bravura. Existem diferentes formas de coragem: do animal selvagem, do bandido, aquela requerida pela honra, a do cavaleiro... Ora, a coragem do soldado moderno é estar pronto a sacrificar sua vida a serviço do Estado — e isso em virtude não de um heroísmo "natural", como era para os gregos, mas de uma decisão deliberada. A coragem, então, não é individualista, mas consiste em se dobrar pela sensata disciplina das armas. Trata-se de renunciar ao próprio julgamento para obedecer às ordens e, ao mesmo tempo, de possuir a maior das presenças de espírito e a maior das determinações. O soldado não odeia, sua ação não é dirigida contra as pessoas tomadas individualmente — mas ele é capaz de agir da maneira mais enérgica contra os inimigos enquanto representantes do Estado adversário.[69] É o soldado, portanto, a encarnação do cidadão moderno? Não se pode responder afirmativamente, pois Hegel insiste sobre o caráter "mecânico" de sua ação. A atitude do soldado é, em vez disso, o contraponto exte-

69 Ver FD, § 328 e sua observação (ed. fr. 2003, p. 423-4) (ed. alemã W, 1970, t. 7, p. 496) [ed. br. 2010, p. 300-1 | 2022, p. 672-4].

rior daquela do cidadão na vida política interior. Certamente, uma e outra são refletidas. Mas o soldado não pensa por ele mesmo, enquanto o cidadão mobiliza toda a sua capacidade de julgamento.

Vê-se que, no Estado considerado em si mesmo, a reconciliação dos homens não é completa. A princípio, porque a norma ética se exprime como uma exigência de obediência e, em caso de recusa, como um poder de coerção. Em seguida, apenas uma fração da população pode participar ativamente da vida política, e mesmo assim segundo uma divisão fixa de papéis. Por fim, se o Estado tende a favorecer a felicidade particular dos indivíduos, ele também pode exigir deles o sacrifício de seus bens e até mesmo de sua vida.

Então, o Estado é um momento de reconciliação ou de cisão? Um e outro, responderíamos, mas de maneira articulada. Por um lado, a temática da reconciliação exprime a posição do Estado como momento último da vida ética — sendo a vida ética o momento final do espírito objetivo. Por outro, a temática da cisão manifesta o pertencimento do Estado ao espírito objetivo. No espírito absoluto tudo está reconciliado, no sentido de que não há deiscência entre o ser e o dever ser. No espírito objetivo, por sua vez, a norma se opõe à existência e exerce sobre ela uma tutela que pode ser violenta. Como declara, por exemplo, um adendo acerca da oposição entre a esfera estatal e a esfera da arte: "O Estado não é uma obra de arte; ele está no mundo e, por conseguinte, na esfera do arbitrário, da contingência e do erro; procedimentos deploráveis podem desfigurá-lo por vários lados".[70] O Estado não passa, desse ponto de vista, do "hieróglifo da razão".[71]

70 FD, § 258, adendo (ed. fr. 1989, p. 260) (ed. alemã W, 1970, t. 7, p. 404) [ed. br. 1998, p. 33-4 | 2022, p. 541-3].
71 FD, § 279, adendo (ed. fr. 1989, p. 290) (ed. alemã W, 1970, t. 7, p. 449) [ed. br. 1998, p. 83 | 2022, p. 603].

X. As relações internacionais e a história

1. O direito público externo

Para Hegel, os Estados se encontram uns em relação com os outros em estado de natureza.[1] Não só não existe, atualmente, uma federação interestatal em sentido estrito, como essa ideia tampouco possui efetividade, no sentido de que ela não pode se encarnar na realidade. Com isso, Hegel contesta a possibilidade de haver impérios? Certamente não, uma vez que a temática do império está no centro da seção sobre a história. Pelo contrário, ele denuncia a tese defendida por Kant no ensaio "A paz perpétua", segundo a qual os Estados poderiam, na base de um livre acordo, constituir uma sociedade de nações ao mesmo tempo soberanas e ligadas por regras eficazes. Recupera-se aqui, na escala do direito internacional, a crítica hegeliana do contrato social: nenhuma unidade pode ser engendrada a partir meramente da multi-

1 Ver FD, § 333 (ed. fr. 2003, p. 426) (ed. alemã W, 1970, t. 7, p. 499) [ed. br. 2010, p. 303 | 2022, p. 677]. O conceito de estado de natureza, no entanto, deve ser entendido em sentido estrutural, isto é, como reenviando a um momento da naturalidade *do espírito*, já que este se mantém como universal concreto, a despeito de todas as alterações que sofre (o que mostra, nesse contexto, as regras das relações internacionais). O conceito de estado de natureza assinala aqui tão somente a exterioridade recíproca das nações soberanas.

plicidade, pois um todo (concreto) só se forma ao se apoiar sobre um todo (abstrato). Nesse contexto, Estados independentes não podem, apenas em virtude de suas respectivas vontades particulares, fundir-se em uma liga cosmopolita. Uma organização política integrativa não pode proceder de um acordo interestatal, pois somente pode nascer pela *Aufhebung* da diferença exterior por um todo originariamente constituído — em suma, pela conquista de Estados originariamente independentes por um Estado capaz de impor aos outros sua organização política própria. Na medida em que as potências estatais são soberanas, elas estão inevitavelmente em tensão umas com as outras, e nenhuma instância supraestatal é suscetível de lhes impor um direito que iria de encontro à vontade de uma ou de outra. "Entre os Estados não há pretor, no máximo um árbitro e um mediador, e também esse de modo apenas contingente, isto é, segundo vontades particulares".[2]

Seria o caso de ver nessa concepção uma prova do maquiavelismo de Hegel, que faria a apologia da relação de força como condição da satisfação dos interesses dos Estados? Na verdade, estamos aqui frente a uma ênfase da deficiência das relações internacionais. Para o autor de *Filosofia do direito*, não se trata de se regozijar com a impossibilidade de uma federação de Estados livres. Antes disso, é um fato que tem de ser constatado e posto na conta da exterioridade que marca inevitavelmente o espírito objetivo.[3]

2 FD, § 333, observação (ed. fr. 2003, p. 426) (ed. alemã W, 1970, t. 7, p. 500) [ed. br. 2010, p. 303 | 2022, p. 677].

3 Ver FD, § 337 (ed. fr. 2003, p. 428) (ed. alemã W, 1970, t. 7, p. 501) [ed. br. 2010, p. 304 | 2022, p. 679].

Ao mesmo tempo, para Hegel, nenhum Estado existe verdadeiramente se não for capaz de se impor sobre a cena internacional. Ou seja, é preciso que ele seja reconhecido pelos outros. É possível, assim, analisar as relações interestatais como lutas por reconhecimento. Os Estados se relacionam uns com os outros não de um modo universal, isto é, sobre a base de um princípio comum, mas de maneira que cada um tende a fazer valer sobre o outro sua vontade particular. Dessa forma, o sucesso de cada Estado depende de sua identidade própria e, especialmente, da força de sua organização política. A vida internacional se esgota, portanto, no mal infinito dos reconhecimentos bilaterais que os Estados concedem uns aos outros.

Saímos, então, da esfera do direito? Se fosse esse o caso, não compreenderíamos por que as relações internacionais foram tematizadas em *Filosofia do direito* e, mais grave ainda, veríamos um princípio fundamental do hegelianismo em perigo, a saber, aquele pelo qual o segundo momento de qualquer ciclo não implica a saída do ciclo em questão, mas apenas a negação de sua figura inicial. É preciso, assim, admitir que permanecemos no momento estatal, logo, na esfera do direito. De fato, as relações entre Estados possuem "a natureza formal de contratos em geral".[4] Os Estados regulam suas relações mediante tratados, os quais são, contudo, alternadamente respeitados ou transgredidos.[5]

4 FD, § 332 (ed. fr. 2003, p. 426) (ed. alemã W, 1970, t. 7, p. 499) [ed. br. 2010, p. 302 | 2022, p. 677].

5 Ver FD, §§ 332-333 (ed. fr. 2003, p. 426) (ed. alemã W, 1970, t. 7, p. 499-500) [ed. br. 2010, p. 302-3 | 2022, p. 677].

Isso significa que nenhuma regra escaparia do caráter relativo dos tratados, ou seja, da possibilidade de ser transgredida em caso de guerra? Na verdade, o caráter articulado do constructo sistemático implica que apenas o que concerne propriamente às relações internacionais se encontra submetido às sortes da paz e da guerra. Somente o que diz respeito à independência dos Estados pode ser transgredido, conquanto os direitos do espírito, enquanto tal, se impõem absolutamente. Da mesma maneira que, por exemplo, no momento do senhor e do escravizado, é lícito para o vencedor do combate subjugar seu adversário, mas não o tratar como um animal, também um Estado pode tender a destruir seu adversário enquanto potência soberana, mas não pode atentar contra o direito das gentes. Em outras palavras, ele deve respeitar os embaixadores e as instituições internas do Estado inimigo, assim como a vida familiar e as pessoas privadas. Um povo deve, assim, fazer valer seus costumes internos em suas relações com outros povos, mesmo em caso de guerra.[6] Essa formulação, do ponto de vista de Hegel, não é um voto piedoso, mas expressão de uma exigência imanente do espírito.

6 FD, §§ 338-339 (ed. fr. 2003, p. 429-30) (ed. alemã W, 1970, t. 7, p. 502) [ed. br. 2010, p. 305 | 2022, p. 679-81].

2. O risco da história

Para Hegel, a aposta da história é dupla. Em primeiro lugar, subjetivamente, ela permite o progresso da "consciência da liberdade", ou seja, da maneira pela qual os homens concebem o espírito. Essa consciência avança, a partir daqui, para além do simples civismo — tema essencial do direito público interno — ao se elevar a uma dimensão "cosmopolita", no sentido de que implica uma representação do homem em geral. Além disso, enquanto no direito público interno o povo está mobilizado apenas de modo formal sob a figura da opinião pública, e somente os membros do mundo político desempenham um papel político efetivo, a história assegura a formação substancial de todo o povo, o qual se alinha pelas bandeiras dos grandes homens.[7] Em segundo lugar, objetivamente, a história permite o progresso do Estado. Não se trata mais, como no direito público interno, da conservação das instituições, mas de sua gênese e da formação de um império. Com efeito, na história o povo vem a ultrapassar seus interesses estatais imediatos para encarnar o "espírito do mundo"; com isso, ele se eleva a uma representação de toda a humanidade e edifica um Estado de alcance mundial. Os dois aspectos, subjetivo e objetivo, estão conectados, pois a implementação de um regime político e a conquista de um império se dão em nome de certa concepção de homem.[8]

7 Ver PH 1822-1823 (ed. fr. 2009, p. 165) (ed. alemã 1996, p. 70) e RH (ed. fr. 1965, p. 122) (ed. alemã 1955, p. 98).

8 Ver FD, §§ 343-344 (ed. fr. 2003, p. 432-3) (ed. alemã W, 1970, t. 7, p. 504-5) [ed. br. 2010, p. 306-7 | 2022, p. 684-6].

Para melhor apreendermos o conceito de espírito do mundo, façamos uma comparação com a teoria hegeliana do organismo animal. Este, no primeiro momento ("a figura"), se centra em sua vida fisiológica interior. No segundo momento ("a assimilação"), mantém relações com o mundo exterior somente para satisfazer suas carências particulares. E, no terceiro momento ("o gênero"), vem a se constituir, ao menos tendencialmente, em sujeito universal, incluindo o indivíduo de sexo oposto. De maneira similar, o Estado, que, no primeiro momento, está atado à vida política interior ("o direito público interno") e, no segundo momento, mantém apenas relações de força com outros Estados ("o direito público externo"), advém, no terceiro momento ("a história"), para representar o homem em geral e se constituir em Estado mundial. Da mesma maneira que o gênero é uma determinação imanente ao indivíduo vivo, o espírito do mundo constitui, com relação ao povo, um princípio imanente de atividade.[9] Ademais, tanto o organismo quanto o Estado só realizam seu fim de forma parcial, pois não pode haver animal verdadeiramente universal (o embrião oriundo do acasalamento é inevitavelmente sexuado e, portanto, finito), tampouco Estado verdadeiramente mundial (um império jamais governa senão uma parte do mundo). Correlativamente, tanto os animais quanto os impérios são mortais.

Como então pensar o fim da história? Cada povo tende a ser "em si e para si" o que, de início, é apenas algo formal. Originariamente, ele é dado para si mesmo no sentido de que

9 Ver FD, § 352 (ed. fr. 2003, p. 437) (ed. alemã W, 1970, t. 7, p. 508) [ed. br. 2010, p. 310 | 2022, p. 691].

possui certa representação de sua liberdade e certa organização estatal — uma e outra, no entanto, sendo "imediatas", ou seja, fechadas sobre si mesmas e sem fundamento interno. Em compensação, ao final do processo, o povo dispõe de uma representação adequada de sua liberdade e de um império cosmopolita. Por exemplo, na Grécia arcaica, tal como Hegel a desenha, desempenham o papel de heróis somente os membros das linhagens nobres: a excelência está assim associada aos dons naturais ou ao pertencimento familiar. Correlativamente, as formas políticas são então efêmeras e só ligadas a iniciativas externas destrutivas (como a aliança liderada por Agamenon em vistas da conquista de Troia).[10] Diferentemente, no apogeu da Grécia, os homens sabem que sua excelência depende de seu valor moral e das causas que eles defendem (como se vê no discurso de Péricles em honra dos soldados mortos durante o primeiro ano da Guerra do Peloponeso).[11] Ao mesmo tempo, suas cidades dominam (de forma alternada) toda a Grécia e mesmo a Ásia, e são governadas por instituições diferenciadas e coerentes, graças às quais o povo pode exprimir sua vontade.

Dois pontos merecem ser destacados. Em primeiro lugar, dado que os povos são finitos, a realização da história é iterativa e consiste na realização de objetivos parciais e de uma validade provisória. Mesmo quando um povo encarna o espírito mundial, ele não o faz senão de maneira particular, isto é,

10 Ver PH 1822-1823 (ed. fr. 2009, p. 379) (ed. alemã 1996, p. 329).

11 Ver PH 1822-1823 (ed. fr. 2009, p. 407) (ed. alemã 1996, p. 366-7).

a partir de sua concepção específica de homem.[12] Em segundo, porém, uma vez que a vida do espírito, diferentemente da vida da natureza, não consiste na repetição, mas no progresso, os povos que entram em cena uns depois dos outros são antropologicamente superiores uns aos outros — e isso no sentido de que eles têm uma concepção de homem cada vez mais satisfatória. É por isso que o desenvolvimento da história não só é interno a cada povo, como se opera também em escala internacional.[13] Em outras palavras, a transição de um povo a outro conduz o progresso geral da humanidade. Por exemplo, para Hegel, no mundo oriental os homens não passam de "acidentes" da "substância" estatal.[14] Por outro lado, no mundo germânico, todo homem é considerado como tendo um "valor infinito".[15] Mas esse progresso nada possui de natural, pois está assegurado pela atividade histórica dos povos, que lutam uns contra os outros e dominam sucessivamente a cena mundial. Esse desenvolvimento pode ser apreendido como um "tribunal", na medida em que os Estados insuficientemente legítimos são condenados — isto é, vencidos. Esse tribunal não é transcendente (se ele assim o fosse, não seria a história racional), mas imanente, pois são os Estados cujo regime é mais fundamentado (quer dizer, mais livre) que vencem aqueles cujo regime é menos fundamentado. Quanto à realização última da história — que

12 Ver FD, § 340 (ed. fr. 2003, p. 430) (ed. alemã W, 1970, t. 7, p. 503) [ed. br. 2010, p. 305-6 | 2022, p. 681-2].

13 FD, § 346 (ed. fr. 2003, p. 433-4) (ed. alemã W, 1970, t. 7, p. 505) [ed. br. 2010, p. 308 | 2022, p. 687].

14 RH (ed. fr. 1965, p. 284) (ed. alemã 1955, p. 246).

15 Ver LPH (ed. fr. 1967, p. 256) (ed. alemã W, 1970, t. 12, p. 403).

não se traduz, bem entendido, por nenhuma "parada", mas, sim, por uma vida estatal plenamente realizada —, ela ocorre quando o povo toma consciência da destinação de todos os homens para a liberdade e dá a si instituições ao mesmo tempo unitárias e que respeitam os direitos da particularidade.

Assim, uma vez que a questão da norma é essencial na história, ela é tratada em uma obra de filosofia do direito. De fato, o fio condutor do progresso histórico não é constituído de relações de força, mas de relações de legitimidade. O progresso histórico é aquele, teórico, da representação do homem, e aquele, prático, dos regimes políticos. Os Estados vencedores dominam não em virtude de sua potência factual, mas porque a verdade e a legitimidade estão de seu lado.[16]

Podemos então prever, *ex ante*, no que consiste a realização da finalidade de cada povo? De modo algum, pois a realização de um ciclo qualquer é a negação de seu começo. De maneira geral, a passagem de um a outro momento do povo nada tem de mecânica, pois repousa sobre uma livre decisão, a de se opor ao momento anterior. Existe aqui uma dificuldade, mas ela conduz a um dos aspectos mais interessantes do hegelianismo. Tomemos o exemplo do povo germânico. Ele se caracteriza em toda a extensão de sua história por uma aspiração de instituições asseguradoras da integração de cada homem considerado em sua particularidade. Mas isso significa que o regime germânico terminal, isto é, de tipo "luterano", seria dedutível do regime germânico inaugural,

16 Ver FD, § 351 (ed. fr. 2003, p. 436-7) (ed. alemã W, 1970, t. 7, p. 507-8) [ed. br. 2010, p. 309-10 | 2022, p. 691].

ou seja — de modo simplificado —, de tipo “carolíngio”? Negativo, pois o querer inicial não tende à instauração de um regime luterano, mas somente à instauração “em si e para si” de um regime carolíngio. Assim, o surgimento do regime medieval e, depois, do regime luterano requer que o espírito germânico inicial renuncie a si mesmo em prol de objetivos inauditos. De um extremo ao outro, há decerto uma estrutura comum. Não obstante, cada um nega aquele que lhe precede, de modo que o progresso não é linear e o momento terminal não é dedutível de seu começo. É por isso que Hegel constantemente se opõe a qualquer pretensão de conhecer o futuro. A filosofia só pode conhecer seu objeto na medida em que ele está realizado.

3. As condições do progresso histórico

Para Hegel, são os povos que fazem a história. Um povo designa uma coletividade humana unificada por um saber e um querer comuns. Este estado de espírito é, no começo, um dado natural, mas a tarefa do povo é operar a *Aufhebung* ao fazer de si mesmo uma obra própria. Tornar-se autor de si mesmo, eis, em suma, a finalidade de cada povo.

Não obstante, os povos não podem agir de maneira inteiramente espontânea, pois, como vimos, eles não sabem o que querem. Precisam ser conduzidos pelos “grandes homens”, os quais, ao mesmo tempo, compartilham seu estado de espírito e dispõem, brilhantemente, da perspicácia que lhes permite pôr em ação aquilo que os povos em si mesmos só sabem de maneira obscura.[17] Os grandes homens sabem aquilo que sua época — ou seja, seu povo em sua época — exige. Eles têm, por isso, o direito de demolir, vigorosamente, as instituições obsoletas para substituí-las por um Estado que responda à exigência popular. O direito do herói não se apoia sobre sua força, mas sobre sua conformidade com o espírito de seu povo.[18]

Mas o que querem os grandes homens? Uma das famosas teses de Hegel é a de que eles não são, de modo algum, desinteressados. Ao sublevarem os Estados aos quais pertencem, eles almejam satisfazer as próprias ambições. Sua vontade é um misto de razão (ou seja, de adequação ao querer universal de seu povo) e de paixão (isto é, de defesa de seus interesses individuais). Tal é a contradição da história: os grandes homens não agem em vista do universal, mas do particular. Evidentemente, desejam mudar o Estado e torná-lo adequado, mas para arrogar-se no novo Estado um papel dominante. Ora, como a mudança do Estado é precisamente a aspiração de seu povo, sua ação é eficaz e legítima. Por outro lado, suas ambições egoístas só podem ser satisfeitas quando as circunstâncias contingentes lhes são favoráveis. Por definição, esse não pode ser sempre o caso, e sua finitude os destina à infelicidade: eles provavelmente não obtêm nem

17 No entanto, notemos que os grandes homens não são filósofos e ignoram tanto o processo global da história quanto o lugar de seu povo nesse progresso. Ver FD, § 348 (ed. fr. 2003, p. 435) (ed. alemã W, 1970, t. 7, p. 506) [ed. br. 2010, p. 309 | 2022, p. 689].

18 Ver FD, § 350 (ed. fr. 2003, p. 436) (ed. alemã W, 1970, t. 7, p. 507) [ed. br. 2010, p. 309 | 2022, p. 690].

honra, nem gratidão por parte de seus contemporâneos ou da posteridade, mas unicamente o reconhecimento teórico, extrapolítico, de seu papel na história.[19]

Qual é, então, o entendimento de Hegel quando afirma que "a razão governa o mundo"?[20] Como a racionalidade designa a unidade do subjetivo e do objetivo, essa expressão significa que o mundo (histórico) se governa por si mesmo — e, mais precisamente, que os povos têm neles mesmos o princípio de seu vir-a-ser, que não é outra coisa senão a vontade que propriamente os define. Não obstante, na história, a razão é finita, no sentido de que só existe sob um modo pluralista, e a cada momento parcial. Um povo possui mera vontade finita na medida em que encarna somente certa concepção de homem (de resto, é mais uma vez o caso do povo germânico, pois sua própria concepção não integra as dos outros povos, mas as exclui). O progresso da história não repousa sobre um princípio universal que se realizaria tal e qual, mas sobre uma série de princípios fragmentados. Por essa razão, cada povo desempenha seu papel apenas provisoriamente, sendo, ao final, sacrificado pelo progresso do conjunto. Um povo é, contraditoriamente, um fim em si mesmo e um simples meio do progresso histórico (Bouton, 2004, p. 195 e ss.).

19 Ver FD, § 348 (ed. fr. 2003, p. 435) (ed. alemã W, 1970, t. 7, p. 506) [ed. br. 2010, p. 309 | 2022, p. 689].
20 PH 1830-1831 (ed. fr. 2009, p. 71) (ed. alemã GW 1968, 18, p. 162). Ver FD, § 342 (ed. fr. 2003, p. 431) (ed. alemã W, 1970, t. 7, p. 504) [ed. br. 2010, p. 306 | 2022, p. 683].

4. O desdobrar da história

O REINO ORIENTAL

O Oriente é o continente do sol nascente: espetáculo sublime, mas que não passa do começo do dia, visão fascinante, que impede, porém, o espírito de se voltar em direção a si mesmo. O homem oriental não é profundo e diviniza a natureza exterior.

Com efeito, segundo Hegel, o Oriente se caracteriza pela dissolução do indivíduo na substância estatal: "No fausto desse todo, a personalidade individual desaparece sem direitos".[21] Os orientais representam a liberdade como imediata, ou seja, como singular e contingente: por um lado, apenas um homem é livre, a saber, o soberano, e os outros são desprovidos de direitos; por outro lado, a identidade do monarca é acidental e não se explica nem por suas qualidades pessoais (como na Grécia), nem em virtude de regras formais (como em Roma), tampouco por suas regras concretas de sucessão dinástica (como no mundo germânico). Estamos aqui diante da forma política do despotismo. O déspota não governa em vista do bem comum (como na Grécia) nem em virtude do bem do Estado como potência anônima (como em Roma), tampouco conforme a princípios universais (como no mundo germânico), mas somente de acordo com seu bel-prazer. O regime oriental é "teocrático", por se ca-

21 FD, § 354 (ed. fr. 2003, p. 439) (ed. alemã W, 1970, t. 7, p. 509) [ed. br. 2010, p. 311 | 2022, p. 692].

racterizar pela confusão entre o universal e o particular, já que este último não pode se fazer valer de maneira independente e que o homem deve obedecer, tal como uma criança, às exigências do soberano.[22]

Como vemos, a análise hegeliana do despotismo deve bastante à de Montesquieu, mas Hegel acrescenta a dimensão "patriarcal" ao despotismo, uma vez que o soberano oriental, segundo ele, se comporta como um pai em relação a seus filhos. Os orientais têm uma alma pueril; uma "confiança não formada". É nesse sentido que o despotismo, ainda que seja injusto frente à história, é apropriado a eles. A naturalidade do espírito oriental se traduz pelo fato de que as qualidades próprias dos indivíduos não são levadas em conta e que seu papel no Estado depende de suas castas de nascimento. Por ser imediato, o Estado oriental é incapaz de evoluir em si mesmo; sua transformação, portanto, não é temporal, mas espacial; cada império ou é imóvel (China), ou estritamente instável (Índia), ou ainda constituído por uma série de territórios — montanhas, planícies e áreas litorâneas — cujos povos coexistem em liberdade sob a dominação indulgente do grande rei (Pérsia).[23]

O REINO GRECO-ROMANO

a) A Grécia representa, junto a Roma, o momento mediano da história, na medida em que a liberdade então não concerne nem a um só indivíduo, nem a todos, mas a alguns. A Grécia

22 Ver LPH (ed. fr. 1967, p. 90) (ed. alemã W, 1970, t. 12, p. 143-5).

23 Ver LPH (ed. fr. 1967, p. 145) (ed. alemã W, 1970, t. 12, p. 233).

se caracteriza, mais precisamente, pela tomada de consciência da liberdade do homem. Porém, essa liberdade fica aqui condicionada e limitada. É significativo o diálogo entre Édipo e a Esfinge, divindade oriental. Por não dispor da resposta, a Esfinge, que permanece mergulhada na naturalidade, instaura a questão: "Qual é o animal que, pela manhã, caminha com quatro patas, ao meio-dia, com duas, e à noite, com três?". Édipo, o grego, sabe que é o homem — ele honra o imperativo délfico do "conhece-te a ti mesmo" — e, ao responder à questão, precipita a Esfinge no abismo. Contudo, Édipo precisou do estímulo oriental para ascender à consciência de si. Além disso, quando confrontado com sua verdadeira identidade, a de assassino de seu pai e esposo de sua mãe, prefere se tornar cego: o espírito grego ainda não é aquele do livre conhecimento de si mesmo. Evidentemente, a Grécia se caracteriza pela clareza, pela inteligibilidade e pela beleza: mas tais atributos se opõem a um fundo obscuro, enigmático e monstruoso, do qual eles não podem se livrar por completo. Da mesma maneira, o espírito grego é incapaz de autonomia. Ele depende, para sua ação, da injunção dos oráculos:

> A decisão última da vontade não está ainda colocada na subjetividade da autoconsciência sendo para si, porém colocada em uma força que é superior e fora da mesma [autoconsciência].[24]

O homem grego se caracteriza por sua excelência individual. Ele não é mais uma criança, como o oriental, mas um admi-

24 FD, § 356 (ed. fr. 2003, p. 440) (ed. alemã W, 1970, t. 7, p. 510) [ed. br. 2010, p. 312 | 2022, p. 694].

rável homem jovem, um herói à imagem de Aquiles ou de Alexandre. O grego sabe e quer aquilo que é essencial. Decerto diferente do europeu pós-antigo, ele não se relaciona ao universal e não se atribui nenhum dever abstrato. Entretanto, não é mais escravo de impulsos contingentes, por ser movido por uma inclinação de alto nível. Gozando de uma "bela liberdade", no sentido de identificar naturalmente seu próprio bem com o da cidade, ele possui uma disposição de espírito democrática.

Todavia, o mundo grego é fragmentado: nele só existem pequenas cidades incapazes de se unificar verdadeiramente. Além disso, a liberdade aqui é condicionada pela presença de escravizados, pois exclui o trabalho (enquanto o mundo cristão e, mais precisamente, o luterano o valorizam e fazem dele um momento constitutivo da existência livre). No mundo grego, a liberdade depende de circunstâncias contingentes ou de virtudes naturais, de tal maneira que ela concerne a uma reduzida parcela da população. Por causa desses limites, tal mundo não poderia ter, senão a sorte da indolente juventude, a de passar como uma flor.

b) Por sua vez, o espírito romano se caracteriza pela cisão entre a vida "privada" do direito de propriedade, na qual os indivíduos são reconhecidos como iguais, e a vida pública, em que são submetidos a um Estado que despreza os seus interesses próprios. Se na Grécia só valem os indivíduos, em Roma é a potência ética que domina, uma potência anônima que exige dos homens um sacrifício completo. O Estado romano é, além disso, cindido entre um patriciado violento e uma plebe corrompida. Enquanto na Grécia o laço político repousa sobre a inclinação de cada cidadão, em Roma ele é o efeito de um poder opressivo e brutal, que, assim como mostra a história dos imperadores, pode ir até a monstruosidade.

O REINO GERMÂNICO

O mundo germânico — ou seja, o mundo europeu pós-antigo — ingressa em uma liberdade infinita, no sentido de apreender que o homem é livre enquanto tal. Com efeito, o europeu funda sua liberdade não sobre tal ou qual condição exterior, logo contingente, mas sobre a capacidade de determinar, ele mesmo, o princípio de seu pensamento e de sua ação. A liberdade, para ele, não consiste em agir conforme seu bel-prazer, ou a ser cidadão de uma cidade independente, ou ainda a dispor da personalidade jurídica, mas a pensar e agir por si mesmo e em virtude de princípios gerais. A liberdade germânica reside assim sobre uma decisão interior e sobre um processo de autoformação. Em seu agir livre, o homem manifesta sua infinidade — a qual se revela, sob um modo representativo, na religião cristã.[25]

No plano institucional, essa concepção de liberdade se traduz pelo fato de que os cidadãos se conformam às regras do Estado não por obediência filial (como nos orientais) nem por inclinação (como nos gregos) ou espírito de disciplina (como nos romanos), mas em virtude de um patriotismo refletido. Eles obedecem às normas universais do Estado por eles mesmos. Ao mesmo tempo, no Estado germânico, a

25 Ver FD, § 358 (ed. fr. 2003, p. 441-2) (ed. alemã W, 1970, t. 7, p. 511) [ed. br. 2010, p. 313 | 2022, p. 695].

particularidade tem o direito de se fazer valer. A liberdade consiste, assim, na reconciliação do universal e do particular: é por isso que o reino germânico conclui a história e assegura a realização de sua finalidade.

Todavia, o Estado germânico apresenta uma evolução interna.

a) Primeiramente, das tribos primitivas ao Império Carolíngio, o espírito europeu continua caracterizado por costumes bárbaros. Já aqui o indivíduo demonstra fidelidade ao Estado e gosto pela liberdade (no sentido de que cada homem possui o direito de defender os próprios interesses). No entanto, seus princípios são aqueles, rudimentares para Hegel, das virtudes teologais da fé, da esperança e do amor.

b) Em seguida, na Idade Média, o mundo germânico se cinde entre um princípio propriamente espiritual (a Igreja) e um princípio profano (o Estado). A Igreja é a instituição que se ocupa do universal, por exemplo, do afirmar o valor infinito de cada homem e os direitos e deveres que esse valor implica, enquanto o Estado é a instituição que leva em conta os interesses particulares dos indivíduos. Correlativamente, se a Igreja governa as almas, o Estado conduz as ações exteriores. Entretanto, na luta secular do papa contra o imperador, a Igreja se corrompe, no sentido de, por si mesma, se comportar como uma potência estatal e defender interesses particulares. Sua espiritualidade se revela não racional (crença na presença sensível do Cristo na hóstia, culto das relíquias, Inquisição, administração do terror do inferno). Quanto ao Estado, ele se fragmenta no feudalismo, de tal sorte que a potência do imperador termina por não ser mais do que simbólica, daí as divisões que minam o Sacro Império Romano Germânico. Contudo, a consciência cívica se refina, e a terrível disciplina imposta pela Igreja prepara os homens para querer o universal por ele mesmo: "O elemento mundano [...] eleva a cultura [...] até a racionalidade do direito e da lei".[26]

c) Por fim, o mundo moderno, aqui no sentido de pós-medieval, vê a reconciliação entre o espiritual e o profano na medida em que, com a Reforma, os princípios cristãos podem se encarnar adequadamente no Estado (a reconciliação não tem mais seu lugar fora da vida real, mas dentro dela), quando o Estado se unifica pondo fim à independência dos grandes feudos e tornando-se senhor dos aspectos profanos da vida da Igreja. Esta deixa de ser uma potência temporal, e o Estado se governa por si mesmo. Em nosso tempo, ele mesmo se determina a partir de princípios gerais que não devem mais nada à autoridade da religião, como se mostrou de forma vívida com a Revolução Francesa. Infelizmente, a França revolucionária pretendeu se apoiar apenas em princípios abstratos, o que a conduziu, quando do Terror, a destruir as instituições particulares. A Alemanha pós-revolucionária foi mais sábia, na medida em que não procurou de modo algum impor a seu povo uma Constituição *a priori*, mas deixou a vida ética se desenvolver por si mesma, abolindo os privilégios e estendendo o reino da lei, permitindo a cada um fazer valer seus interesses próprios conforme seu entendimento e, enfim, que todos os homens com aptidão participassem na vida do Estado.

26 FD, § 360 (ed. fr. 2003, p. 443) (ed. alemã W, 1970, t. 7, p. 512) [ed. br. 2010, p. 313 | 2022, p. 697].

Dessa maneira, para Hegel, a história conduz a um Estado libertador. É preciso, contudo, sublinhar os limites desse resultado. Ainda que o Estado de tipo germânico repouse sobre a vontade universal dos homens e, assim, assegure sua liberdade, ele é, todavia, finito. Com efeito, não termina nem com a distinção em seu interior entre governantes e governados, nem com a guerra em seu exterior. Além disso, para Hegel, o Estado alemão figurava então como último no desenvolvimento histórico, pois, ainda que constituído como império (podemos, com efeito, considerar que, até certo ponto, a Confederação Germânica é um império), possui somente um território limitado, e essa limitação no espaço é o índice de seu caráter provisório. Podemos assim imaginar — ainda que a tarefa da filosofia não seja profetizar — que as novas nações, até então não desenvolvidas, viriam em breve a desempenhar um papel de primeiro plano sobre a cena mundial. Certamente, o regime político doravante em vigor atingiria sua plena manifestação, mas a história é sempre caracterizada pelo mal infinito da sucessão das nações finitas.

Conclusão

Para Hegel, o direito não é expressão nem de uma ordem originária do mundo, nem de uma vontade transcendental, mas de uma vontade inscrita na experiência — uma vontade que, em cada momento do espírito objetivo, é comum a um conjunto de indivíduos. Contudo, essa vontade nada possui de arbitrário, pois responde a uma tendência fundamental do espírito, a de estar junto a si em seu outro. Nesse contexto, o espírito tem como vontade tomar posse, ao lhe impor regras, do mundo exterior, o qual se apresenta como o conjunto dos bens apropriáveis, como o meio no qual o sujeito pode realizar suas finalidades interiores e como a série das coletividades humanas. É por isso que o espírito é fundamentalmente normativo.

Qual é, então, a avaliação hegeliana dos diferentes momentos do direito? Em primeiro lugar, o autor de *Filosofia do direito* defende a propriedade, que ele considera a condição primeira da liberdade. Mas ele pugna por uma propriedade aberta a todos — daí sua denúncia ao direito prussiano anterior às reformas de Stein e Hardenberg, que condicionava o acesso à propriedade à condição social dos indivíduos. Contudo, para ele, se é possível definir um direito geral à propriedade, esse direito não pode regrar nem seu conteúdo, nem sua quantidade. A indeterminação da propriedade é o resgate de seu estatuto incoativo no edifício do espírito objetivo, e isso implica que não há espaço para denunciar o excesso, a falta ou a desigualdade das riquezas. De maneira mais geral, o problema do meu e do seu não é uma questão de princípio, mas de fato. É meu aquilo que possuo, adquiro ou readquiro de modo factual, e o direito abstrato — tal é a sua deficiência — se limita a sancionar essa factualidade.

Em segundo lugar, Hegel defende o direito de cada um a definir por si mesmo a máxima de sua ação. A seus olhos, seria odioso obrigar o homem a aderir a valores que não tivessem sido por ele mesmo escolhidos — e, reciprocamente, de lhe imputar, dentre os múltiplos aspectos e consequências de uma ação qualquer, aqueles que não tenham sido previstos e desejados para si. Contudo, quando a máxima é particular, ela tem, por definição, validade limitada. Ela se expõe, assim, à crítica e pode ser ineficiente. Mesmo se a ação "moral" é um momento de pleno direito do espírito objetivo, ela constitui, todavia, uma fase de contradição.

Em terceiro lugar, por fim, Hegel valoriza fortemente a vida ética, que ele concebe como uma esfera de reconciliação. Sem dúvida, ela resta exposta à finitude própria ao espírito objetivo, de tal modo que fica disseminada em uma série de momentos opostos. Mas, no interior de cada um destes, a validade da norma ética é completa. Por exemplo, as leis de um povo qualquer são indicativas de sua vontade e, de seu ponto de vista, incontestáveis.

Quais são, então, os valores políticos de Hegel? Eles devem ser especialmente examinados a partir dos textos sobre o direito público interno e, ainda mais, dos textos sobre a história. Com efeito, o que significa sua crítica aos regimes despótico (no Oriente), democrático (na Grécia) e aristocrático (em Roma), assim como sua valorização do regime monárquico (no mundo europeu pós-antigo)? Para Hegel, o completo desenvolvimento do espírito implica que todos os homens participem da vida política e que sua vontade se sobreponha a uma escolha deliberada em favor do universal. Hegel rejeita o despotismo oriental e a aristocracia romana que se traduzem, diz ele, seja pela infantilização dos indivíduos, seja pela opressão. Mas ele denuncia igualmente a "bela liberdade" grega, uma vez que é irrefletida e repousa sobre uma excelência "natural", que exclui aqueles que estão destinados aos labores sem honra. Para ele, os homens devem aderir às normas públicas livremente e em nome de princípios. Em suma, seu acordo com a legalidade deve dispor de um lugar para a possibilidade do desacordo. A consciência cívica e a ação em favor do bem comum devem então repousar sobre a decisão do cidadão de superar seu egoísmo e seu espírito de facção. Isso é o que se observa, diz Hegel, no mundo moderno, o qual ascende à sua efetividade no protestantismo, porque a decisão política aqui se opera por etapas, superando, por um lado, o interesse unilateral do Estado enquanto todo abstrato e, por outro, os interesses egoístas dos indivíduos.

Daí Hegel ser um democrata, no sentido contemporâneo do termo? Diversas de suas tomadas de posição incitam uma resposta negativa a isso:

a) Ele critica o sistema eleitoral em que a voz de cada um seria levada em conta "abstratamente", quer dizer, de forma independente de seu pertencimento a tal ou qual estado social. E, mais ainda, manifesta suas reservas a respeito de qualquer processo eleitoral, uma vez que esse, segundo ele, conduz *nolens volens* à monopolização do poder por um partido político, o qual, em razão de sua particularidade, deveria, antes, ser neutralizado.[1]

1 Ver FD, § 311, observação (ed. fr. 2003, p. 410) (ed. alemã W, 1970, t. 7, p. 481) [ed. br. 2010, p. 289 | 2022, p. 651-2].

b) Ele denuncia toda atitude de oposição entre o Parlamento e o governo. A seus olhos, a ideia mesma de que o governo poderia estar menos preocupado com o bem comum do que o Parlamento só ocorre pelo ponto de vista do "populacho".[2] Inversamente, não se pode admitir, diz ele, que o governo tenha, em relação ao Parlamento, um comportamento hostil.[3] Evidentemente, é aceitável uma oposição superficial, ligada à concorrência apaixonada dos homens pela ascensão aos postos governamentais. Mas não pode haver aqui opções políticas fundamentalmente divergentes, pois ou o Estado dispõe de uma vontade universal, ou ele não é Estado, de tal modo que tudo que divide o povo conduz à sua destruição.

c) Ele não cessa de repetir que o povo não sabe o que quer e, por essa razão, carece de uma elite esclarecida: funcionários, parlamentares, grandes homens... Como mostra a polêmica com Fries, Hegel é hostil a toda soberania direta do povo. Para ele, o Estado deve ser dirigido do alto, e, além disso, os atores das mudanças na história, tais como César, Frederico II ou Napoleão, não são contestadores, mas governantes.

d) Enfim, não há como não se surpreender por sua deferência a respeito do poder legítimo. Certamente, para ele, a lei só é autêntica se todo indivíduo pode nela se reconhe-

2 Ver FD, § 301, observação (ed. fr. 2003, p. 399) (ed. alemã W, 1970, t. 7, p. 470) [ed. br. 2010, p. 281]; e FD, § 302, observação (ed. fr. 2003, p. 401) (ed. alemã W, 1970, t. 7, p. 472) [ed. br. 2010, p. 283 | 2022, p. 634].

3 FD, § 301, adendo (ed. fr. 1989, p. 308) (ed. alemã W, 1970, t. 7, p. 471) [ed. br. 1998, p. 108].

cer. Mas, uma vez adquirido isso, o não civismo é inaceitável, e a fidelidade do indivíduo ao poder estabelecido deve ser completa.[4]

Contudo, outros argumentos também podem ser apresentados em favor do que se poderia chamar de um "republicanismo" fundamental de Hegel. Para ele, o Estado não se define como meio destinado a assegurar a realização de certo número de bens coletivos, se necessário, contra a vontade popular. Pelo contrário, o Estado é a institucionalização dessa vontade — aquela de se produzir, precisamente, como um povo unificado. Além disso, Hegel considera que o Estado só é racional na medida em que seus princípios adquirem a figura de leis. A seus olhos, se cada época histórica começa com uma forma política na qual importa unicamente a vontade do chefe, ela é concluída, de maneira inversa, com o aparecimento de um corpo político diferenciado que permite a integração do povo na vida do Estado. Enfim, para ele, o poder deve ser plural e estruturado em instâncias distintas tais que cada uma seja soberana em seu domínio próprio. É precisamente pelo fato de cada um dos três poderes do Estado ser mediado por si mesmo que ele é legítimo.

É preciso notar igualmente que esse "republicanismo" vem a apresentar certa dose de "liberalismo", pois Hegel defende o direito de cada um, no Estado, de fazer valer seus interesses particulares — sejam estes de natureza política ou extrapolítica. Decerto, ele não teoriza uma limitação da potência estatal em seu momento próprio (os outros momen-

4 FD, § 317, adendo (ed. fr. 1989, p. 319) (ed. alemã W, 1970, t. 7, p. 485) [ed. br. 1998, p. 123 | 2022, p. 658].

tos restam, quanto a eles, independentes), mas considera que o Estado não é verdadeiramente livre salvo quando autoriza seus membros a também defender seus objetivos pessoais.

Em seu meio, Hegel está entre os espíritos esclarecidos, assim como mostra seu engajamento com as reformas de Stein e Hardenberg e, apesar de sua prudência, a relativa hostilidade a que está exposto por parte do poder prussiano (que se traduz, após sua morte, pela convocação de Schelling, considerado seu adversário, a Berlim). Sem dúvida, em relação aos nossos valores políticos, ele não pode mais ser um modelo de progressismo. Contudo, podemos encontrar, em sua insistência no caráter processual de toda realidade jurídico-política, em seu destaque do caráter laborioso e sempre arriscado da instauração do direito, enfim, na primazia que ele atribui à questão da reconciliação e da unidade na diferença, um poderoso instrumento para pensar a liberdade política, suas dificuldades e suas promessas.

Referências

1. Obras de Hegel

Ao lado dos títulos, entre parênteses, está a legenda usada nas notas de rodapé para identificar as obras.

I. EDIÇÕES ALEMÃS

Die Vernunft in der Geschichte. (RH). Hamburgo: Meiner, 1955.

Gesammelte Werke. (GW). Hamburgo: Meiner, 1968.

Philosophie des Rechts: Die Vorlesung von 1819-1820. Org.: Dieter Henrich. Frankfurt: Suhrkamp, 1983.

Vorlesungen über die Geschichte der Philosophie. Introdução de Walter Jaeschke & Pierre Garniron. Hamburgo: Meiner, 1984.

Vorlesungen über die Philosophie der Religion. Org.: Walter Jaeschke. Hamburgo: Meiner, 1983-1995, t. 2.

Vorlesungen über die Philosophie der Weltgeschichte: Berlin 1822-1823. Org.: K.-H. Ilting, K. Brehmer e H. N. Seelmann. Hamburgo: Meiner, 1996.

Vorlesungen über Naturrecht und Staatswissenschaft: Heidelberg: 1817-1818. (NS). Org.: Claudia Becker *et al*; posfácio de P. Wannenmann. Hamburgo: Meiner, 1983.

Vorlesungen über Rechtsphilosophie. (R). Org.: K.-H. Ilting. Stuttgart: Frommann-Holzboog, 1973-1974. 4 v.

Werke im zwanzig Bänden. (W). Orgs.: E. Moldenhauer & K. M. Michel. Frankfurt-am-Main: Suhrkamp Verlag, 1970.

2. EDIÇÕES FRANCESAS

Cours d'esthétique. (CE). Trad. J.-P. Lefebvre & V. von Schenk. Paris: Aubier, 1995-1997.

Des manières de traiter scientifiquement du droit naturel. Trad. B. Bourgeois. Paris: Vrin, 1972.

Écrits politiques. (EP). Trad. M. Jacob. Paris: Champ Libre, 1977.

Encyclopédie des sciences philosophiques. (ECF). Trad. B. Bourgeois. Paris: Vrin, 1970-1988. 3 v.

La Raison dans l'histoire. (RH). Trad. K. Papaioannou. Paris: UGE, 1965.

Leçons sur le droit naturel et la science de l'État (1817-1818). Trad. J.-P. Deranty. Paris: Vrin, 2002.

Leçons sur l'histoire de la philosophie. (LHP). Trad. P. Garniron. Paris: Vrin, 1971-1991. 7 v.

Leçons sur l'histoire de la philosophie. (LHP). Trad. G. Marmasse. Paris: Vrin, 2005.

Leçons sur la philosophie de l'histoire. (LPH). Trad. J. Gibelin. Paris: Vrin, 1967.

Leçons sur la philosophie de la religion. (LPR). Trad. G. Marmasse. Paris: Vrin, 2010.

Phénoménologie de l'esprit. (FE). Trad. B. Bourgeois. Paris: Vrin, 2006.

Philosophie de l'histoire. (PH; neste volume encontram-se duas introduções do próprio Hegel dos cursos de 1822 e de 1830-1831 e a lição de 1822-1823). Trad. M. Bienenstock; J.-M. Buée; C. Bouton; N. Waszek; G. Marmasse & D. Witmann. Paris: Le Livre de Poche, 2009.

Principes de la philosophie du droit. (FD). Trad. R. Derathé & J.-P. Frick. Paris: Vrin, 1989.

Principes de la philosophie du droit. (FD). Trad. J.-F. Kervégan. Paris: PUF, 2003.

Propédeutique philosophique, premier cours. Trad. M. de Gandillac. Paris: Minuit, 1963.

3. EDIÇÕES BRASILEIRAS

Enciclopédia das ciências filosóficas em compêndio. Volume I — A ciência da lógica. Trad. Paulo Meneses com a colaboração do Pe. José Machado. São Paulo: Loyola, 1995a.

Enciclopédia das ciências filosóficas em compêndio. Volume III — A filosofia do espírito. Trad. Paulo Meneses com a colaboração do Pe. José Machado. São Paulo: Loyola, 1995b.

Enciclopédia das ciências filosóficas em compêndio. Volume II — A filosofia da natureza. Trad. Pe. José Nogueira Machado com a colaboração de Paulo Meneses. São Paulo: Loyola, 1997.

Fenomenologia do espírito. Trad. Paulo Meneses com a colaboração de Karl-Heinz Efken e José Nogueira Machado. Petropólis/Bragança: Vozes/Editora Universitária São Francisco, 2005.

Filosofia da história. Trad. Maria Rodrigues & Hans Harden. Brasília: Editora UnB, 1999.

Linhas fundamentais da filosofia do direito. Trad. Marcos Lutz Müller, intr. François Kervégan. São Paulo: Editora 34, 2022

Linhas fundamentais da filosofia do direito ou direito natural e ciência do Estado em compêndio. Trad. Paulo Meneses, Agemir Bavaresco, Alfredo Moraes, Danilo Vaz-Curado R. M. Costa, Greice Ane Barbieri, Paulo Roberto Konzen. São Leopold/Recife/São Paulo: Editora Unisinos/ Editora da Universidade Católica de Pernambuco/Edições Loyola, 2010.

Linhas fundamentais da filosofia do direito ou direito natural e ciência do Estado em compêndio. Primeira Parte: o Direito Abstrato. Com uma seleção das notas à mão de Hegel no seu exemplar de curso e seguida de uma seleção dos Apontamentos das "Lições" de 1822/1823 e 1824/1825 em Apêndice. Trad., intr. e notas: Marcos Lutz Müller. Clássicos da Filosofia: Cadernos de Tradução, n. 5. Campinas: IFCH/Unicamp, 2003.

Linhas fundamentais da filosofia do direito ou direito natural e ciência do Estado em compêndio. Terceira parte: "A eticidade", segunda seção:

"A sociedade civil". Com uma seleção dos apontamentos das "Lições" de 1822/1823 e 1824/1825. Trad. Marcos Lutz Müller. 2. ed. Textos Didáticos, n. 21. Campinas: IFCH/Unicamp, 2000.

Linhas fundamentais da filosofia do direito ou direito natural e ciência do Estado em compêndio. Terceira Parte: "A eticidade", terceira seção: "O Estado". Trad. Marcos Lutz Müller. Textos Didáticos, n. 32. Campinas: IFCH/Unicamp, 1998.

Linhas fundamentais da filosofia do direito ou direito natural e ciência do Estado no traçado fundamental: introdução à filosofia do direito (§§ 1-33). Trad., notas e apres.: Marcos Lutz Müller. Clássicos da Filosofia: Cadernos de Tradução, n. 10. Campinas: IFCH/Unicamp, 2005.

2. Geral

ARISTÓTELES. *Éthique à Nicomaque* III. Trad. J. Tricot. Paris: Vrin, 1987.

AULO GÉLIO. *Les nuits attiques*, t. IV, livro XX. Paris: Les Belles Lettres, 1998.

AVINERI, Schlomo. *Hegel's Theory of the Modern State*. Cambridge: Cambridge University Press, 1972.

BOURGEOIS, Bernard. *Le droit naturel de Hegel, Commentaire*. Paris: Vrin, 1986.

BOURGEOIS, Bernard. *Études hégéliens, Raison et décision*. Paris: PUF, 1992.

BOUTON, Christophe. *Le Procès de l'histoire, Essai sur l'idéalisme historique de Hegel.* Paris: Vrin, 2004.

BRUNNER, Otto; CONZE, Werner & KOSELLECK, Reinhart (orgs.). *Geschichtliche Grundbegriffe*. Stuttgart: Klett-Cotta, 1972-1997.

DENIS, Henri. *Hegel, penseur politique*. Lausanne: L'Âge d'Homme, 1989.

DESCARTES, René. *Méditation métaphysique*. Paris: Flammarion, 1992.

D'HONDT, Jacques. *Hegel, philosophe de l'histoire vivante*. Paris: PUF, 1966.

D'HONDT, Jacques. *Hegel, Biographie.* Paris: Calmann-Lévy, 1998.

DUMONT, Louis. *Essais sur l'individualisme*. Paris: Seuil, 1991.

FLEISCHMANN, Eugène. *La Pensée politique de Hegel.* Paris: Plon, 1964.

FOESSEL, Mickaël. "Penser la peine". *Revue de Métaphysique et de Morale*, n. 40, 2003.

GRANDJEAN, Antoine."Conscience morale et certitude de soi dans les Principes de Hegel". *Revue de Métaphysique et de Morale*, n. 40, 2003.

HERÓDOTO. *Histoire*, v. I. Trad. Philippe-Ernest Legrand. Paris: Les Belles Lettres, 1947.

HYPPOLITE, Jean. *Introduction à la philosophie de l'histoire de Hegel.* Paris: Seuil, 1983.

KANT, Immanuel. *Critique de la raison pure. Œuvres philosophiques*, t. 1. Paris: Gallimard, 1980.

KANT, Immanuel. *Premiers principes métaphysiques de la science de la nature* t. 2. Paris: Gallimard, 1980-1986.

KANT, Immanuel. *Critique de la raison pratique. Œuvres philosophiques*, t. 2. Paris: Gallimard, 1985a.

KANT, Immanuel. *Fondement de la métaphysique des mœurs. Œuvres philosophiques*, t. 2. Paris: Gallimard, 1985b.

KERVÉGAN, Jean-François. *Hegel, Carl Schmitt: le politique entre spéculation et positivité.* Paris: PUF, 1992.

KERVÉGAN, Jean-François. *L'Effectif et le Rationnel.* Paris: Vrin, 2007.

KERVÉGAN, Jean-François & MARMASSE, Gilles (orgs.). *Hegel, penseur du droit*. Paris: CNRS Éditions, 2003.

LEFÈBVRE, Jean-Pierre & MACHEREY, Pierre. *Hegel et la societé.* Paris: PUF, 1984.

LEQUAN, Mai. *La philosophie morale de Kant*. Paris: Seuil, 2001.

LOSURDO, Domenico. *Hegel et les libéraux*. Paris: PUF, 1992. [Ed. bras.: *Hegel e a liberdade dos modernos*. Trad. Ana Maria Chiarini & Diego Silveira Coelho Ferreira. São Paulo: Boitempo, 2019.]

LÜBBE-WOLFF, Gertrude. "Hegels Staatsrecht als Stellungnahme im ersten preussischen Verfassungskampf", *Zeitschrift für philosophische Forschung*, v. 35, 1981.

MERCIER-JOSA, Solange. *Entre Hegel et Marx: points crucieux de la philosophie hégélienne du droit*. Paris: L'Harmattan, 1999.

MONTESQUIEU. *Esprit des lois*. Paris: Flammarion, 1979.

NIPPERDEY, Thomas. *Deutsche Geschichte 1800-1866. Bürgerwelt und starker Staat.* Munique: Beck, 1983.

PINKARD, Terry. *Hegel: A Biography*. Cambridge: Cambridge University Press, 2000.

PIPPIN, Robert. "Hegel, Freedom, The Will". *In*: HEGEL, G. W. F. *Grundlinien der Philosophie des Rechts*. Berlim: Akademie Verlag, 1997.

PLANTY-BONJOUR, Guy. *Le Projet hégélien*. Paris: Vrin, 1993.

RENAULT, Emmanuel. "Connaître le présent: trois approches d'un thème". *In*: KERVÉGAN, Jean-François & MARMASSE, Gilles [orgs.]. *Hegel Penseur du Droit*. Paris: CNRS Editions, 2004.

RITTER, Joachim. *Hegel et la Révolution Française, suivi de Personne et Propriété chez Hegel*. Paris: Beauchesne, 1970.

ROSENKRANZ, Karl. *Vie de Hegel*. Trad. P. Osmo. Paris: Gallimard, 2004.

ROSENZWEIG, Franz. *Hegel und der Staat.* Frankfurt: Suhrkamp, 2010.

ROUSSEAU, Jean-Jacques. *Du contrat social*. Paris: Flammarion, 1992.

ROVAN, Joseph. *Histoire de l'Allemagne des origines à nos jours*. Paris: Seuil, 1994.

SCHILLER. Friedrich von. "Decisum". *In*: SCHILLER. Friedrich von. *Xenien aus dem Musenalmanach für das Jahr 1797*. *In*: *Werke und Briefe in 12 Bänden*. Frankfurt: Deutscher Klassiker Verlag, 1992.

SIEP, Ludwig. "Intersubjektivität, Recht und Staat in Hegels Grundlinien der Philosophie des Rechts". *In*: HENRICH, Dieter & HORSTMANN, Rolf-Peter (orgs.). *Hegels Philosophie des Rechts. Die Theorie der Rechtsformen und ihre Logik*. Stuttgart: Klett-Cotta, 1982.

SMITH, Adam. *Recherches sur la nature et les causes de la richesse des nations* I. 2 ed. Trad. G. Garnier. Paris: GF-Flammarion, 1991.

SOUAL, Philippe. *Le Sens de l'État*. Louvain-Paris: Peeters, 2006.

TAYLOR, Charles. *Hegel et la société moderne*. Paris: Éditions du Cerf, 1998. [Ed. bras.: *Hegel e a sociedade moderna*. Trad. Luciana Pudenzi. São Paulo: Loyola, 2005.]

VIEILLARD-BARÓN, Jean-Louis. *Hegel: penseur du politique*. Paris: Éditions du Félin, 2006.

VON HUGO, Carl Gustav. *Lehrbuch der Geschichte des römischen Rechts bis auf Justinian*. 5. ed. Berlim, 1818.

WEIL, Éric. *Hegel et l'État*. Paris: Vrin, 1950.

GILLES MARMASSE é doutor em filosofia pela Universidade de Paris 1 Panthéon-Sorbonne, onde também lecionou. Desde 2014, é professor da Universidade de Poitiers e lidera o grupo de pesquisa Metafísica alemã e filosofia prática. Dedica-se à história da filosofia alemã — em particular, do idealismo alemão —, à filosofia política e à filosofia da história, e ao longo da carreira tornou-se especialista no pensamento de Georg Wilhelm Friedrich Hegel, tendo colaborado na elaboração de edições críticas de suas obras, bem como nas traduções de seus escritos para o francês. É autor de artigos e livros sobre o pensamento hegeliano, entre os quais os mais recentes são *Hegel: une philosophie de la réconciliation* e *Le négatif au travail: Hegel et la raison en devenir*, ambos lançados em 2018.

AMBASSADE
DE FRANCE
AU BRÉSIL
*Liberté
Égalité
Fraternité*

Cet ouvrage, publié dans le cadre du Programme d'Aide à la Publication année 2022 Carlos Drummond de Andrade de l'Ambassade de France au Brésil, bénéficie du soutien du Ministère de l'Europe et des Affaires étrangères.

Este livro, publicado no âmbito do Programa de Apoio à Publicação ano 2022 Carlos Drummond de Andrade da Embaixada da França no Brasil, contou com o apoio do Ministério francês da Europa e das Relações Exteriores.

Université de Poitiers

A publicação deste livro contou com o apoio da Universidade de Poitiers

Título original:
Force et fragilité des normes: Les Principes de la philosophie du droit de Hegel
Deuxième édition revue et corrigée

http://wwrv.vrin.fr

Primeira edição, agosto de 2023
São Paulo, Brasil

Dados Internacionais de Catalogação na Publicação (CIP)
Angélica Ilacqua CRB-8/7057

Marmasse, Gilles
Força e fragilidade das normas: a Filosofia do direito *de Hegel* / Gilles Marmasse; tradução de José Pinheiro Pertille. — São Paulo: Elefante, 2023.
300 p.

Bibliografia
ISBN 978-65-87235-99-8

Título original: *Force et fragilité des normes: Les principes de la philosophie du droit de Hegel*

1. Hegel, Georg Wilhelm Friedrich, 1770-1831. Filosofia do direito — Crítica e interpretação 2. Direito — Filosofia — História I. Título II. Pertille, José Pinheiro

22-4252 CDD 340.1

Índices para catálogo sistemático:
1. Direito — Filosofia

---

elefante

editoraelefante.com.br
contato@editoraelefante.com.br
fb.com/editoraelefante
@editoraelefante

Aline Tieme [comercial]
Samanta Marinho [financeiro]
Sidney Schunck [design]
Teresa Cristina [redes]

FONTES Heldane & Knockout
PAPÉIS Cartão 250 g/m² & Lux Cream 70 g/m²
IMPRESSÃO Graphium Gráfica e Editora